4차 산업시대의 알기 쉬운
무역실무

안동규, 최정웅 지음

INTERNATIONAL TRADE PRACTICE

4차 산업시대의 알기 쉬운
무역실무

안동규, 최정웅 지음

Global
www.gbbook.com

머리말

"세상에서 변하지 않는 것은 무엇일까?" 단정할 수는 없지만 "세상에 모든 것은 다 변한다는 사실"은 변하지 않을 것이다. 자원이 한정되어 있다는 것은 경제활동의 근본 원인이자 무역 발생의 원인이라고도 할 수 있다. 자급자족 시대에서는 모든 것을 직접 생산하고 바로 소비했지만 생산에 필요한 자원의 한계와 기술의 한계 등의 이유로 서로 교환과 경제활동을 하게 되었다. 자급자족 시대처럼 한 국가 내에서 모든 것을 생산하고 모든 것을 소비한다는 것은 현대 사회에서 현실적으로 불가능하며 합리적이지 못하다. 그렇기 때문에 각 국가가 가지고 있는 요소 자원을 공유하여 합리적인 생산 활동을 하여 경제적·시간적으로 효율성을 높이고 만족도를 더 높일 수 있게 하기 위해서 무역 활동이 불가피 하게 되었다.

무역은 지난 수십 년간 눈부신 성장을 거듭하였으나, 최근 몇 년간 몇 가지 주목할 만한 트렌드가 나타났다. 하나의 주요 트렌드는 디지털 기술의 증가이다. 이커머스 플랫폼과 전자결제 시스템의 출현으로 온라인으로 상품과 서비스를 거래하는 것이 훨씬 쉬워졌다. 이러한 디지털화로 국경 간 무역의 장벽이 낮아지고 신규 시장에 접근할 수 있는 기회가 창출되었다. 그리고 지속 가능성에 대한 고객 관심이 높아지면서 친환경적이고 윤리적인 제품에 대한 수요가 증가하고 있습니다. 이러한 트렌드는 지속 가능한 공급망, 에너지 효율적 생산 및 재활용 가능한 포장을 지향하는 무역 정책으로 이어지고 있다. 지역 무역 협정의 증가는 또 다른 주요 트렌드이다. 이러한 협정은 회원국 간의 관세 및 기타 무역 장벽을 줄이며 규제적 조화를 개선하는 것을 목표로 한다. 지역 협정은 지역 내 무역을 촉진하고 글로벌 무역 흐름을 재구성하는데 도움이 되었다. 무역은 디지털 기술의 진보, 지속 가능성에 대한 요구, 지역 통합, 지정학적 긴장 등은 향후 무역 흐름에 영향을 미칠 것이다.

4차 산업혁명시대의 변화와 더불어 확산되고 있는 무역자동화란 수출입에 관련된 각종 행정 및 상거래 서식을 당사자의 합의에 따라 컴퓨터가 읽을 수 있는 전자문서의 형태로 바꾸어 통신망을 통해 컴퓨터로 교환함으로써 이른바 종이서류 없는 무역절차(paperless trade)를 실현하는 것을 의미한다. 무역자동화가 정착되면 전통적인 종이서류중심의 무역업무에 일대 혁신이 이루어 졌다. 이는 종전처럼 사람이 서류를 직접 들고 은행, 수출입단체, 세관 등을 일일이 방문하거나, 우편·전신·FAX 등을 통해 무역업무를 처리하는 대신 컴퓨터를 이용한 전자문서교환(EDI : Electronic Data Interchang)을 통해 사무실에서 빠르고 간편하게 무역업무를

머리말

처리할 수 있기 때문이다. 현재 무역자동화는 국제교역량의 증가 및 관련분야의 전산화와 더불어 국제교역의 필수적 요구사항이 되었으며, EDI 방식을 이용하지 않고서는 무역업무의 처리가 사실상 불가능해질 정도로 국제무역환경은 급격하게 변화되고 있다. 이와 같은 무역자동화는 미국·일본·EU 등 선진국에서는 이미 보편화되어 있으며, 우리나라와 유사한 무역환경을 가진 호주·뉴질랜드·싱가포르·대만 등에서도 상당한 진척을 보이고 있다.

본서에서는 다음과 같은 특징을 부각하고자 하였다.

첫째, 수출입절차를 쉽게 이해할 수 있도록 설명뿐만 아니라 그림으로 표현하여 쉽게 이해할 수 있도록 하였다.

둘째, 무역에서 사용되는 영문을 직·간접적으로 이해 및 활용할 수 있도록 내용설명에 적절한 영문표기를 기술하여 실질적으로 무역을 하는 데 도움을 주고자 하였다.

셋째, 전자무역시대를 맞이하여 날로 확대되는 전자무역을 활용할 수 있도록 수출·입 단계부터 사후관리 단계까지 다루었다.

넷째, FTA의 활발한 추진시대를 맞이하여 한국의 FTA 추진 상황과 향후 방향에 대하여 다루었다.

다섯째, 설명 내용 부분에 무역에 활용하기 위한 실질적 Tip을 제공함으로써 보다 이해하기 쉽고 활용 가능하도록 하였다.

마지막으로 수출·입에 필요한 서식을 원본과 번역을 제공함으로써 무역서식 작성에 도움을 주고자 하였다.

책을 집필하는 데 있어서 많은 분들이 집필한 자료들을 인용 및 참고하였고 또한 많은 교수님들의 도움을 통하여 책이 집필 될 수 있었으며, 특히 기업에 근무하시는 임·직원 여러분들의 도움에 감사를 표한다.

아울러 이 책이 발간될 수 있도록 허락을 해주신 글로벌출판사의 신현훈 사장님과 편집부 여러분들께 감사의 말씀을 전하는 바이다.

저자 올림

목 차

Part 01 무역의 이해

Chapter 01 무역의 개요 14

    1. 무역의 개념과 발전 14
    2. 무역의 특성 15
    3. 무역을 하는 이유 16

Chapter 02 무역거래의 형태 18

    1. 교역의 대상에 따른 분류 18
    2. 제3자 개입 여부에 따른 분류 19
    3. 상품생산방식에 따른 분류 21
    4. 상품판매방식에 따른 분류 22
    5. 연계무역 형태에 따른 분류 23

Chapter 03 무역관리제도와 FTA 25

    1. 무역관리의 의의 25
    2. 무역관계법규에 의한 관리 26
    3. 무역상품에 대한 관리 27
    4. 쿼터제도 29
    5. FTA 31

Chapter 04 전자무역   41

    1. 전자무역의 개념   41
    2. 전자무역의 특징   42
    3. 전자무역의 거래절차   43
    4. 전자무역 관련 법규 및 관련 기관   46

Chapter 05 무역업 창업   50

    1. 무역업 창업   50
    2. 무역업의 신고   51
    3. 무역업고유번호 신청   52
    4. 무역업고유번호신청기관   53

Part 02 수출절차

Chapter 06 수출절차　　　　　　　　　　　　　　　　56

　　1. 수출절차의 개요　　　　　　　　　　　　　　56
　　2. 사업자등록, 무역업 고유번호신청과 수출물품선정　　57
　　3. 무역거래형태 결정과 해외시장조사　　　　　　58
　　4. 거래처 발굴, 신용조사 및 수출계약체결　　　　59
　　5. 수출신용장의 통지확인　　　　　　　　　　　61
　　6. 수출승인 및 수출품조달　　　　　　　　　　　61
　　7. 운송계약 체결　　　　　　　　　　　　　　　62
　　8. 적하보험 계약의 체결　　　　　　　　　　　　63
　　9. 수출통관　　　　　　　　　　　　　　　　　63
　　10. 수출대금결제　　　　　　　　　　　　　　　64
　　11. 관세환급　　　　　　　　　　　　　　　　　64

Chapter 07 해외시장 조사와 거래처 발굴　　　　　　　65

　　1. 해외시장조사　　　　　　　　　　　　　　　65
　　2. 거래처 발굴　　　　　　　　　　　　　　　　73
　　3. 거래 제의와 조회　　　　　　　　　　　　　　80

Chapter 08 무역계약　　　　　　　　　　　　　　　82

　　1. 무역 계약의 의의　　　　　　　　　　　　　　82
　　2. 무역 계약의 성립　　　　　　　　　　　　　　83
　　3. 무역 계약의 구성　　　　　　　　　　　　　　88

4. 무역계약의 기본조건	90
5. INCOTERMS(정형거래조건)	99

Chapter 09 신용장의 내도   105

1. 신용장	105
2. 신용장 내도	112

Chapter 10 무신용장 방법에 의한 거래   125

1. 무신용장 방법에 의한 거래	125
2. 송금결제방법	128

Chapter 11 수출승인   133

1. 수출승인 일반	133
2. 수출승인요건과 신청	134
3. 수출승인서 작성	137

Chapter 12 운송장과 선하증권   145

1. 국제운송의 의의와 종류	145
2. 운송계약 체결	146
3. 해상운송	148
4. 항공운송	159
5. 복합운송	164
6. 선하증권	165

Chapter 13 해상적하보험   **173**

    1. 해상적하보험   173
    2. 해상적하보험의 가입절차   180
    3. 보험사고의 처리   182

Chapter 14 수출통관   **184**

    1. 수출통관 개념   184
    2. 수출통관절차   185
    3. 수출신고의 보완·취하·각하   190

Chapter 15 관세환급   **191**

    1. 관세환급의 성격   191
    2. 원재료 수입 시의 조세징수와 환급   193
    3. 평균세액증명제도   198
    4. 양도세액의 증명   202
    5. 환급대상이 되는 수출   205
    6. 환급액의 산출   211

Part 03 수입절차

Chapter 16 수입절차   220

    1. 수입절차의 개요   220
    2. 수입계약 체결   222
    3. 수입승인   222
    4. 수입신용장 개설   223
    5. 운송, 보험계약체결 및 수입대금결제   224
    6. 수입통관   224

Chapter 17 수입계약 체결   226

    1. 수입계약성립   226
    2. 수입계약서 작성   227

Chapter 18 수입승인   230

    1. 수입품의 승인여부확인   230
    2. 수입승인 신청   233
    3. 수입승인신청서 작성   235
    4. 수입거래 형태   238

Chapter 19 수입신용장　　　　　　　　　　　　241

　　1. 수입신용장 작성　　　　　　　　　　　241
　　2. 수입신용장 개설방법　　　　　　　　　245
　　3. 결제방법 등에 의한 수입　　　　　　　253

Chapter 20 수입대금결제와 운송서류 인도　　　256

　　1. 수입대금결제방법에 따라 운송서류 인도　　256
　　2. 운송서류 도착전 화물인수와 운송서류의 대도　　259

Chapter 21 수입통관　　　　　　　　　　　　262

　　1. 수입통관　　　　　　　　　　　　　　262
　　2. 수입신고　　　　　　　　　　　　　　263
　　3. 수입통관절차　　　　　　　　　　　　271
　　4. 수입의 처리　　　　　　　　　　　　275
　　5. 관세납부와 신고수리　　　　　　　　　277
　　6. 특수절차에 의한 수입통관　　　　　　279
　　7. 수출입통관과 범칙의뢰　　　　　　　　282
　　8. 수입물품 원산지 표시제도　　　　　　282
　　9. ATA 까르네　　　　　　　　　　　　288

Chapter 22 무역분쟁(claim)과 상사중재　　　291

　　1. 무역분쟁 개요　　　　　　　　　　　　291
　　2. 중재제도　　　　　　　　　　　　　　299

Part 01

무역의 이해

Chapter 01. 무역의 개요
Chapter 02. 무역거래의 형태
Chapter 03. 무역관리제도와 FTA
Chapter 04. 전자무역
Chapter 05.. 무역업 창업

Chapter 01

International Trade Practice

무역의 개요

1. 무역의 개념과 발전

1.1 무역의 개념

무역(trade)이란 서로 다른 국가에 존재하는 기업 또는 개인 등의 경제주체 사이에서 재화 및 용역의 교환(exchange)이나 매매(sale)를 목적으로 행하는 상거래(commerce transaction)를 말한다.

국내상거래가 같은 국가 내에서 같은 법률·제도·상관습·통화·언어·정책 등에 의하여 규제를 받는데, 국제상거래인 무역은 한 국가와 다른 국가간에 거주하는 경제주체들간의 상거래이므로 서로 상이한 법률·제도·상관습·통화·언어·정책 등에 의해 규제를 받는다. 그러나 일반적으로 무역이 영리를 추구한다는 점에서는 국내상거래와 다를 바가 없다. 무역은 경제적 국경선인 관세선(customs line)을 기준으로 하여 수출(export)과 수입(import)으로 나누며, 무역거래의 주체는 상대방이 내국인이든 또는 외국인이든 그리고 본점이든 지점간이든 크게 문제가 되지 않는다.

1.2 무역의 발전

최근에 와서 정보통신기술의 발달에 따른 전자상거래(Electronic Commerce : EC)방식에 의한 전자무역(electronic trade)의 활성화는 기존의 전통적 무역개념을 변화시키고 있으며, 전자무역은 무역을 이행함에 있어 인터넷을 통하여 전자적으로 업무를 처리하는 것 이상의 의미를 지니고 있다.

무역은 종이서류 중심의 거래(paper trade)에서 서류 없는 무역(paperless trade)으로 급속히 이행됨에 따라 무역계약을 비롯하여 해외마케팅·무역대금결제·수출입통관·전자서류 등 무역거래의 모든 영역에 걸쳐 전자적 방식에 의한 전자무역으로 전환되고 있다. 또한, 전통적인 무역에서는 유형재의 수출입이 주를 이루고 있었으며, 음악·영화·소프트웨어와 같은 무형재의 경우에도 반드시 유형재로써 제작되었을 때에만 수출입이 가능하던 것이 전자무역에서는 디지털 제품(digital goods) 그 자체로써 네트워크를 통해 수출입이 가능해졌다. 따라서 무역의 개념은 국경을 중심으로 국내거래와 국제거래로 구분하던 것에서 국내외시장을 구분하지 않는 하나의 시장으로서의 세계무역으로 한 단계 발전하게 되었다.

2. 무역의 특성

무역은 국가간의 거래 현상이므로 국내 거래와는 다른 특성을 지닌다.

① 무역은 유상적 상거래

이는 곧 대가 지불을 전제로 하는 일종의 매매거래로서 반드시 대금지불 행위가 따라야 한다는 뜻이다. 난민 구호의 목적이나 북한에 비료를 제공하는 것 등 국가간의 무상적인 재화와 용역의 이동은 무역이 아닌 원조라 한다.

② 무역은 일반적인 매매거래와 달리 거래가 국경선을 넘어 이루어짐

무역에는 반드시 2개국 이상이 개입되며, 이로 인해 국가간에 이해가 상충되는 경우가 발생할 수 있다.

③ 무역에는 상이한 통화제도가 존재

국가마다 각기 다른 통화를 사용하고 있기 때문에 국가간의 상거래에서 행해지는 대금결제수단은 국제적으로 화폐가치가 인정되는 국제통화로 이루어져야 한다. 그런데 이 경우에는 국제통화와 각국의 통화사이에 교환가치 비율인 환율 문제가 발생하게 된다.

④ 상이한 언어·상관습·제도 등에 따른 문제 발생

상이한 언어·관습·제도 등에 따라 상거래시 의사소통이 부자연스럽고 오해가 발생하기 쉽다. 또한 국가마다 상관습이 다르기 때문에 여러 가지 마찰과 분쟁이 발생할 소지가 많다.

⑤ 국제운송 수단의 영향

무역은 기본적으로 운송을 통해 상품을 보다 희소한 곳으로 이동시킴으로써 상품의 부가가치를 창출하는 국제 상거래이다. 따라서 무역에 있어 가장 기본적인 요소는 운송이라 할 수 있다. 특히 컨테이너의 등장, 선박과 항공기 등 운송수단의 대형화고속화가 전 세계적으로 무역량을 기하급수적으로 증대시키고 있다.

⑥ 무역은 기업 경영상 많은 위험성 내포

운송이나 보관 등 상품의 유통과정에서 상품에 물리적 위험이 발생할 수 있다. 또 수출입 대금의 지급거절이나 지급불능으로 인한 대금 회수의 위험이 상존하기 때문에 이에 대한 대응방안을 염두에 두고 있어야 한다.

3. 무역을 하는 이유

무역을 통하여 직·간접적으로 각국에 많은 이익이 생기며 그 이유는 다음과 같다.

① Ricardo의 비교우위에 의한 국제분업

모든 나라는 자기 나라가 다른 나라에 비해 싸게 만들 수 있는 상품이 있으므로 그런 상품의 생산에 특화하게 된다.

② **비용체감의 법칙(law of diminishing cost)**

대량생산을 하게 되면 제품의 개당 원가가 절하되어 외국의 소비자뿐만 아니라, 국내소비자들도 원가면에서 상당한 혜택을 입게 된다. 내개 80~90%를 내수용에 치중하고, 나머지 10~20%를 수출해 그 회사의 손익분기점을 넘는 이익이 될 수도 있다.

③ **새로운 해외 시장의 확보로 고용 증대**

새로운 해외시장을 확보하게 됨으로써 시설확충과 더불어 더 많은 고용자를 고요하게 되어 실업자 구제에도 도움을 주게 된다.

④ **국제 무역에 의한 기업 생존**

국제무역이 있기 때문에 생겨나고 생존하는 기업들이 많이 있다. 해운회사, 해상보험회사, 각종 수출입 대행사(agent), 외국환은행 등이 국제무역에서 파생하는 이익을 얻고, 또 존재하고 있다.

⑤ **국제무역을 통하여 개개인의 기호에 맞는 물건 취득 가능**

무역을 통하여 바나나와 커피를 먹을 수 있으며, 외국의 유명 명품을 외국에 가지 않고도 구입할 수 있다.

Chapter 02

International Trade Practice

무역거래의 형태

무역거래의 형태는 무역을 보는 관점에 따라 여러 형태로 나눌 수 있으며, 실무적으로 널리 이용되고 있는 형태는 교역의 대상, 제3자 개입여부, 상품생산방식 그리고 상품판매 방식에 따라 분류할 수 있다.

1. 교역의 대상에 따른 분류

1.1 상품무역

국제간의 교역의 대상은 주로 재화, 즉 상품이 일반적이다. 고대무역의 예에서 알 수 있듯이 초기 지중해를 지배한 해양민족인 페니키아인(Phoenician)은 해상교역을 통하여 필요한 물자를 조달하여 왔는데, 그 중에는 이집트부터 곡식을, 소아시아로부터는 포도주 유리 그리고 그리스 도시들로부터는 도자기 등과 같은 상품교역을 통하여 도시국가를 건설하고 무역항을 발전시켜 상업을 번창시켰다. 이와 같이 국제교역의 주대상으로는 재화로서의 상품 외에도 원료(raw material) 등도 포함하며 이를 유형무역(visible trade)이라고도 한다.

1.2 서비스무역

무역은 상품거래 외에도 용역, 즉 서비스거래에 의해서도 수행된다. 서비스란 유체물인 상품과는 달리 상대방에 대한 노무의 제공 등을 말하는 것으로서 건설수출과 같이 단독으로도 무역거래의 대상이 되지만 상품수출에 수반하여 발생하는, 즉 상품의 수송에 따른 운송서비스, 운송중인 상품의 손상위험을 보상하기 위한 보험서비스, 기술서비스 등을 포함하고 있다. 서비스의 제공에 따른 대가(service fee)로서 운임(freight), 보험료(insurance premium) 및 기타 수수료(commission) 등의 수취를 통하여 궁극적으로는 상품무역에서와 같이 서비스무역에 의해서도 일국의 국제수지를 개선시킨다.

2. 제3자 개입 여부에 따른 분류

2.1 직접무역

양국의 거래당사자가 제3자, 즉 제3국의 중개인을 통하지 않고 수출자와 수입자간에 직접적으로 거래하는 것을 직접무역(direct trade)이라고 한다. 따라서 수출자는 물품의 제조업자이거나 공급업자인 경우가 일반적이다.

2.2 간접무역

간접무역(indirect trade)은 무역거래가 제3국의 업자를 통하여 이루어지는 것을 의미하는데, 개입하는 제3자의 역할에 따라서 중계무역, 중개무역, 통과무역, 스위치무역 등으로 구분할 수 있다.

1) 중개무역

중개무역(merchandising trade)은 수출국과 수입국의 중간에서 제3국의 상인이 중개·알선하여 거래가 이루어지는 경우 제3국의 중개인 입장에서 볼 때의 무역을 말한다. 중개무역에 있어서 제3국의 중개인은 수출국 또는 수입국 상인으로부터 거래의 알선·중개에 따른 중개수수료를 받는다. 이 경우 중개상의 거래알선에 따른 커미션의 금액은 일정한 것은 아니지만 통상 송장금액의 3 ~ 5%를 지급하는 것이 관례이다.

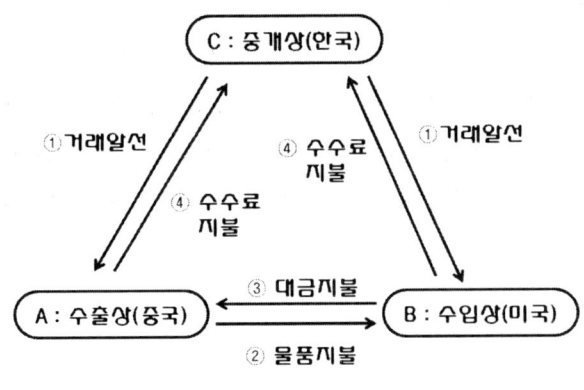

[그림 2.1] 중개무역

2) 중계무역

중계무역(intermediate trade)이란 수출할 것을 목적으로 물품 등을 수입하여 보세구역 및 보세구역 외 장치의 허가를 받은 장소 또는 자유무역지역 이외의 국내에 반입하지 아니하고 수출하는 수출입을 말한다. 중계무역은 중계상이 물품을 수출할 것을 목적으로 자기책임과 비용부담으로 수입한 후 다시 제3국으로 수출함으로써 매매차익을 얻는 거래이다. 그러므로 수입계약과 수출계약은 완전히 별개의 것이고 중계상은 수입금액과 수출금액의 차이를 매매차익으로 얻게 된다.

> **T/P 중개무역과 중계무역의 차이점**
>
> 중개무역과 중계무역은 물품의 인도방법 즉 물품이 중계지를 경유하는지 여부를 기준으로 구분하는 것이 아니라, 중간상인이 계약의 당사자인지 여부에 따라 구분한다. 중간상인이 계약의 당사자이면 중계무역, 그렇지 않으면 중개무역이다. 중계무역시는 중간상인이 계약 당사자로서 매매차익(가득액)을 목적으로 거래에 개입하나 중개무역시에는 최종수입자나 최초 수출지의 대리인으로서 중개수수료만을 목적으로 한다. 중개무역은 중개수수료를 취하기 때문에 대외무역법상 무역거래로 인정되지 않아 수출실적으로 인정받을 수 없다.

3) 통과무역

통과무역(transfer trade)은 화물이 수출지로부터 수출될 때 실제 수입지가 별도로 정해져 있어 원형 그대로 운송과정으로서의 중간국을 통과하는 것을 말한다. 이에 비해 중계무역은 수출지에서 선적할 때 실제 수입지가 결정되지 않고 중계항에서 양륙된 후에 최종 목적지가 정해질 때도 있으며, 중간 양륙항에서 간단한 가공도 이루어질 수 있다.

4) 스위치무역

스위치무역(switch trade)은 수출상이 직접 매매계약을 체결하여 상품이 수입국에 직송되는데, 대금결제는 제3국 상사에서 하는 경우를 말한다. 즉, 특정 제3국의 통화를 결제통화로 사용하여 다른 통화지역으로부터 수입하는 거래형태로서, 이러한 거래를 알선해 주는 업자를 스위쳐(switcher)라고 하며, 이들은 거래가 성사되는 경우 스위치수수료(switch commission)을 받는다.

3. 상품생산방식에 따른 분류

3.1 가공무역

가공무역(improvement trade)이란 가공을 목적으로 원료 등을 수입하여 가공 후 일정한 대가를 받고 다시 외국으로 수출하는 경우와 또 이와는 반대로 외국에서 수입하는 거래를 말한다. 오늘날 국제무역에서 가장 많이 이루어지고 있는 거래 중의 하나로서, 가공수출국에게는 인금, 운임, 창고료 및 보험료 등이 외화가득액으로 돌아간다.

> **TIP 외화가득액**
>
> 한 나라의 총수출액 가운데서 실제로 얻은 외화에 대한 금액. 예를 들면, 2백 달러짜리 상품을 수출 하였을 때 원자재가 1백 달러짜리 수입품이었다면 외화가득액 즉, 순수하게 벌어들인 외화는 1백 달러가 된다.

1) 위탁가공무역

위탁가공무역(improvement trade on consignment)이란 가공임을 지급하는 조건으로 외국에서 가공(제조, 조립)할 원료의 전부 또는 일부를 거래 상대방에게 수출하거나 외국에서 조달하여 이를 가공한 후 가공물품 등을 수입하거나 외국으로 인도하는 수출입을 말한다.

2) 수탁가공무역

수탁가공무역(improvement trade on trust)이란 외화가득액을 영수하기 위하여 원자재의 전부 또는 일부를 거래상대방의 위탁에 의하여 수입하여 이를 가공한 후 위탁자 또는 그가 지정하는 자에게 가공물품을 수출하는 수출입을 말한다.

3.2 녹다운방식 무역

녹다운(knock-down)방식의 무역이란 완제품을 수출하는 것이 아니라 조립능력이 있는 외국 거래처에 부품이나 반품을 수출하여 현지에서 조립한 후 완제품을 판매하는 방식을 말한다.

3.3 OEM방식 무역

OEM(Original Equipment Manufacturing)방식의 무역이란 외국의 주문자상표를 부착하여 수출하는 국제하청생산방식에 의한 수출입을 말하며 일명 주문자상표부착방식의 무역이라고 한다. OEM방식은 생산자의 상표를 부착하지 않고 주문자의 상표를 부착하여 수출하기 때문에 마치 주문자가 생산하여 판매하는 것처럼 보인다.

4. 상품판매방식에 따른 분류

물품을 무환(clean draft)으로 수출 또는 수입하여 당해 물품이 판매된 범위 안에서 수출대금을 회수하거나 수입대금을 지급하는 조건의 계약에 의한 수출입을 위탁판매무역(consignment trade)이라고 하는데, 위탁판매무역은 위탁판매수출과 수탁판매수입으로 구분한다.

4.1 위탁판매수출

위탁판매수출(export on consignment)은 물품 등을 무환으로 수출하여 당해 물품이 판매된 범위 안에서 대금을 결제하는 계약에 의한 수출방식으로서 외국의 사업자에게 판매를 대행하게 하는 경우를 말한다.

4.2 수탁판매수입

수탁판매수입(import on trust sales)이란 물품 등을 무환으로 수입하여 당해물품이 판매된 범위 안에서 대금을 결제하는 계약에 의한 수입으로서 위탁판매수출을 수탁자의 입장에서 보는 거래이다.

5. 연계무역 형태에 따른 분류

연계무역(counter trade)이란 동일한 거래 당사자 간의 수출과 수입이 연계되는 거래형태를 말한다.

5.1 물물교환

물물교환(barter trade)이란 통화결제가 수반되지 않는 순수한 연계무역방식을 말한다. 예를 들어 우리나라의 수출상이 필리핀의 수입상에게 사과를 수출하고 이에 대한 대가로서 바나나를 수입함으로써 상계 처리하는 경우가 곧 물물교환방식이다.

5.2 구상무역

구상무역(compensation trade)이란 수출입하는 물품대금의 전부 또는 일부를 그에 상응하는 수입 또는 수출로 상계하는 수출입을 말하며 상계무역이라고도 한다. 구상비율(compensation rate)이 100%인 경우를 물물교환이라고 할 수 있다.

5.3 대응구매

대응구매(counter purchase)는 별도거래(two-way trade)방식으로 쌍방간에 이루어지는 형태로서 이는 수출입이 각각 별도 계약서에 의하여 거래가 이루어진다.

5.4 제품환매

제품 환매(buy back)란 생산 공장 또는 생산설비를 수출하는 조건으로 수출자가 대금 회수를 수출한 생산설비에서 생산된 제품으로 하는 방식의 무역을 말한다.

Chapter 03

International Trade Practice

무역관리제도와 FTA

1. 무역관리의 의의

무역관리란 국가가 무역관리에 관한 제도 또는 법규에 의하여 무역거래를 통제 또는 제한하거나 촉진하는 것을 말한다. 무역을 통해 얻을 수 있는 이익을 극대화하기 위해서는 아무런 무역장벽도 없는 자유무역체제가 바람직하지만 세계 각국은 자국의 여러 가지 사정 때문에 무역에 대하여 어느 정도의 규제나 제약을 가하고 있는 것이 오늘의 현실이다.

개발도상국이나 후진국의 입장에서는 국제수지균형을 달성하기 위해서 그리고 국내 산업보호를 위하여 어느 정도의 수입억제나 수출진흥책을 필요로 하고 있으며, 선진국의 경우에도 자국내의 인플레이와 실업을 낮추기 위해서 무역을 관리할 필요성이 있다. 특히 우리나라와 같이 국민경제의 무역의존도가 높은 국가에서는 무역관리가 바로 국민경제와 직결되고 있기 때문에 무역을 관리할 필요성은 크다고 할 수 있다. 무역관리는 크게 나누어 무역을 영위하는 주체에 대한 관리와 무역상품에 대한 관리로 나눌 수 있는데 이들은 총괄적으로 무역관계법규에 의해서 규율되고 있다. 여기서는 한국의 무역관리를 무역관계법규에 의거 중요한 부분만 발췌하여 무역관계법규에 의한 관리, 무역상품에 대한 관리, 쿼터제도 등으로 나누어 살펴보자.

2. 무역관계법규에 의한 관리

무역관리는 무역거래를 하는 과정에서 필요한 정부의 인/허가·면허·승인·인증·행정지도 등이 있으며, 이것을 규정하고 있는 기본법으로는 대외무역법·외국환거래법·관세법이 있다.

2.1 대외무역법

대외무역법은 수출입거래를 관리하기 위한 기본법으로서 "대외무역을 진흥하고 공정한 거래질서를 확립하며, 국제수지의 균형과 통상의 확대를 도모함으로써 국민경제의 발전에 이바지함"을 목적으로 수출 제일주의적 성격에서 탈피하여 수출입의 균형과 무역확대를 강조하는 방향으로 선회하고 있다.

대회무역법은 무역관리제도(승인)와 무역진흥제도(외화획득용 원료 등의 수입)를 포함하고 있다. 무역관리제도에는 수출입공고 등에 의한 품목관리와 수출승인과 수입승인에 의한 관리가 있다. 그리고 무역진흥제도에는 외화획득용 원료 등의 수입 및 국내 조달에 대한 우대조치 등의 내용이 포함되어 있다.

2.2 외국환거래법

외국환거래법은 외국환거래 기타 대외거래의 자유를 보장하고 시장기능을 활성화하여 대외거래의 원활화 및 국제수지의 균형과 통화가치의 안정을 도모함으로써 국민경제의 건전한 발전에 이바지함을 목적으로 하고 있는 법이다.

외국환은 내국환과 달리 이종 통화 간의 교환 절차를 거쳐야 하기 때문에 환율의 등락에 따라 외국환의 수요와 공급이 영향을 받는다. 따라서 정부는 이를 시장 기능에만 맡기지 않고, 직접 환율변동에 개입하거나 비가격적인 통제를 하는 등 일정한 관리를 하고 있다. 이와 같이 정부가 외국환에 대해 시장 기능에 맡기지 않고 직접 통제하는 것을 외국환 관리라 하며, 우리나라의 외국환 관리는 외국환거래법에서 규정하고 있다.

2.3 관세법

관세법은 수출입되는 물품에 대한 관세의 부과, 징수 및 수출입물품의 통관을 적정하게 하여 국민경제의 발전에 기여하고 관세수입의 확보에 기여한다는 목적으로 제정되었다. 대부분의 국가들은 물품의 국가간 이동 과정을 최종적으로 확인·점검하기 위해 세관에서 통관절차를 거치도록 하고 있으며, 이런 통관절차는 주로 관세법에 의해 규정된다. 관세법은 궁극적으로 국민경제의 발전과 관세 수입의 확보를 목적으로 하며, 이를 위해 관세의 부과·징수 및 수출입 물품의 통관을 적절히 시행하려고 한다. 따라서 관세법은 관세부과를 통한 국가의 수입확보라는 조세법으로서의 성격과 통관법으로서의 성격을 동시에 지니고 있다.

> **T/P 무역관련 법규 법령 및 시행령 등을 보는 방법**
>
> (1) 법률지식정보시스템(http://likms.assembly.go.kr/law/jsp/main.jsp)홈페이지
> (2) 검색창에 확인할 법규 명을 입력한 후 [검색]버튼 클릭한다.
> (3) 해당 법규의 개정정보를 확인한다.
> (4) 법규 내용을 확인하고 아이콘을 클릭하면 텍스트 문서와 한글 문서로 법류를 다운받아 볼 수 있다.

3. 무역상품에 대한 관리

무역업자 또는 무역대리업자로서 자격을 갖추고 있다고 하더라도 무역거래의 대상이 되는 물품에 대해서는 별도로 수출입공고가 정하는 바에 따라 수출입승인을 받아야 한다. 여기에서는 무역상품에 대한 대외무역법상의 관리를 중심으로 수출입공고 및 승인제도에 대해 설명한다.

3.1 수출입공고의 의의

수출입공고란 지식경제부장관이 물품의 수출입에 관한 자동승인품목, 제한 승인품목 또는 금지품목 등을 구분하고 제한승인품목의 품목별 수량·규격·금액 또는 지역 등의

제한을 정하고 무역의 지속적인 확대 또는 통상정책상의 필요에 의하여 대통령령이 정하는 물품의 수출입에 관한 사항, 물품의 수출입에 관한 추천 또는 확인 등의 절차에 관한 사항을 공고하는 것을 말한다.

3.2 수출입공고의 종류

1) 수출입 별도 공고

수출입승인 대상품목 중 대외무역법은 수출의 지속적 확대와 무역의 균형을 이루기 위하여 필요한 경우 수출입공고의 규정을 적용하지 아니하고 별도의 공고를 적용할 수 있도록 수출입 별도공고를 할 수 있다. 따라서 수출입 별도공고에서는 수출입승인 대상품목 중 수출입공고의 적용범위에서 제외된 물품의 수출승인요령 및 절차를 규정하고 있다.

여기에 적용을 받게 되는 대상품목 및 거래는 다음과 같다.

- 산업설비 수출의 이행을 위한 물품의 수출
- 전략물자의 수출
- 항공기 및 동 부분품의 수입
- 국가별 수출입의 균형을 위한 물품의 수입
- 그 밖에 주요 원자재의 안정적 확보와 물자수급의 원활, 국내물가의 안정, 통상정책상 필요하다고 인정하여 지식경제부장관이 정하는 물품 등이다.

2) 통합공고

대외무역법 제15조(통합공고 등)에서는 대외무역법 이외의 다른 법령에 해당 물품에 대한 수출입의 요건 및 절차를 정하고 있을 경우에는 지식경제부장관은 수출입의 요건 확인 및 통관업무의 간소화와 무역질서유지를 위하여 다른 법령이 정한 물품을 수출 또는 수입의 요건 및 절차를 통하여 공고하도록 되어 있는데, 이를 통합공고라고 한다.

> **T/P 조화제도(HS)**
>
> 통일상품명및부호체계 WCO(세계관세기구)의 주관하에 체결된 상품분류에 관한 국제 협약. 1988년 발효된 이래 1992년, 1996년, 2002년 세 차례에 걸쳐 개정. 이를 각각 HS88, HS92, HS96, HS 2002등으로 통칭. HS(Harmonized System) Code란 국제협약에 의해 국제간에 공통으로 사용하는 상품분류체계로서 세관에서 관세행정 목적으로 사용하는 것 이외에도 무역통계, 운송, 보험등과 같이 여러분야에서 다양한 목적에 통일되게 사용할 수 있도록 만들어졌다하여 조화제도(Harmonized System)라 함. HS Code는 국제적으로 합의된 상품분류 체계로서 WTO등의 국제협상에서도 수입개방여부, 관세양허 등 협상의 기준으로 사용되는 등 국제무역에서 큰 비중을 차지하고 있으며 세계관세기구(World Customs Organization)에서 이를 관장하고 있음. HS는 우리나라를 포함한 전세계 대부분의 국가가 가입해 있는 국제협약에 근거하여 21부, 97류, HS 6단위 5,225개로 구성. HS 분류는 통상 6단위(Sub-heading)까지를 공통으로 하고 있으며, 6단위 이하의 세 분류는 가입국들이 자국 사전에 따라 자율적으로 결정 가능. 우리나라는 10단위까지 세분한 HSK(Harmonized System of Korea)를 운용하고 있음.

4. 쿼터제도

4.1 쿼터제도의 의의

선진국을 비롯한 많은 국가들이 국제수지의 불균형을 해소하고 자국의 국내 산업을 보호하기 위해 각종의 수입규제를 실시하고 있다. 그동안 GATT의 노력으로 관세장벽은 많이 제거되었으나 반면에 비관세장벽은 점차 강화되고 있는 추세이다. 비관세장벽에는 여러 가지가 있으나 그 중에 가장 강력하고도 직접적인 수입규제가 되고 있는 것이 쿼터제도(quota)이다. 쿼터제도란 수입상품을 일정한 기준에 따라 국가별 또는 수입자별로 정체 물량을 할당하여 그 한도내에서만 수입할 수 있도록 하여 일정기간 수입을 제한하는 제도라고 할 수 있다.

4.2 쿼터제도의 종류

1) 쌍무쿼터(bilateral quota)

수출입 정부간에 또는 민간단체간에 서로 협의하여 쿼터품목, 수출입할당량, 적용기간 등에 관해 구체적인 사항을 쌍무협정에 의해 정하는 쿼터제도이다.

2) 총량쿼터(global or basket quota)

특정 수입상품에 대하여 일정 기간을 정하여 수입허가 총물량 또는 총금액을 한정하지만 수입대상국별로 수입량을 할당하지는 않는 쿼터제도이다.

3) 수입쿼터(import quota)

특정 물품에 대해 자국내의 수입자에게 일정기간 동안 쿼터를 배정하여 수입하는 제도이다. 따라서 쿼터배정을 받지 못한 수입자는 특정 쿼터 물품을 수입할 수 없다.

4) 일방적 국별 쿼터(Unilateral Quota)

수입상대국과 쿼터에 관한 쌍무협정을 체결하지 않고 수입국에서 일방적으로 상대국별로 할당량 및 금액을 정하는 제도이다.

5) 관세율 쿼터(Tariff Quota)

수입국에서 일정한 물량을 정하고 그 물량을 초과하여 수입되는 상품에 대해서는 초과관세를 부과하는 제도이다.

6) 수출자쿼터

일반적으로 쿼터는 수입국이 품목과 수량을 정하는 수입자쿼터(buyer's quota)이나 수출국이 쿼터를 관리·운영할 때는 수출자쿼터(seller's quota)라고 한다.

7) 수출자율규제(Voluntary Export Restraint ; VER)

쿼터제도는 아니나 그 내용에 있어서 쿼터제도와 같다. 즉 수출국이 수입국의 쿼터배정을 미리 방지하기 위해 사전에 수출물량을 자율적으로 일정한 범위내로 제한하는 것으로서 대개의 경우 수입국의 압력이나 요청에 의해 이루어진다.

TIP 관세와 쿠터

관세와 쿼터는 자유무역을 가로막는 대표적인 무역장벽이다. 관세와 쿼터의 정확한 의미, 그리고 관세와 쿼터가 왜 자유무역을 방해하는 요소인지 살펴보자.

A는 선진국이며, B는 개발도상국이다. 두 나라의 무역장벽은 관세와 쿼터밖에 없으며, 두 나라 모두 정상적

인 성장과 소비가 이루어지고 있는 안정적인 경제상황이라고 가정한다. 관세와 쿼터에 대해 쉽게 설명하면 관세는 수입품에 대한 세금부과이며, 쿼터는 수입품에 대한 수량제한이다. 이 2가지의 무역장벽이 어떠한 역할을 하는지 또 위와 같이 어떠한 관련이 있는지 살펴보자.

A국가는 B국가에서 1천만 원짜리 의료기기를 수입한다. A국가는 의료기기에 대해 관세 10%를 부과했다. 결과적으로 B국가의 의료기기의 가격은 1천100만원이 되었다. A국가는 B국가에서 수입하는 1천만 원짜리 의료기기를 1년에 10만 대로 수량을 제한했다. 그러자 가격이 1천100만원으로 상승했다.

위의 모두 A국가의 B국가 의료기기에 대한 수입제한임은 분명하다. 하지만 그 차이는 분명히 있다. 앞의 경우 A국가 내에서 유통되는 B국가의료기기의 가격은 1천100만원이 된다. 이런 상황에서 A국가 내의 국산의료기기 생산업체들은 자신들의 제품을 1천만원에 유통시킬까? 아니다 그들도 최대한 1천100만원에 맞춰 제품을 출시할 것이다. 뒤의 경우는 A국가 내 의료기기의 가격이 얼마나 올라갈지는 예측하기 어렵다. 하지만 한 가지 분명한 것은 수요와 공급의 차이에 의해 가격이 상승할 것이며, 국산제품도 그러할 것이라는 점이다. 이처럼 기업은 시장을 이용해 자신들의 이득을 최대한 챙기려고 한다.

관세의 경우 100만원의 수입이 A국가 기업의 수입으로 들어갔지만 쿼터의 경우 B국가 기업의 몫이 된다는 것이 관세와 쿼터의 차이점이다. 물론 쿼터의 경우 종류에 따라 이익관계가 부분적으로 희석되기는 하나 여기서는 기본적인 의의만 살펴본다. 가격의 상승으로 인한 피해는 고스란히 소비자의 몫이 되어 더 비싼 가격에 의료기기를 구입해야 하는 처지가 되어 버린 것이다. 또한 선진국인 A국가 내 의료기기를 생산하는 업체들이 제품생산을 위해 B국가보다 많은 비용을 지출해야 하는 저효율성이 나타난다. 이것이 관세 등의 무역장벽 철폐를 주장하는 가장 기본적인 이론이자 근거이다. 자신들의 국가가 가장 저렴하게 고효율적으로 생산할 수 있는 제품을 세계 각국에 수출해 세계적으로 자원과 생산의 효율성을 높이자는 것이다. 하지만 여기에도 전제가 있다. 바로 위의 내용과 같이 모든 국가의 경제가 안정적으로 성장하고, 정상적인 소비가 이루어져야 한다는 전제이다. 결국 어떻게 보면 자유무역은 배부른 자들이 만든 논리가 되는 것이다. 지금의 경제위기처럼 모두가 배고파진 상황에는 자유무역보다 자기 밥그릇을 챙기는 데 급급하다. 결국 그 어떤 무역장벽을 없애든 간에 신중함을 잃지 않고 최악의 상황을 가정해보는 것이 중요하다.

5. FTA

5.1 FTA

1) FTA의 개념

자유무역협정(FTA: Free Trade Agreement)은 협정 체결국간 상품 관세장벽뿐만 아니라 서비스·투자 등 다양한 분야에서의 비관세장벽까지도 완화하는 특혜무역협정을 의미한다. 최근의 FTA는 관세·비관세장벽 완화 외에 지적재산권·정부조달·경쟁 등 다양한 통상규범도 포함하여 체결되는 추세이다.

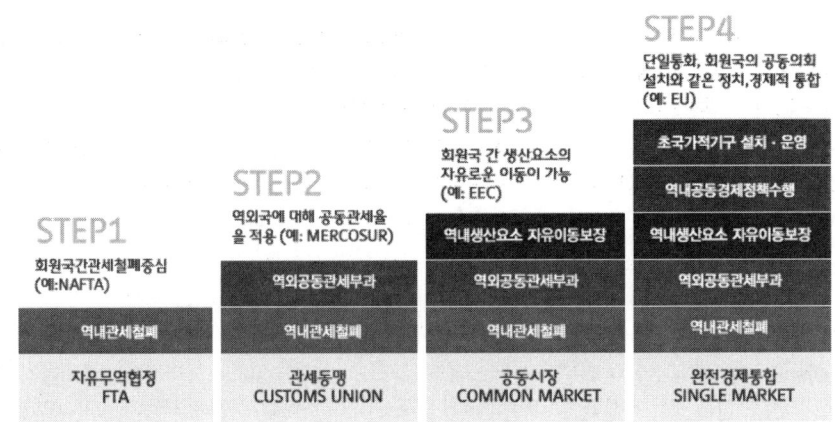

표1 단계별 경제통합단계

5.2 FTA 효과

FTA의 가장 큰 효과는 관세인하에 따른 수입품의 가격하락이라고 할 수 있다. 이렇게 되면 FTA 체결국 상품은 상대국 시장에서 FTA가 체결되지 않은 다른 나라의 제품보다 가격측면에서 매우 유리하게 되고 시장점유율을 높일 수 있는 기회를 갖게 되는 것이다. 예를 들어 한국과 칠레의 FTA발효(2004년)전인 2003년과 2007년을 비교해 보면 칠레산 돼지고기 수입액은 3천만달러에서 1억 2천만달러로, 와인 수입액은 3백만달러에서 2천 5백만달러로 크게 증가하였고, 한국산 자동차의 칠레 수출액도 1억 6천만달러에서 6억 7천만달러로 4배 이상 급증하였다. 이처럼 FTA는 양국산업에는 새로운 수출기회를 제공하는 한편 소비자에게는 보다 저렴한 가격으로 다양한 상품을 소비할 수 있도록 만든다. 그러나 모든 일이 그렇듯이 순기능만 있는 것은 아니다. FTA로 값싼 수입품이 밀려들어 올 경우 경쟁에서 밀린 국산품이 타격을 받을 가능성이 크다. 특히 미국 등 선진국과의 FTA의 경우 농업이나 서비스업 등 경쟁력이 취약한 부문의 피해가 적지 않을 것이라는 우려가 많은 것도 사실이다.

이처럼 FTA로 인해 특정분야는 이익을 보는 한편 다른 분야에서는 손해를 볼 가능성이 있으므로 FTA 추진에는 신중한 접근이 필요하다. 어떤 부분을 얼마나 양보하고 다른 곳에서 얼마만큼 받아낼 것인지 그리고 체결시 각 산업의 손익은 어떻게 되고 그래서 우리나라 전체적으로는 얼마나 이득인지를 따져야만 한다. 그러다 보니 자연히 협상도 오래

걸리고 협상이 중단되거나 심한 경우 결렬되기도 한다. 또 설사 이런 과정을 거쳐 FTA가 체결되었다 하더라도 모든 과정이 종료되는 것은 아니다. FTA로 인해 피해를 입게 될 부문을 설득하고 이들에게 적절한 보상을 해주거나 경쟁력 강화를 위한 정책을 수립하고 집행하여야 할 것이다.

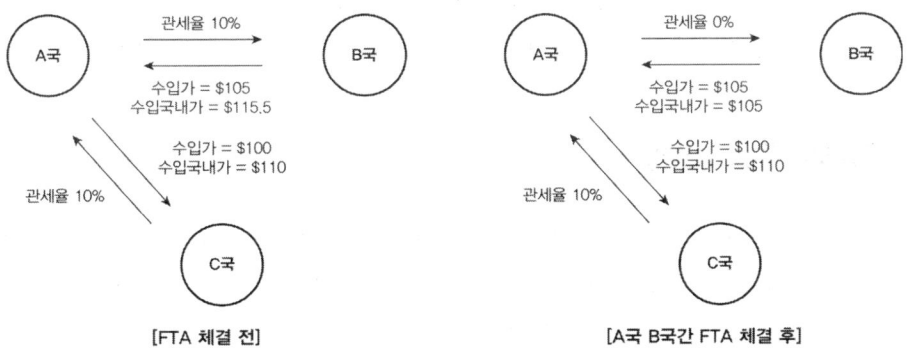

[그림 3.1] FTA 체결전과 체결후 비교

[그림 3-1]에서 보다시피 A국은 B국과 FTA를 체결하기 이전에는 가격이 저렴한 C국의 상품을 수입하지만 B국과 FTA를 체결한 후에는 양국 간에 무관세가 적용되어 C국의 상품에 비해 가격 경쟁력이 있는 B국의 상품을 수입하게 된다. 따라서 A국은 C국에서 B국으로 수입선을 변화시키며, 이는 곧 C국이 A국과 B국의 FTA체결로 인해 A국이라는 수출선을 상실하게 되는 것을 의미한다.

5.3 FTA 확산

FTA는 1950년대부터 등장하기 시작했으며 체결 지역은 주로 서유럽과 미주지역에 치중되어 있었다. 1950년대 이후부터 FTA는 다자간 무역체제인 GATT 체제와 공존하면서 그 숫자가 조금씩 늘어났으나, 1995년 WTO 출범 이후에는 'FTA의 시대' 라고 할 만큼 협정 체결이 전세계로 급속히 확산되었다. WTO라는 다자간 무역체제가 존재함에도 불구하고 이렇게 FTA가 확산되는 이유는 여러 가지로 설명될 수 있다. 첫째, FTA에 소극적인 입장을 고수해왔던 미국이 90년대 이후 적극적 입장으로 선회하여 FTA 체결을 추진하기 시작했다. 세계경제의 중심국인 미국의 입장 변화가 상당한 파급효과를 불러일으켰다. 둘째, WTO라는 다자간 무역체제는 회원국이 너무 많기 때문에 국가간 협상을 타결하는데 오랜 시간이 걸린다. 따라서 급속도로 변화하는 통상환경

속에서 비롯되는 새로운 광범위한 무역자유화 요구에 즉각적으로 대응하는데 있어 한계를 드러내고 있는 것이 사실이다. 이에 국가들은 협상이 용이하고 상대적으로 단기간에 타결이 가능한 FTA를 선호하게 되었다. 셋째, 이제 세계경제의 주체는 국가가 아닌 개개 기업이라고 할 수 있다. 기업의 세계화로 인해 탄생한 다국적 또는 초국적 기업들은 전 세계적인 무역자유화보다는 자신의 거점국가의 관세인하나 무역장벽 철폐를 위한 FTA에 더 많은 관심을 보이는 것이 당연하다고 할 수 있다.

5.4 FTA의 주요 내용

FTA는 체결국간에 관세 및 무역장벽을 제거하는 것으로 과거에는 주로 관세철폐·원산지규정·통관절차 등에 관한 규범이 협상 대상이었으나 최근에는 상품에 대한 무역장벽 철폐 이외에 서비스·투자·지적재산권·정부조달·무역구제법·환경·노동 기준까지도 포함되는 추세이다. FTA의 협상 대상은 정형화되어 있지 않으며 FTA를 체결하는 국가들간의 합의하에 포괄 범위가 다양해질 수 있다.

1) 상품무역

상품 부문((chapter)은 협정 당사국간 상품에 대한 내국민 대우 및 시장 접근 원칙을 규정하기 위한 것으로 관세철폐 조항 및 관세양허표 외 통상 비관세조치, 제도 규정 등으로 구성되어 있다.

2) 서비스

서비스 부문은 서비스 자유화 관련 원칙·의무를 규정한 협정문과 자유화 방식에 따라 양허 또는 유보 리스트를 열거한 부속서로 구성되며, 협정 당사국은 서비스 분야의 자유화 규모 및 폭을 결정, 이에 대한 약속을 반영한다. 금융, 통신, 자연인 이동 분야의 경우 특수성과 전문성을 고려하여 별도 챕터 또는 부속서로 구성되기도 한다.

3) 투자

투자 부문은 투자 자유화 및 투자 보호를 목적으로 하며, 협정문에는 투자와 관련된 원칙을 규정하고, 부속서는 외국인 투자 허용 분야를 열거한 유보 또는 양허 리스트로 구성된다.

4) 무역구제

무역구제 부문 협정 당사국간 교역으로 인하여 국내 산업이 피해를 입은 경우 관세 인상 등의 조치를 통해 구제하는 제도를 마련하기 위한 것으로, 통상 반덤핑, 상계관세, 세이프가드 제도 등으로 구성되어 있다.

5) 원산지규정

원산지규정 부문은 특혜관세 적용을 받기 위해서 당사국이 자국 원산지임을 인정받기 위해 충족해야 하는 기준을 정한 것으로, 협정문과 함께 HS코드 별로 품목별 원산지기준을 규정한 부속서로 구성된다.

6) 무역기술장벽(TBT : Technical Barriers to Trade)

무력기술장벽 부문은 양국의 표준, 기술규정 및 적합성평가절차가 협정 당사국 사이의 상품교역에 불필요한 장애를 초래하지 않도록 보장하기 위한 것이며 WTO TBT협정의 내용을 기반으로 투명성, 공동협력, 협의채널, 정보교환 등의 조항으로 구성된다.

7) 위생 및 식물검역(SPS)

위생 및 식물검역(SPS) 조치는 각국이 자국민, 동식물의 건강과 생명보호를 위해 시행하는 조치로서, 일반적으로 무역을 제한하는 효과를 가져오게 된다. FTA에서는 무역자유화 촉진이라는 FTA 체결의 기본취지에 따라, SPS 조치 관련 WTO SPS 협정상의 권리의무를 기초로 하여, 양국관계의 맥락에서 SPS 조치가 무역제한적으로 기능하는 것을 방지하기 위한 규정들이 포함된다.

8) 지식재산권

지식재산권 부문은 저작권, 상표, 특허, 디자인 등 실체적 권리의 보호수준과 권리에 대한 행정·민사·형사적 집행에 관한 협정 당사국간 제도를 조화하고 지식재산권 관련 협력을 제고하는 데 기여한다. 충실하게 구성된 지재권 챕터는 권리자와 이용자에게 법적 확실성을 제공하여 무역과 투자를 증진할 수 있는 기반이 된다.

9) 정보조달

정부조달은 세계 각국 GDP의 약 10~15%를 차지하는 큰 시장이다. 이러한 정부조달 시장의 상호개방은 신규시장 개척 효과를 가져오게 되며, FTA에서의 정부조달 협정은 이러한 시장개방에 대한 조건과 규칙들을 규정하기 위한 협상 분야이다. 정부조달 협정은 보통 입찰 및 낙찰과정에서의 준수의무를 다루는 협정문 부분과 시장개방 대상과 개방 하한금액을 명시하는 양허표로 구성된다.

10) 전자상거래

전자상거래 부문은 전자거래 활성화를 위해 당사국간 전자적으로 전송되는 디지털제품(예, 동영상, 이미지 등)에 대한 무관세·비차별대우, 전자인증 및 전자서명, 소비자 보호 관련 규정 등을 명시한다.

11) 경쟁

세계 경제의 의존성 증가로 인해 한 국가의 경쟁정책이 시장개방, 관세인하 등 FTA의 체결효과를 훼손할 수 있다는 인식 하에, 이를 방지하기 위한 의무들을 규정하기 위한 협상분야이다. 일반적으로 경쟁법 집행시 준수해야 할 의무, 공기업 및 독점관련 의무, 경쟁 당국간 협력 등의 요소들이 포함된다.

12) 노동

노동 부문은 협정 당사국 노동자의 권리를 보호하기 위한 것으로, 국제노동기준에 명시된 기본 노동권의 준수, 기본 노동권을 포함한 노동법의 효과적인 집행, 이해관계자의 절차적 권리 보장, 공중의견제출제도의 도입 및 운영, 노동협력메커니즘, 노무협의회 등으로 구성된다.

13) 환경

환경부문은 협정 당사국의 환경보호를 위한 것으로, 환경법 및 정책이 높은 수준의 환경보호를 제공할 의무, 다자간 환경협정의 의무 이행, 환경법의 효과적인 적용 및 집행, 환경협의회 설치, 대중참여 확대, 환경협력 확대 등으로 구성된다.

14) 경제협력

경제협력 부문은 FTA 협정 당사국간의 경제협력 증진을 위한 것으로 우리나라의 경우 주로 개도국과의 FTA에서 경제협력 부문을 별도로 두어 경제협력의 범위·방법 및 이행 메커니즘을 규정하고 있다. 통상 경제협력 부문에는 FTA 분쟁해결절차의 적용이 배제된다.

15) 분쟁해결

분쟁해결 부문은 협정 당사국 사이의 분쟁을 신속하게 해결하고 협정상 의무를 위반한 국가에 대하여 의무 이행을 확보하기 위한 것으로, 통상 당사국간 협의, 패널 판정, 판정 이행의 순서로 구성된다.

16) 총칙 : 최초조항/최종조항/제도조항/투명성/예외

협정 전체에 관련된 포괄적인 내용을 규정한 부문으로서, 통상 최초조항 챕터는 목적·다른 협정과의 관계·정의, 최종조항 부문은 개정·발효·탈퇴 및 해지, 제도조항 부문은 협정 이행을 위한 위원회의 역할, 투명성 부문은 공표·정보교환·행정절차, 예외 부문은 일반예외·안보예외·과세예외 등의 조항으로 구성된다.

5.5 우리나라 FTA 체결현황

세계적인 FTA 확산추세에 대응하여 안정적인 해외시장을 확보하고 개방을 통해 우리 경제의 경쟁력을 강화하기 위하여 FTA를 적극 추진한 결과, 59개국 21건의 FTA가 체결되었으며, 여타 신흥국가와의 FTA도 지속적으로 추진해오고 있다.

1) 발효국가

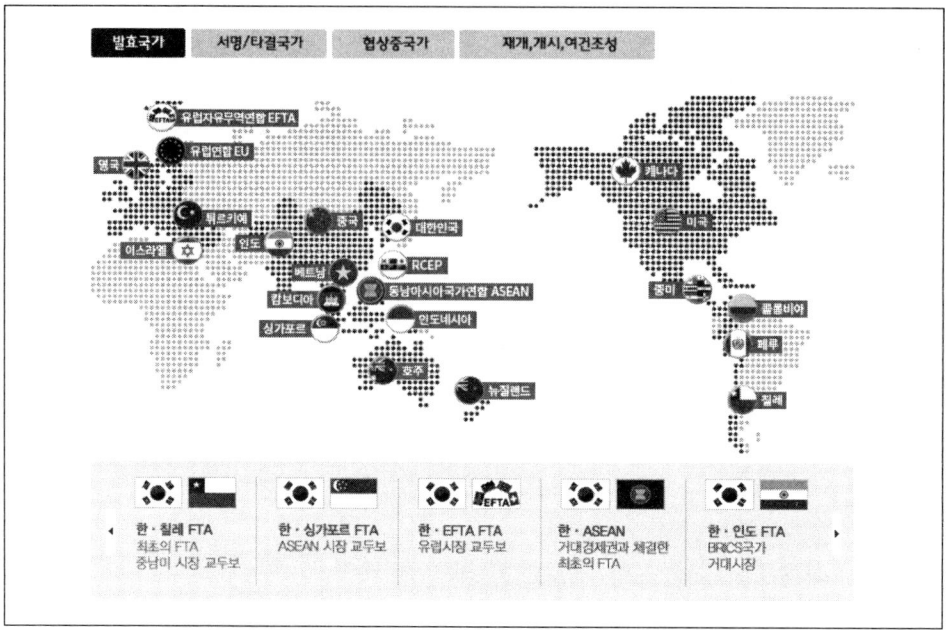

2) 서명/타결국가

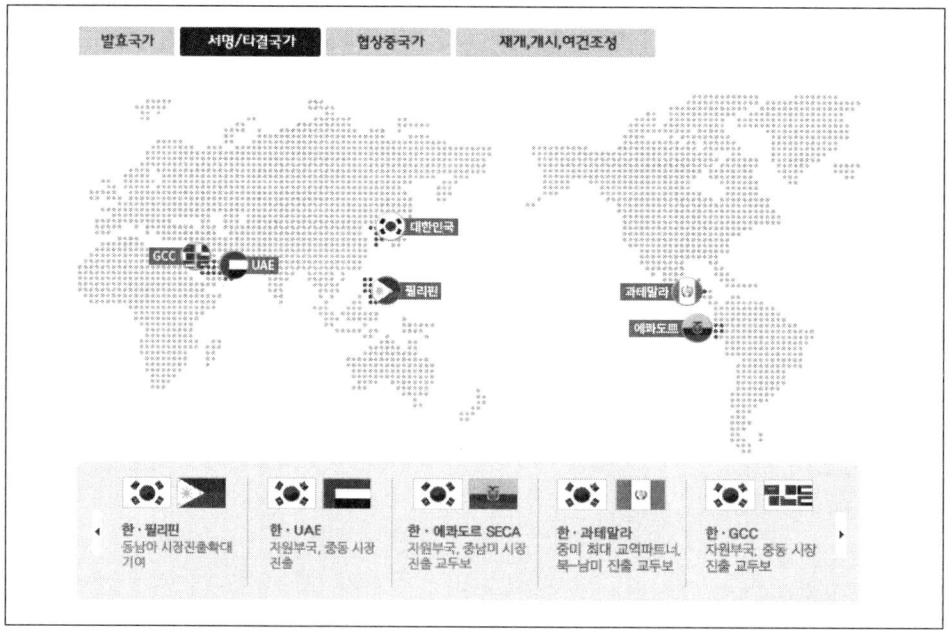

3) 협상중인 국가

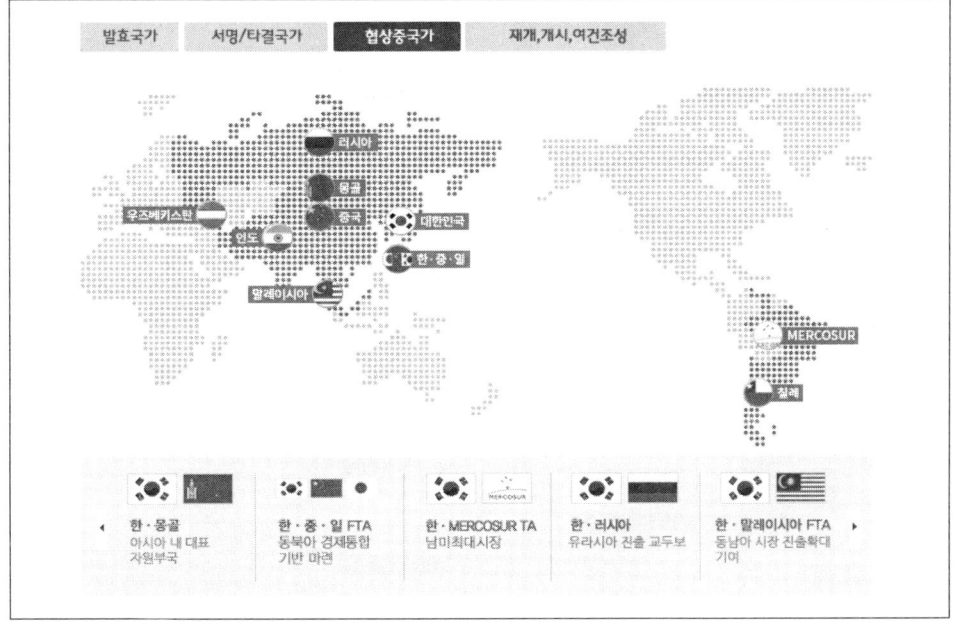

4) 재개, 계시, 여건조성 국가

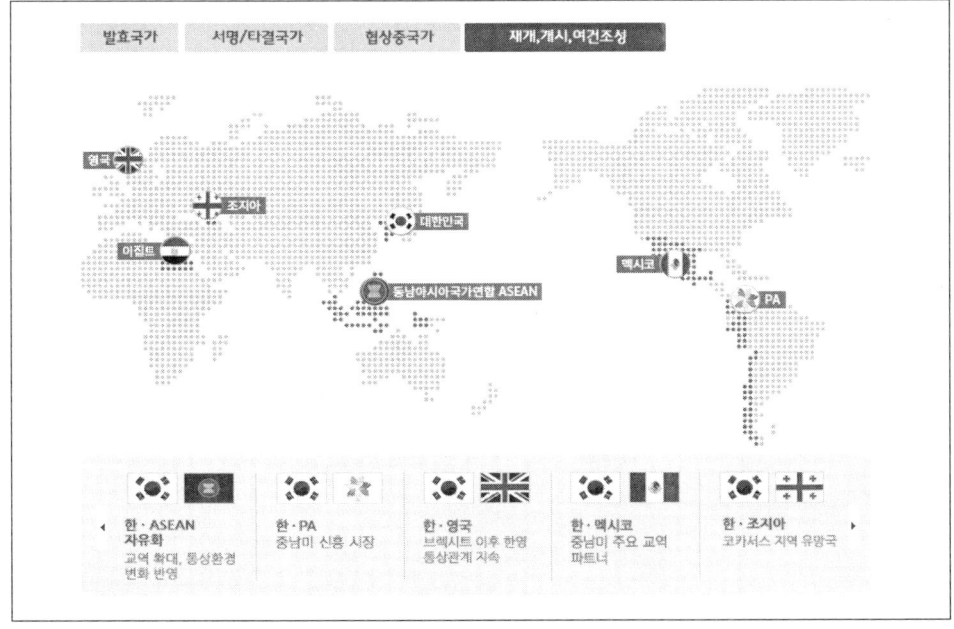

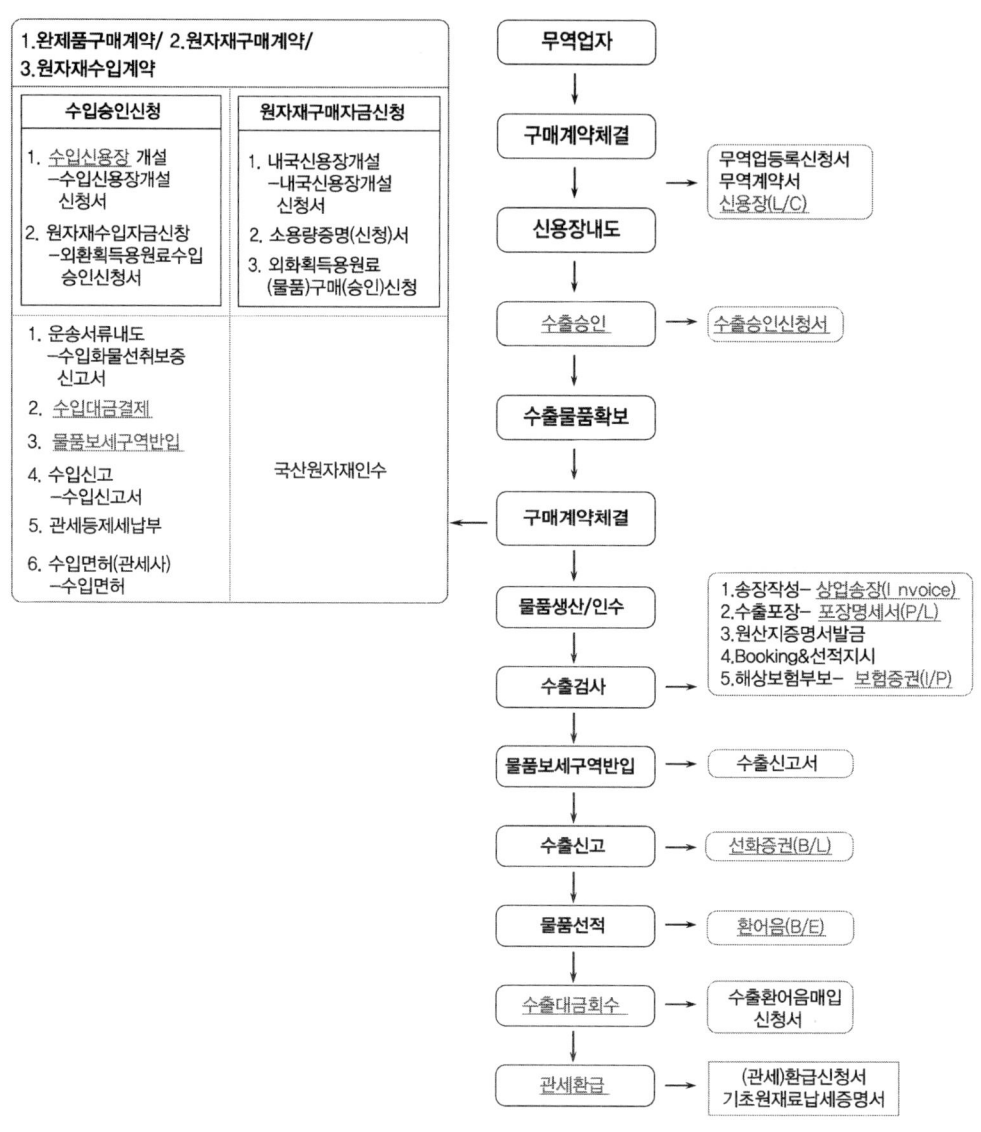

[그림 3.2] 무역 수출입 절차

Chapter 04
International Trade Practice

전자무역

1. 전자무역의 개념

전자무역(electronic trade)이란 컴퓨터, 인터넷 통신망 등 전자전인 매체를 통하여 국내외 시장정보수집, 해외바이어 발굴, 정보검색과 수출입계약 체결 등을 처리하는 새로운 형태의 무역거래방식을 말한다. 종래 전통적 무역거래방식이 종이서류에 의한 거래인데 비해, 정보통신기술을 기반으로 한 전자무역은 인터넷과 전자문서교환(electronic data interchange : EDI)의 활용을 통하여 종이 서류없는 무역거래(paperless trade)의 수행으로 기업의 비용절감과 경쟁력 확보 그리고 전자상거래의 이점을 최대한 활용하는 점에서 전통적 무역거래방식과 거래관행면에서의 변화는 곧 상거래 혁명으로 받아들여지고 있다.

전자무역의 개념에는 무역거래의 절차뿐만 아니라 유형재(tangible goods)의 무역거래의 대상 자체도 포함되어 있으며, 무역거래의 대상물이 디지털 컨텐츠 등 전자적 형태의 무체물(intangible goods)인 경우에도 전자무역이라는 개념을 적용할 수 있다. 전자무역은 인터넷 등 컴퓨터 네트워크에 의해 수행하는 전자적 방식의 다양한 정보매체를 활용하여 무역거래를 수행하는 가장 폭 넓은 의미의 무역이라고 할 수 있으며, 여기에는 전자상거래의 개념까지 포함하고 있다. 대외무역법에서는 전자무역을 무역의 전부 또는 일부가 컴퓨터 등 정보처리능력을 가진 장치와 정보통신망을 이용하여 이루어지는 거래를 말한다고 규정하고 있다.

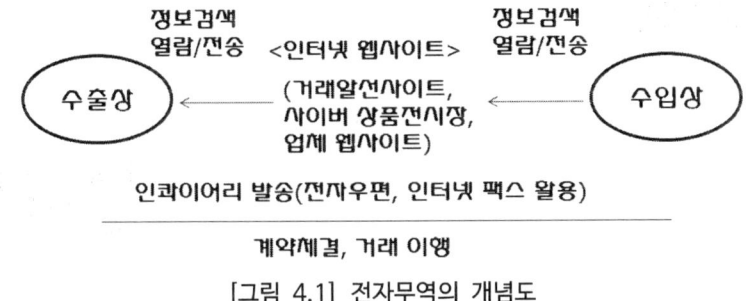

[그림 4.1] 전자무역의 개념도

2. 전자무역의 특징

전자무역이 지니고 있는 특징을 기존의 전통적 무역거래와 비교해 살펴보면 다음과 같다.

2.1 전세계 시장 대상

인터넷은 공간의 한계를 초월하기 때문에 그 동안 국가별로 구분되었던 시장들이 하나의 시장으로 통합된다. 따라서 최소의 비용으로 시간과 공간의 제약 없이 전 세계를 대상으로 광고활동을 할 수 있고 전 세계 어느 곳의 누구와도 언제든지 무역거래를 할 수 있다.

2.2 시장 정보 수집의 수월

기존의 무역거래에서는 거래처를 물색하는 데 많은 시간과 비용이 들었고 정보가 부족하여 무역중개업자를 이용하기도 하였다. 그러나 전자무역에서는 인터넷을 통해 특정 상품을 어느 나라의 어떤 기업이 공급하고 있는가를 쉽게 찾아 볼 수 있게 된다. 또한 시장정보를 실시간으로 얻을 수 있기 때문에 특정 상품을 필요로 하는 거래 당사자들간에는 철저한 시장원리가 적용되어 가장 합리적인 기준에 의해 거래가 이루어지게 된다.

2.3 무역거래비용 절감

전통적인 무역거래에서는 정보를 취득하거나 거래를 성사시키기 위해 상담을 하거나 서류를 주고받아야 하므로 비용과 시간이 많이 필요했다. 그러나 전자무역에서는 인터넷을 통해 정보와 서류를 주고받기 때문에 통신비용이 절감된다. 또한 전자무역에 관련된 결제시스템이 개발되어 안전하고 확실한 대금결제가 보장되고 있어 금융 수수료를 절감할 수 있다.

2.4 제품이나 서비스 가격 하락

전자무역은 인터넷을 통해 수출자와 수입자가 바로 연결되기 때문에 유통구조가 간단하여 유통비용이 그만큼 줄어든다. 그리고 생산과정에 대한 정보가 공개됨에 따라 가격구조가 평준화되어 제품이나 서비스의 가격이 전반적으로 하락하게 된다.

2.5 중소기업들의 활동영역이 넓어짐

인터넷을 이용해 일반 중소기업들도 네트워크를 구축하여 과거 대기업만이 독점했던 전 세계를 대상으로 하는 광고나 시장개척활동을 할 수 있다.

3. 전자무역의 거래절차

3.1 전자무역거래의 개요

전자무역은 인터넷을 통해 해외시장정보의 탐색과 거래선의 발굴 등 해외마케팅활동을 효율적으로 수행하고, 거래알선사이트(e마켓플레이스)나 검색엔진을 활용하여 해외시장정보를 수집하면서 수출물품의 홍보를 위해서는 자체 웹 사이트를 구축하여 이를 적극적으로 활용하고 있다. 전자무역은 컴퓨터나 정보통신수단을 활용하여 무역거래의 일부나 전부를 수행하기 때문에 그 거래의 과정이 전통적 방식의 무역거래와 다를 바가 없다.

3.2 전자무역 거래절차

전통적 방식의 무역거래 절차에 따라 전자무역의 흐름을 개괄적으로 살펴보면 다음에서와 같다.

1) 인터넷으로 무역관련 사이트를 방문하여 해외시장조사를 하고 해외의 거래처를 물색한다. 해외의 거래처가 물색되면 수입상에게 전자메일을 이용하여 거래제의를 하고 상대방으로부터 긍정적인 회신이 오면 구체적인 거래조건을 제시한다. 거래제의 시 전자메일을 보내는 경우에는 거래처를 알게 된 경위와 회사소개, 제품소개에 대하여 자세하게 소개한다. 거래제의를 받은 수입상은 수출상과 서로 오퍼를 주고받는데 그 내용은 가격·수량·인도시기·보험·품질·대금결제조건·운송방법에 대한 것이다. 매도인이 매수인에게 보내는 오퍼를 수출오퍼(selling offer)라 하고 그 반대를 수입오퍼(buying offer)라 한다.

2) 매매당사자간에 거래조건이 최종적으로 수락되면 정식으로 전자무역계약을 체결한다. 무역계약에는 상품에 관한 사항과 무역계약의 이행에 절대적으로 필요한 거래조건을 구체적으로 약정한다.

3) 전자무역계약이 체결되면 수출상은 계약물품을 약정한 기일 내에 생산 내지 구매를 통해 확보, 포장하고 통관에서는 EDI방식의 수출통관을 마친 후 선적하게 된다. 계약물품에 대한 선적이 완료되면 수출상은 전자결제시스템에 의해 관련 은행 등으로부터 수출대금을 회수한다.

4) 수입상은 수출상이 계약물품을 선적해 보내면 수입대금을 결제하고 수입화물을 입수한 후 EDI수입통관을 필함으로써 모든 수입절차를 마치게 된다.

5) 수출대금의 회수와 수입물품의 입수가 끝나면 무역거래는 일단 종결되지만, 만약 상대방이 클레임을 제기하게 되면 이의 해결과정이 남게 된다. 무역거래에서 발생하는 클레임도 온라인으로 신청하여 진행한다.

한편, 무역거래의 전과정이 전자적으로 수행되는 경우는 거의 없고 해외시장조사, 거래알선, 수출입통관 등 주로 무역마케팅분야와 계약체결 등을 중심으로 전자무역이 이루어지고 있다.

3.3 전자무역과 전통적 무역과의 비교

전자무역은 무역거래의 제반 업무활동과 관련하여 기존의 전통적 무역과는 거래를 수행하는 수단이나 방법 등에 있어서 상당한 차이를 보여주고 있으나, 전자무역은 컴퓨터 네트워크를 활용함으로써 각 거래단계에서 업무를 효율적으로 처리하는 것이기 때문에 전통적인 무역과 상거래상의 본질적인 차이는 없다. 그러나 인터넷에 의해 형성된 새로운 단일 세계시장인 사이버 마켓에서는 중소기업과 대기업의 차이가 없어 중소기업에 있어서는 글로벌 마케팅을 수행할 수 있게 되고, 또한 창의적이고 유연한 중소기업은 변화하는 국제무역환경에 기동성 있게 대처할 수 있으며, 인터넷상에서 새로운 사업기회를 발견할 수 있다는 점에서 전자무역이 더욱 활성화될 전망이다. 다음에서 전자무역과 전통적 무역방식을 거래단계별로 비교하여 살펴보면 다음과 같다.

1) 시장조사단계

시장조사단계에서는 전자무역의 경우 시장정보를 주로 인터넷상의 검색엔진에 의한 정보검색과 각국의 정부기관 사이트나 기업의 웹 사이트 또는 개인 사이트를 통한 정보검색 등 인터넷을 활용해 국내 및 해외의 신제품이나 거래선에 대한 정보, 경쟁업체에 관한 정보를 신속하게 입수할 수 있다. 또한 인터넷상의 자사의 웹 사이트나 무역거래알선사이트(e-Market Place), 유즈넷, 메일링리스트 등을 통해 자사 제품과 서비스에 대한 홍보를 할 수 있기 때문에 시장조사업무를 편리하고 신속하게 수행할 수 있다.

2) 거래교섭 및 계약체결단계

거래교섭 및 계약체결단계에서 전통적 무역거래는 텔렉스(telex)나 팩스(fax) 등을 이용하였으나 전자무역에서는 전자우편(e-mail), 인터넷 팩스 및 인터넷 폰 등을 이용하여 훨씬 저렴하고 효율적으로 거래상담과 계약체결을 할 수 있다.

3) 물류운송단계

물류운송단계에서는 전자무역을 이용한 국제거래에서 운송은 상품의 특성에 따라 물리적 상품(physical goods)의 경우는 기존의 물류운송망을 그대로 이용하지만, 디지털

상품(digital goods)의 경우에는 인터넷을 통해서 직접 전송하거나, 책이나 음반 등과 같이 부피가 크지 않고 특별취급이 필요하지 않은 소화물의 경우 보편적으로 우편서비스 또는 DHL, Fedex와 같은 국제특급운송이 주로 이용된다. 특히 국제거래에서 전자상거래를 활용하는 경우에는 운송되는 물품에 대한 화물위치추적서비스 등 정보통신기술을 활용한 첨단화물정보시스템을 활용함으로써 수출입화물의 흐름도 인터넷을 통해 실시간으로 파악할 수 있다.

4) 대금결제단계

대금결제에서는 종래 신용장(L/C)이나 추심 또는 송금방식 등의 결제방식이 널리 이용되어 왔으나, 전자상거래를 이용한 인터넷 무역거래가 활성화됨에 따라 소액거래의 경우 무역카드(trade card), 신용카드(credit card), 전자화폐(cyber cash) 등이 주로 이용되며, 거액의 거래인 경우 전자자금이체(electronic fund transfer)방식이 활용되고 있다.

4. 전자무역 관련 법규 및 관련 기관

4.1 전자무역관련 국내외 법규

전자무역은 무역의 일부 또는 전부가 전자적 수단에 의해 수행되는 거래이기 때문에 대외무역법의 적용을 받는다. 또한 전자무역은 전자상거래의 한 분야라 할 수 있으므로 전자상거래와 관련된 법규의 적용을 받는데 이와 관련된 국제규범과 우리나라 법률을 보면 다음과 같다.

1) 전자무역관련 국제법규

(1) 전자상거래 모델법

"전자상거래 모델법"(Electronic Commerce Model Law)은 국제무역법의 통일화를 위하여 1966년 유엔 산하기구로 설치된 국제무역위원회의 전자상거래 작업반(working group)에서 각국이 전자상거래 관련법을 제정할 때 참고하도록 만든 것이다.

(2) 전자서명 모델법

"전자서명 모델법"(Electronic Signature Model Law)은 국제무역위원회에서 전자상거래의 핵심요소인 전자서명과 인증기관에 대한 문제를 규율하기 위해 2000년도에 제정한 국제적인 표준규범이다.

(3) 전자자금이체 모델법

"전자자금이체 모델법"(Model Law on International Credit Transfer)은 국제무역위원회가 국제적인 전자자금이체의 급증에 따라 전자자금거래에 관한 규정의 국제적 통일을 위하여 1986년 "전자자금거래에 관한 입법지침"을 작성한 이후 1992년 5월에 채택한 것이다.

2) 전자무역관련 국내법규

(1) 전자거래기본법

"전자거래기본법"은 전자상거래를 기존의 상거래와 마찬가지로 안전하게 거래할 수 있도록 규율하는 전자상거래에 관한 기본법으로서, 1999년 7월 1일부터 시행되고 있다.

이 법에서는 전자상거래에서 반드시 필요한 전자문서 및 전자서명에 대하여 그 법적 효력을 인정하고 있다. 따라서 다른 법률에서 특별히 규정하고 있는 경우를 제외하고는 문서가 단지 전자적 형태로 되어 있다는 이유만으로 문서로서의 효력이 부인되지 않으며, 공인인증기관에서 인증한 전자서명 역시 서면상의 기명날인 또는 서명과 동일한 효력을 갖게 된다.

(2) 전자서명법

"전자서명법"은 전자서명에 대한 법적 효력을 부여한 법으로서, 1999년 7월 1일부터 시행되고 있다. 공인인증기관에서 발급한 인증서에 포함된 전자서명인증 키(key)에 합치하는 전자서명생성 키로 생성된 전자서명은 법령에서 인정하는 서명 또는 기명날인으로 간주된다.

전자서명도 일반 서류상의 서명과 마찬가지로 해당 전자문서 명의자의 서명 또는 기명날인으로 간주하고, 해당 전자문서는 전자서명 후에는 그 내용이 변경되지 않은 것으로 추정하게 된다.

(3) 무역자동화 촉진에 관한 법률

"무역자동화 촉진에 관한 법률"은 1991년 세계 최초로 제정된 특별법으로서, 무역자동화의 효율적인 추진과 확산을 도모하는데 목적이 있다. 동 법은 전자문서의 법적 효력 및 증거능력을 인정하고 있으며, 무역자동화시스템에 대한 보안과 이의 위반시 처벌근거와 함께 무역자동화사업 운영주체의 법적 지위를 비롯하여 권한과 의무를 법률에 규정하여 효율적인 추진체계를 갖추도록 명문화하였다.

4.2 전자무역관련 주요기관

1) 전자무역중개기관

전자무역거래는 원격지간에 이루어지는 거래이기 때문에 무엇보다도 신뢰성과 안정성이 중요하다. 이러한 전자무역을 효율적으로 지원하고 이를 신속히 확산시키기 위해 정부는 전자무역중개기관을 지정하고 있다. 전자무역중개기관은 전자무역을 활성화하기 위해 실제 전자무역을 하려는 기업에게 무역거래의 알선, 전자무역문서의 전달 등 전자무역에 필요한 모든 서비스를 제공하는 전자무역 종합지원기관으로서의 성격을 지닌다.

2) 전자무역중개기관의 기능

ⅰ) 정보통신망을 통한 무역거래의 알선 또는 전자무역문서의 전달
ⅱ) 전자무역에 관한 무역거래자의 교육, 홍보 및 자문
ⅲ) 전자무역문서의 표준화
ⅳ) 기타 전자무역의 촉진을 위한 사업

이와 관련 중소기업들은 자금, 전문인력, 경험부족 등으로 전자무역을 제대로 활용하지 못하고 있는 실정이므로 이 전자무역중개기관의 활용으로 무역거래를 효율적으로 수행할 수 있다. 종래는 종합무역상사가 중소기업의 무역거래를 지원해왔지만 종합무역상사는 주로 오프라인(off line) 무역을 중심으로 육성되었기 때문에 최근에는 그 기능이 많이 위축

되어 있다. 앞으로는 전자무역중개기관이 전자무역을 선도하여 중소기업 및 제조업체의 수출을 효과적으로 지원할 수 있을 것이다.

3) e무역상사

ⅰ) e무역상사는 중소기업의 전자무역을 전담 지원하는 일종의 종합무역상사를 말한다. 특히 처음 무역을 시작하는 중소기업의 전자무역을 지원하고 해외의 시장정보를 제공하는 한편 해외거래선 물색·거래알선·상담·계약·수출대행 등 거래선 발굴에서부터 계약 후 거래선 관리에 이르기까지 무역업무의 전반을 종합적으로 대행하고, 또한 유망 중소기업 제품의 인터넷마케팅을 통해 우수제품의 수출을 지원한다.

ⅱ) e무역상사의 업무

① 전자무역기술을 활용하여 거래알선·상담·계약·수출대행까지 온/오프라인으로 중소기업을 지원

② 무역경험이 부족한 중소 제조업체를 위해 해외인증서 획득, 계약 컨설팅, 수출절차 대행 등 무역업문 전반을 대행

③ 전자무역 수행이 가능하도록 중소무역업체에게 전자무역 관련 교육 및 홍보

Chapter 05

International Trade Practice

무역업 창업

1. 무역업 창업

무역업을 창업하고자 하는 사람은 우선 개인사업자로 창업할 것인지 아니면 법인 사업체로 창업할 것인지를 결정하여야 한다. 개인사업자로 무역업을 창업하고자 하면 우선 사업장 소재지의 관할 세무서에 가서 사업자 등록 신청을 하여야 한다. 이때 사업장은 무역업을 할 사무실을 의미하며 사무실을 임대한 경우는 사무실 임대차계약서를 첨부하여야 한다. 물론 본인 소유의 사무실일 경우는 임대차 계약서를 첨부하지 않아도 된다. 법인으로 무역업을 창업할 경우는 사업자등록을 신청하기에 앞서 먼저 관할 지방법원이나 등기소에 가서 법인등기를 한 후 위의 개인사업자와 동일한 절차를 밟으면 된다.

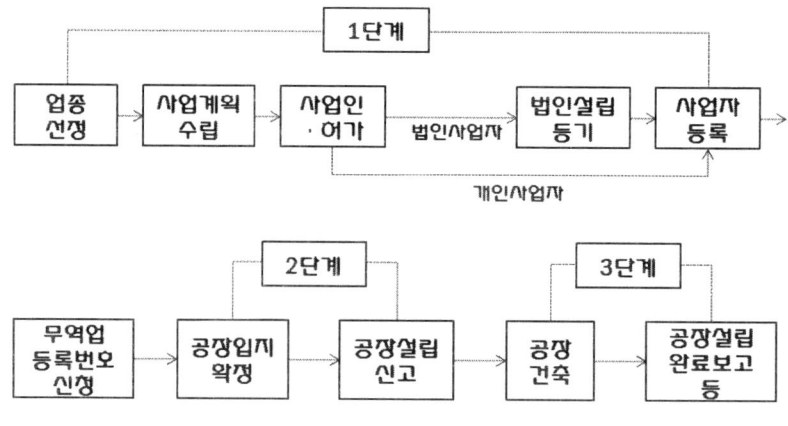

[그림 5.1] 무역업 창업절차

무역업을 창업하기 위해 사업자등록 신청을 하려면 우선 주민등록증과 도장을 가지고 무역업을 창업하려고 하는 사업장 소재지의 관할 세무서에 가야 한다. 민원실에 가서 그곳에 비치된 사업자 등록신청서에 상호, 대표자 성명(동업시는 공동 대표란에 동업자의 성명을 기재함)및 주소를 기재하고 업태란에는 도·소매 그리고 종목란에는 무역업으로 기재하여 담당자에게 제출하면 된다. 사업자등록을 신청하는 데에는 비용이 전혀 들지 않는다. 관할 세무서에 사업자등록 신청을 하면 관할 세무서에서는 창업자의 창업여건과 창업 진의를 확인하는 과정이 필요하기 때문에 사업자등록을 신청하면 신청 후 통상 1주일 이내에 사업자등록증이 발급된다. 사업자등록증을 발급받은 후 무역업 신고를 하려면 사업자등록증 사본과 도장을 가지고 한국무역협회에 가서 무역업신고서 양식에 기재사항을 기재한 후 무역업 신고를 하고 무역업 신고필증을 발급받아야만 수출 또는 수입을 할 수 있다.

2. 무역업의 신고

수출입행위의 주체인 무역업자는 대외무역법에 의한 신고를 하여야 한다. 따라서 무역업 신고필증이 없는 업체가 무역을 하고자 하는 경우에는 무역업 신고필증이 있는 업체에 대행을 의뢰하여 신고업체 명의로 수출입을 하여야 한다. 무역업의 신고권한은 현행 대외무역법상 지식경제부 장관에게 있으나 그 권한이 한국무역협회장에게 위임되어 있다. 하지만, 2000년 1월 1일부터는 이런 무역업등록 신고제가 완전 폐지되었다. 신규창업 무역업체는 무역협회를 통해 무역업 고유번호를 받게 되어있으나 이것도 강제조항이 아니어서 사실상 모든 신고의무에서 해방된 셈이다. 세무서에 창업자 등록만 마치면 집에서도 무역업에 종사할 수 있다.

3. 무역업고유번호 신청

3.1 무역업고유번호 신청 및 부여의 의의

무역업에 대한 관리는 원래 허가제에서 등록제로 다시 1997년 3월 1일부터 무역업신고제로 전환하여 누구든지 간단한 신고만 거친 후 무역업을 영위할 수 있도록 하였다. 그 후 2000년 1월 1일부터는 무역업이 완전자유화 됨에 따라 사업자등록을 한 개인이나 법인이면 모두 무역업의 신청 및 고유번호 발급이 가능하게 되었다. 다만 각종 무역통계 등의 관리를 위하여 한국무역협회를 통하여 무역업고유번호를 부여받아 무역거래자가 수출입신고시 이를 기재하도록 하고 있다. 무역업고유번호 부여 권한은 현행 대외무역법상 지식경제부장관에게 있으나 한국무역협회장에게 위임되어 있다. 따라서 무역업을 하기 위해서는 지식경제부장관에 의해 위임된 무역협회에 신청하여야 한다.

3.2 무역업고유번호 신청절차

대외무역법 규정에 의한 무역을 하고자 하는 자는 무역업고유번호를 한국무역협회장에게 신청하여야 하며, 한국무역협회장은 접수 즉시 신청자에게 고유번호를 부여하여야 한다. 무역업고유번호 신청시 구비해야 할 서류는 무역업고유번호신청서, 사업자등록증 사본 1부를 첨부하여 한국무역협회장에게 제출하여야 한다. 무역업고유번호 신청은 우편·팩스·전자메일·전자문서교환(EDI)에 의해서도 할 수 있다. 무역협회 회원가입시 입회비 20만원, 연회비 10만원을 납부하여야 한다.

과거에는 한국무역협회 회원가입이 의무사항이었기 때문에 회원가입과 함께 소정의 회원가입비와 회비를 부담하여야 했으나 이제는 임의선택사항으로 변경되어 무역협회 회원가입과 무역업고유번호 부여는 별개의 행정절차로 인정된다. 따라서 무역업고유번호를 부여받는데는 전혀 비용이 필요 없으며, 무역협회 회원가입 여부는 무역협회가 제공하는 회원서비스의 필요성을 검토해본 후 업체가 자율적으로 결정하면 된다.

4. 무역업고유번호신청기관 : 무역협회 본부 또는 지부

우리나라의 무역업관리제도는 허가제로부터 시작되어 등록제, 신고제, 자유화(2000.1.1.)로 이어져 왔다. 따라서 현행 무역회사의 설립은 정부로부터의 아무런 승인 없이 누구나 자유로이 할 수 있다. 다만 정부에서는 최소한의 관리의 목적상 무역업을 하고자 하는 자는 무역업고유번호를 부여 받도록 하고 있다. 무역업고유번호는 한국무역협회의 본부(서울 삼성동 소재) 혹은 전국지부에서 부여하고 있다.

무역업고유번호 신청방법은

i) 사업장 준비

ii) 사업자등록증 신고

iii) 무역업고유번호 신청 등이다.

개별법에 의한 무역업 자격요건은 다만, 수출입 하고자 하는 품목에 따라서는 무역회사의 설립이 비록 자유화 되어있더라도 품목의 특성상 개별법에 따른 별도의 자격요건을 갖추어야 한다. 예를 들면 그 대상이 되는 품목은 의약품·마약·향정신성 의약품·대마·동물약품·농약·종묘·식품·화장품·주류·담배 등이다.

무역업고유번호신청서
APPLICATION OF TRADE BUSINESS CODE

		처리기간 (Handling Time)	
		즉 시 (Immediate)	

① 상 호 (Name of Firm)		② 무역업고유번호 (Trade Business Code)	
③ 주 소 (Address)	□□□-□□□	④ 업종 (Business Type)	
⑤ 전화번호 (Phone umber)		⑥ 전자우편주소 (Email Address)	
팩스번호 (Fax Number)		⑦ 사업자등록번호 (Business Registry Number)	
⑧ 대표자성명 (Name of Rep.)		⑧ 주민등록번호 (Passport Number)	

대외무역법 제18조 및 동법 시행령 제30조 및 제31조, 대외무역 관리규정 제3-5-1조의 규정에 의하여 무역업고유번호를 위와 같이 신청합니다.

I hereby apply for the above-mentioned trade business code in accordance with Article 3-5-1 of the Foreign Trade Management Regulation.

신 청 일 :   년   월   일
Date of Application   Year Month Day

신 청 인 :   (서명)
Applicant   Signature

사단법인 한국무역협회 회장
Chairman of Korea International Trade Association

210mm × 297mm
일반용지 70g/m²

Part 02

수출절차

Chapter 06. 수출절차
Chapter 07. 해외시장 조사와 거래처 발굴
Chapter 08. 무역계약
Chapter 09. 신용장의 내도
Chapter 10. 무신용장 방법에 의한 거래
Chapter 11. 수출승인
Chapter 12. 운송과 선하증권
Chapter 13. 해상적하보험
Chapter 14. 수출통관
Chapter 15. 관세환급

Chapter 06

International Trade Practice

수출절차

1. 수출절차의 개요

　수출절차라 함은 수출계약이 이루어지는 단계로부터 수출대금이 영수되어 한 건의 수출에 따른 거래가 완결되는 때까지 거치게 되는 일련의 행정적, 법적인 절차를 의미한다. 다시 말해서 수출절차란 수출행위를 할 수 있는 자가 수출이 허용된 물품을 외국의 수입자와 수출계약을 체결하고 물품의 수출에 관한 기본사항을 관리하는 대외무역법과 통과절차 등을 규정한 관세법에 따른 세관통관절차를 거쳐 선박(항공기) 등에 적재하고 최종적으로는 물품대금을 회수하게 되기까지의 일련의 행정적·상관습적 흐름의 단계를 의미한다. 이러한 수출절차는 국내무역관련법규(대외무역법, 외국환거래법, 관세법 등)와 국제상관습(Incoterms, 신용장 통일규칙 등)의 상호연관 속에서 유기적으로 적용되게 되며, 수출자는 국내무역관련법규와 국제상관습 등을 명확히 이해함으로써 수출거래의 형태나 수출절차의 각 단계별로 가장 적합한 법규나 상관습을 선택함으로써 수출에 따른 제반애로사항을 최대한으로 극복할 수가 있을 것이다.

　수출절차는 일반적으로 i) 사업자등록, 무역업고유번호신청과 수출물품의 선정 ii) 무역거래형태 결정과 해외수입자의 선정 iii) 수출교섭, 신용조사 및 수출계약체결 iv) 수출신용장의 통지확인(수취) v) 수출승인 및 쿼터배정 신청과 수출품조달 vi) 운송계약의 체결 vii) 적하보험 및 수출보험계약의 체결 viii) 수출통관 및 관세환급 ix) 수출대금결제 등 일반적인 절차와 거래형태나 수출물품의 특성에 따라서 수출추천, 수출용 원자재 수입과 관련절차, Local L/C의 개설, 자금융자, 원산지증명, 소요량증명과 관세환급 및 사후관리를 포함하는 등 많은 절차를 거치게 된다.

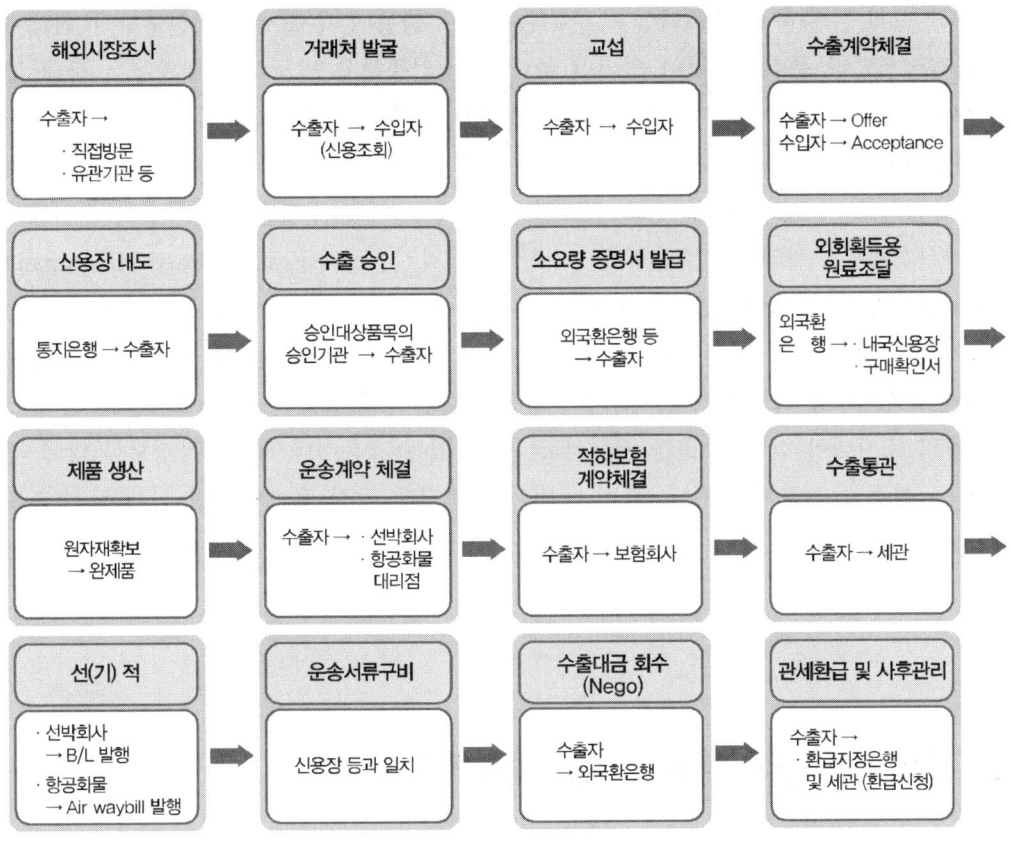

[그림 6.1] 수출절차

2. 사업자등록, 무역업 고유번호신청과 수출물품선정

    무역업을 신규로 창업하고자 하는 자는 개인이든 법인이든 무역업을 개시한 일로부터 20일 이내에 사업장 소재지의 관할세무서에 사업자등록 신청서를 제출하여 등록을 하여야 한다. 이에 대한 자세한 내용은 뒤에 살펴보기로 한다. 대외무역법규에 의거하여 무역업을 하고자 하는 자는 한국무역협회장으로부터 무역업고유번호를 부여받아야 한다. 무역업고유번호 신청양식은 무역협회(http://www.kita.or.kr) 홈페이지에 접속하여 다운로드 받아 사용한다.

온라인으로 수출하든 오프라인으로 수출하든 수출품이 수출시장에 진출하기 위해서는 가격경쟁력과 품질경쟁력이 있어야 한다. 수출입품목을 발굴하기 위해서는 국내 및 해외시장을 조사하여야 한다. 지식경제부, 관세청 및 한국무역협회의 수출입통계는 품목을 선정하는데 많은 도움을 준다. 수출품은 시장성, 수익성 및 전문성이 있어야 타사제품과 차별화할 수 있고 틈새시장을 공략할 수 있다. 유망한 수출품목을 선정하기 위해서는 지식경제부, 관세청, 무역협회, 대한무역투자진흥공사(Korea Traed Investment Promotion Agency : KOTRA)의 홈페이지에 접속하여 우리나라 수출품목중 수출액과 수출증가율이 높은 품목을 선정한다. 이와 같이 선정된 품목의 조달가능성 및 수출상대국의 수입규제여부를 조사해야 한다. 이와 함께 수출품목의 정확한 HS 코드 번호 및 수입관세율도 조사해야 한다. 수출자 자신이 잘 알고 있는 제품이나 해외시장정보를 많이 갖고 있는 제품을 선정해야 한다. 특히 국내외 무역거래 알선 홈페이지의 신제품, 수출유망상품, 수출추천품목, 글로벌 서치, 마켓플레이스 등을 클릭하면 유망한 수출품목를 선정할 수 있다.

3. 무역거래형태 결정과 해외시장조사

수출자가 해외 판매를 하려는 경우, 먼저 자기 회사에 가장 알맞은 수출마케팅 계획을 세워야 하며, 이 계획을 세우기 위해서는 수출마케팅 조사가 그 기초가 된다. 수출마케팅 조사의 결과에 의거하여 수출자는 수출시장의 진출여부를 검토하고, 진출하기로 결정하면 목적시장을 선정하고 그 시장에 가장 알맞은 수출마케팅 계획을 세워야 한다.

3.1 무역거래형태의 결정

무역거래의 취급품목이 결정되고 나면 우선 무역업, 무역대행업, 무역대리업 중 어느 것으로 할 것인지를 결정해야 한다. 무역업은 영리를 목적으로 자기명의로 자기 비용과 위험으로 물품을 수출하고 수입하는 것을 업으로 하는 것을 말한다. 무역업은 무역업자 자신의 비용과 위험부담하에 거래하므로 위험부담도 크고 이윤도 크다. 무역대행업에는 수출대행과 수입대행이 있다. 수출입대행자는 대외무역법에 의거하여 한국무역협회장으로부터 무역업 고유번호를 부여받은 자이어야 하고, 수출입대행자는 위탁자의 수출 또는 수입의 수출입대행계약에 따라 대가를 받고 수출입을 대행한다. 무역대리업은 외국의 제조업자나 공급업자를 대리하여 국내에서 오퍼를 발행하는 일을 하며, 오퍼상이라고 부른다. 우리나라에는 사업자등록을 하고 한국무역협회로부터 무역업의 고유번호를 받은 무역업자 이외에도 e무역상사, 오퍼상, 바이닝오피스(buying office) 등이 있다. e무역상사는 전자무역(EDI)을 할 수 있는 능력이 없는 중소기업의 무역업무를 대행해주고 다양한 상품의 수출입, 자원개발 등 종합적인 무역업무를 맡고 있다. 오파상은 외국 수출업체의 대리점으로서 국내 시장을 관리해주는 대리점이지만 국내 수출업체의 해외시장개척을 해주는 역할도 수행한다. 바이닝오피스는 외국 수입업체의 대리점으로서 국내에서 상품을 공급해주는 업체를 물색해준다.

3.2 해외시장조사

수출거래를 처음 시작하는 회사나 개인은 어떻게 해외의 거래처(수입자)를 선정하느냐가 가장 어려운 문제이다. 거래처를 선정하기 전에 먼저 자기의 취급 품목을 세계의 어느 시장으로 수출해야 하는가, 즉 해외시장조사를 통하여 수출시장을 선정하고 그 시장에 있는 수많은 거래처 중에서 가장 신뢰할 수 있는 거래처를 선정하여 거래하여야 한다.

4. 거래처 발굴, 신용조사 및 수출계약체결

4.1 거래처 발굴

거래처를 발굴하기 위한 전통적인 방법으로는 국내외에서 발행되는 상공 인명록(directory), 또는 무역거래 알선기관(상공회의소, KOTRA, 영사관 등)을 통해서 목적시장과 거래처를 선정할 수 있다. 또는, 해외 전시회에 참가하여 바이어나 거래처를 발굴하는 경우도 많다. 이상의 방법으로 먼저 그 목적 시장에서 믿을 수 있는 거래처를 물색하고 그 거래처에 거래를 신청한다. 그 신청을 상대방이 수락 하던가 또는 상대방에서 거래를 신청할 경우에는, 이들 업체에 대한 신용조사(credit inquiry)를 한다.

온라인 거래처발굴은 인터넷을 이용하여 자사 및 자사 수출품의 정보를 해외바이어들에게 홍보하고 국내외무역거래알선 홈페이지에 등록된 정보를 검색 열람하여 수입거래처를 발굴하는 것을 말한다. 따라서 e무역에서는 오프라인 무역에서 보다 저렴하고 신속하게 해외거래처를 발굴할 수 있다. 국내의 무역거래알선사이트와 세계 각국의 정부, 무역관계기관, 개별기업의 홈페이지, WTO, UN, OECD 등의 국제기구 및 유명한 해외무역거래알선사이트를 방문하면 쉽게 해외바이어를 발굴할 수 있다.

4.2 신용조사

무역거래에서는 통신수단의 발달과 함께 서로 다른 나라에 멀리 떨어져 있는 수출자와 수입자가 얼굴 한 번 보지 못한 채 거래관계를 트게 되는 경우가 허다하다. 이와 같이 국제거래는 매매당사자의 신용을 바탕으로 이루어지고 있는 만큼, 거래상대방에 대한 신용조사의 중요성은 국내거래와는 비할 바가 아니다.

그러므로 상대방에게 거래를 신청하기에 앞서 먼저 상대방에 대한 신용조사를 철저히 하여야 한다. 특히 외국과의 무역거래에서는 무엇보다 신용조사가 중요하다는 점을 깊이 인식하여야 한다.

4.3 수출계약체결

신용조사의 결과 상대방이 믿을 수 있는 회사로 판명되면 상대방과 기본적인 거래조건을 약정한다. 그러나 대리점 계약(agency agreement)과 판매점 계약(distributor agreement)의 경우에는 계약서 또는 협정서를 교환하는 일이 많고, 매도인(수출자)과 매수인(수입자)이 직접 거래하는 경우에는 거래의 일반적 조건에 관한 협정서(agreement of general terms and conditions of business)를 교환하지 않고 바로 매매를 시작하는 경우도 많다.

수출자는 수출가격을 산정하고 상품목록(catalog), 견본(sample) 및 가격표(price list) 등을 수입자에게 보냄으로써 거래의 제2단계에 들어간다. 수입자가 관심 있는 경우에 수출자에 대해 품명, 가격, 인도시기, 결제 등의 거래조건을 구체적으로 조회하는 서한 또는 전문을 보내온다. 조회(inquiry)를 받으면 수출자는 조회의 내용에 따라 단순히 조회에 대한 회답만 하지 않고, 품명·수량·가격·인도 시기·결제 등의 거래조건을 명시한 판매오퍼(selling offer)를 보낸다. 이 오퍼를 수입자가 수락하면 매매계약은 성립된다. 이 오퍼에 의한 매매계약 방법이외에도 수입자가 자기가 수입하고자 하는 품명·가격·대금결제 등을 기재한 주문서(order sheet)를 수출자에게 보내는 경우도 있으며, 수출자가 주문을 승락하면, 즉 주문승낙서를 수입자에게 보내면 매매계약이 성립된다.

5. 수출신용장의 통지확인

무역계약의 대금결제조건이 신용장방식인 경우 수출계약의 조건에 따라 수입자가 개설한 신용장(letter of credit ; L/C)은 수출자의 통지은행(advising bank)을 경유하여 수출자(수익자 ; beneficiary)에게 내도통지한다. 현재 전자무역에서는 eXedi(e-Biz XML EDI)를 통해 통지은행은 수출자에게 수출신용장을 통지하고 있으며, 한국무역정보통신(KTNET ; http://homepage.ktnet.co.kr/ktnet)은 SWIFT(Society for Worldwide Interbank Financial Telecommunication)에 의한 수출신용장 통지업무를 eXedi방식으로 서비스하고 있다.

6. 수출승인 및 수출품조달

6.1 수출승인

수출승인품목은 대외무역법에 의거하여 수출입공고를 통해 수출을 제한하고 해당 품목별로 승인기관을 지정하고 있다. 또한 다른 법령에 의한 제한품목은 해당법령에 의한 승인을 받도록 하고 있다. 수출승인품목을 세관에 수출신고를 하고자 하는 경우 수출신고인은 수출승인기관에 수출승인을 받아야 하고 수출승인기관은 eXedi방식으로 관세청으로 수출승인서를 전송한다. 수출자는 수출승인을 수출승인기관에 eXedi를 통하여 신청하면 수출승인기관은 수출요건을 심사한 후 승인사항을 내부시스템에 등록하고 수출자에게 수출승인서를 전송하면서 세관으로도 동일내용을 자동 생성하여 전송한다. 관세청시스템은 수출승인서가 정상인 경우 접수통보를 수출승인기관에 통보한다.

6.2 수출품조달

수출자는 수출품을 직접 생산, 제조하거나 국내 수출용 완제품 생산업자로부터 수출용 완제품을 구매하여야 한다. 또한 수출자가 직접 수출용 완제품을 생산, 제조하는데 소요되는 원자재를 국내에서 내국신용장(local L/C) 또는 구매확인서에 의하여 구매하거나 외국에서 외화획득용 원료를 수입할 수 있으며, 수출용 완제품 생산업자로부터 수출용 완제품을 내국신용장 또는 구매확인서에 의하여 구매할 수 있다.

KTNET은 내국신용장 개설 및 통지를 eXedi방식으로 서비스하고 있다. 수출자가 비제조업자로서 국내에서 수출품을 공급받아 수출하려는 경우 지식경제부(http://www.mke.go.kr)의 산업정보망산업 DB(http://magic.iin.co.kr), 기업DB(http://www.joins.com), 무역거래알선사이트인 ec21, ecplaza, tpage(http://www.tpage.com), markeplace 등을 활용하여 제조업자 및 물품공급업자를 물색할 수 있다.

7. 운송계약 체결

운송계약에는 정기선(liner)에 의한 개품운송계약, 부정기선(tramper)에 의한 용선운송계약이 있고, 컨테이너 선의 등장으로 육해공을 연결하여 운송하는 복합운송계약이 있다. 운송계약의 증거로 선박회사로부터 선하증권(bill of lading : B/L)을 받는다. e무역에서는 사이버공간을 통해서 직접 운송할 수 없으나 운송계약의 신청이나 선하증권의 발행은 인터넷을 통해서 사이버공간에서 이루어지고 있다. 한진해운이나 한솔, 현대상선은 인터넷상에서 운임을 조회하고 운송예약을 하고 화물의 위치추적서비스를 제공하고 있다. 항공운송의 경우에는 대한항공이나 아시아나항공을 활용하면 운항스케줄, 운임 등의 정보를 입수할 수 있다. 항공화물대리점들의 항공사에 대한 항공화물 스페이스 예약방식이 기존의 오프라인 부킹에서 인터넷을 통한 e부킹으로 바뀌고 있다. 인터넷 물류사이트 카고로(http://cargoro.com)는 수출입화물에 대해 정보, 운임, 네고관리를 일괄처리하는 서비스를 제공하고 있다.

8. 적하보험 계약의 체결

　국내의 일부보험회사에서는 인터넷을 이용하여 적하보험계약을 체결하고 보험증권을 발행하는 서비스를 제공하고 있다. 동부화재, LG화재, 삼성화재, 신동아화재 등 KTNET을 통해 적하보험계약, 보험증권 발급, 보험료 납입의 서비스를 제공하고 있으며, 수출자는 적하보험업무와 보험료 납입까지 자회사에서 일괄처리할 수 있다.

　KTNET은 보험개발원(http://www.kidi.or.kr/)과 MHS시스템을 이용하여 무역업체와 보험사간의 적하보험업무를 EDI방식으로 서비스하고 있다.

9. 수출통관

　수출자는 화물을 보세지역에 반입하기 전에 수출신고서를 세관에 제출하여 수출신고필증을 받아 선적을 한다. 수출통관신고는 관세사를 채용한 화주, 관세사, 관세사법인 또는 통관법인만이 할 수 있다. 따라서 관세사를 채용하지 않는 화주(수출자)는 관세사 등에게 통관 업무를 대행시킨다.

　EDI 수출신고는 수출물품의 소유자(화주 또는 완제품 공급자)나 수출입통관을 전문으로 하는 국가공인자격인(관세사, 통관취급법인 또는 관세사 법인)이 관세청에서 정한 수출신고서 작성요령에 따라 수출신고서를 작성한 후 EDI 방식으로 KTNET을 경유하여 관세청 수출통관시스템으로 전송하게 된다. 관세청 수출통관시스템에서는 전송된 수출신고 전자문서를 KTNET에 있는 전자사서함에서 수신한 후 시스템상으로 수출신고서의 오류를 검증하여 정상적인 수출신고의 경우에는 수출신고번호를 부여한다. 수출신고 전자문서를 수신한 관세청 수출통관시스템은 자동 수리된 수출신고서의 경우에는 수출신고 수리메시지를 자동 생성하여 관세사에 통보하고, 검사후 수리하는 경우에는 실물검사 후 수출신고 메시지를 통보한다. 수출신고 사실을 수신한 관세사는 시스템을 통해 통관의뢰장을 수출업체에 통보한다. 수출신고인(관세사)은 수리된 신고건에 대해서 수출신고필증을 출력하여 화주에게 교부한다.

10. 수출대금결제

국내 수출자는 현재 인터넷을 통한 선하증권(bill of lading), 보험증권 등 선적서류의 매입 서비스를 은행을 통해 제공받고 있다. 이 시스템은 선적서류의 매입에 필요한 서류가 인터넷을 통해 은행에 접수되면 은행이 즉시 수출자 계좌로 입금해 주는 방식이다. 따라서 e무역에서는 선적서류 매입에 필요한 서류발급과 접수를 위해 은행, 운송회사, 보험회사 등을 방문할 필요가 없다. 수출자가 신용장조건에 따라 선적을 완료하고 발행한 수출환어음(DA) 및 신용장(letter of credit)에서 요구한 선적서류를 매입은행에 매입(네고) 신청을 하면 매입은행은 제시된 신용장의 조건과 제시된 선적서류를 심사하고 환가료, 수출환어음, 추가수수료, 대체료, 우편료 등을 공제한 후 수출자에게 결제해 준다. 이 과정에서 매입은행은 수출자에게 수수료 계산서를 발급한다. EDI를 이용한 경우에는 매입은행에서 발급되는 계산서를 EDI로 송부해준다. 추심결제(D/P, D/A)방식(수출자가 물품을 선적한 후 추심의뢰은행을 통해 수입자에게 대금을 청구하고 추심은행을 통해 대금을 회수하는 결제방식) 및 송금결제방식(은행을 통하지 않고 수입자가 수출자에게 직접 물품대금을 지급하는 결제방식)도 많이 이용하고 있다.

11. 관세환급

관세환급은 수출품 제조에 소요된 원재료의 수입시 납부한 관세 등을 수출 등에 제공한 때에 수출자에게 관세를 환급해 주는 것을 뜻한다. 완제품 공급시는 화주, 수출 대행시는 수출위탁자가 환급을 신청한다.

Chapter 07

International Trade Practice

해외시장 조사와 거래처 발굴

1. 해외시장조사

1.1 해외시장조사의 의의

국제무역에 있어 상품을 수출하려면 그에 따른 해외수요, 즉 해외시장이 있어야 한다. 해외시장의 확보는 수출시장의 개척과 기존시장의 계속적인 유지관리를 통해서만 가능하며 이를 위해서는 해외시장의 동향분석과 각종의 정보를 수집분석하는 해외시장조사가 필수적이다.

해외시장조사란 해외시장의 개척과 수출증진을 목적으로 무역상사가 특정시장의 제반환경 및 동향을 조사/분석하는 일련의 과정을 말한다. 즉 목적상품을 가장 효율적으로 수출할 수 있는 목적시장을 탐색하고 그 판매가능성을 조사하는 활동이라고 할 수 있다. 해외시장조사가 수출을 위해서 먼저 이루어져야 하는 것은 사실이나 반드시 수출을 목적으로만 하는 것은 아니다. 원자재나 시설재의 수입 또는 완제품의 수입을 위해서도 적절한 해외시장조사가 필요함은 물론이다. 해외시장조사는 수출마케팅 계획 또는 전략의 기초단계로 수행되는 것이 보통이다. 현지시장 또는 목적시장에서 당해 상품이 어떻게 평가되고 어떠한 경로로 판매되고 있는가, 또한 소비자들의 욕구는 무엇인가 등을 파악하여 합리적이고 효율적인 수출마케팅전략을 수립하는 데에도 해외시장 조사는 필수적이다. 치밀한 제품정책, 가격정책, 판매정책 등을 갖지 않고서는 해외시장개척은커녕 기존 거래처의 유지도 어려운 무한경쟁시대에 있기 때문에 이에 대한 노력이 절실하게 필요한 시대이다.

무역마케팅은 시장조사에서 시작해서 시장조사로 끝난다고 해도 과언이 아니다. 이는 새로운 수출시장의 개척과 지속적인 수출시장 확대에 매우 중요하다.

1.2 해외시장조사의 내용

1) 수출입 상품에 대한 이해

제품 자체에 대한 조사로서 최종 소비자의 기호도, 시장대상 및 판매가능성, A/S, 경쟁품 및 유사품의 가격동향, 특허권 문제, 제품수명주기 등을 조사해야 한다.

2) 시장, 유통구조의 이해

소비자 계층 및 구매 시기를 조사하며, 유통구조는 어떻게 형성되어 있는가를 조사한다.

3) 시장접근 방법의 수립

중개상을 통하여 시장을 개척할 것인지, 전문 수입상을 통하여 개척하는 것이 바람직한지 또는 도매상과 직접 거래관계를 맺을 것인지 등 구체적인 시장접근방법을 수립한다.

4) 일반사항

목적시장의 정치·경제·사회·문화·종교·인구·언어 등을 조사한다. 인구가 적다고 해서 소비 수요가 많지 않다고 단정할 수는 없다. 이는 지리적 여건으로 제3국 재수출도 활발한 곳이 많기 때문이다.

5) 경제동향 및 산업동향

경제성장·국민소득·물가·인금·고용·국제수지 등의 경제동향과 산업구조 등에 관하여 조사한다.

6) 무역동향 및 무역관리제도

목적시장의 대외무역구조, 특히 품목별, 지역별 경쟁국 진출동향 등의 무역동향과 상대국의 수출입관리제도·수입규제·관세제도·통화정책 및 외환관리제도 등 무역관리제도를 조사한다.

7) 기타 사항

해당국의 항만사정이나 통신시설 및 여행시 유의할 점 등을 조사하며 특히 해당국의 국민성 및 상관습 등을 세밀하게 조사한다.

TIP 불충분한 시장조사로 인한 실패사례

(1) 문화의 차이

문화란 한 집단만이 가지는 고유한 신조와 생활양식이다. 외국문화를 완전히 이해하기란 용이하지 않으나 누구라도 외국문화 중의 단 한 가지라도 간과했을 경우 실패를 초래한다.

- 문화적 강제(하지 않으면 안 되는 일)
- 문화적 금지(해서는 안 되는 일)
- 문화적 자유재량(해도, 하지 않아도 좋은 일) 등을 구별

(실례)
- 일본을 방문시에는 빈손으로 가지 말라고 할 정도로 선물은 상대방으로부터 강요된 호의로 표현되리만큼 선물에 대한 의미가 크게 부여된 나라이다.
- 중동인들은 선물에 대해 의미를 부여하지 않고, 특히 여성용 선물을 받게 되면 당황해 하며, 종교적으로 금지된 술 같은 선물은 금기시하고 있다. 처음 상면시 선물을 전하면 뇌물로 생각하기도 한다.
- 미국인은 선물에 대해 큰 의미를 부여하지 않고 다만 미화 25달러 미만의 마음과 정성이 담긴 선물이면 무난하다.

(2) 소비자 기호에 대한 인식

소비자의 기호 등을 사전에 조사하지 않아 실패한 사례

① 미국 콘프레이크(cornflake) 제품 — 미국 콘프레이크 제조업체가 일본에 동제품을 판매하고자 했으나 실패했다. 일본인들은 아침식사시 밥을 먹는다는 점을 경시했기 때문이다.

② 코카콜라사 — 미국의 코카콜라사는 칠레에 코카콜라를 수출하였으나 실패했다. 칠레인들은 동제품 대신 포도주를 즐겨 마신다는 소비자의 기호를 몰랐기 때문이다.

③ 냉동식품이나 인스턴트 제품 — 프랑스인들이 독일인만큼 먹는다면 프랑스가 독일보다 더 부강한 나라가 되었을 것이라 할 정도로 프랑스인들은 미식가이며 먹기 위해 일하는 사람이라 평할 정도이므로 이 같은 제품이 동시장에 판매시에 실패하는 것은 당연하다.

(3) 상표 및 브랜드

상표 및 브랜드에 따라 제품판매에 큰 영향을 미친다.

(실례)
- 상표에「부엉이」표시가 있다면 인도인들은 이를 부정시하므로 판매가 될 리 없으며 중동이슬람국가에서

도 상표가 동물의 표시로 되었다면 이는 우상숭배로 간주하므로 판매부진의 요인이 된다.
- 브랜드도 우선 누구나 쉽게 발음할 수 있어야 한다. 실례로 미국의 자동차회사가 중남미 국가에 「Nova (별)」브랜드로 수출하였으나 실패했다. 이는 「노바」를 스페인어로 천천히 발음하면 「나가지 않는 것」이란 의미를 갖고 있어 브랜드를 다른 것으로 바꾸었다.
- 이처럼 상표나 브랜드가 어느 특정국에서 호평을 받더라도 다른 나라에서는 다른 의미로 해석되어 금기시한다는 데 유의해야 한다.

(4) 포장의 방법

포장이란 제품의 판매촉진과 제품의 보호라는 중요한 역할을 한다. 포장불량에 의한 실패 사례를 보면 다음과 같다.

- 코카콜라의 2리터용의 플라스틱병(스페인) : 국민소득이 다른 서유럽에 비해 낮은 스페인에 큰 병의 용기로 포장된 음료수는 냉장고에 넣을 수 없으므로 판매가 부진해진다.
- 미국의 골프공 메이커(일본) : 일본에 4개의 골프공을 한 세트로 넣어 포장한 것은 판매부진의 요인이 된다. 일본인은 4자와 고통을 나타내는 발음과 같은 9숫자를 싫어한다.
- 사람 또는 동물사진 부착물(이슬람제국)

(5) 색 상

제품의 포장과 함께 색의 선택도 실패의 요인이 되기 쉽다.
① 녹색 — 중동 국가는 선호하는 반면 정글지역인들은 죽음을 상징하고, 프랑스·스웨덴 등은 화장품을 연상한다.
② 흑색 — 구미 국가는 죽음을 상징하나 한국 및 일본 등은 백색이 죽음을 상징한다.
③ 보라색 — 중남미 국가는 대부분의 사람들이 죽음이라고 하면 보래색을 연상한다.
④ 황색 또는 오랜지색 — 대부분의 나라에서는 기쁨을 상징하나 멕시코인들은 죽음을 상징한다.
⑤ 청색 — 대부분의 나라에서 청색은 남성적인 색으로 간주되나 이란인들은 싫어한다.
⑥ 핑크색 — 미국인은 핑크색을 최고의 여성적인 색으로 생각하나 그 밖의 국가에서는 황색을 가장 여성적인 색으로 생각한다.
⑦ 적색 — 일반적으로 부와 화려함을 나타내는 색이며, 라틴 아리카에서는 포장에 많이 사용한다. 그러나 우리나라를 비롯한 몇몇 아시아국들은 일본의 국기 또는 공산주의를 연상한다.
또한 꽃의 도안으로 포장시 주의해야 할 사항은 영국에서의 백합꽃, 구주 국가에서의 국화꽃, 브라질에서의 자색꽃, 멕시코에서의 황색꽃 등은 죽음을 상징한다. 그러나 프랑스나 러시아에서의 황색꽃은 불의를 의미한다.

(6) 종교에 대한 인식부족

거래선과 대화시 종교에 관한 언급을 하지 않는 것이 무난하다. 그러나 상대방의 종교에 대해 이해하려고 애쓰고 노력할 때 상대방은 감사한 마음으로 받아들인다. 세일즈맨은 상대방의 종교에서 터부시하는 언행에 주의해야 한다.

1.3 해외시장조사의 방법

1) 전통적 방식의 해외시장조사

(1) 국가별 통계자료를 이용한 조사

판매하고자 하는 상품의 수요측정을 위해서는 우선 조사 대상지역을 선정해야 한다. 대상지역 선정을 위해서는 「U.N. 무역통계연보」나 「IMF 발간연보」 등의 국별 수출입통계자료를 이용하거나 기타 수출입통계월보 또는 연보 등을 이용하여 세부조사 대상지역을 선정할 수 있다.

(2) 국내외 경제 단체 및 유관기관을 통한 조사

시장조사의 실제 방법으로는 대한무역투자진흥공사의 해외무역관을 활용하는 방법 이외에 전문시장 조사 기관에 의뢰하여 조사할 수 있다. 특히 시장조사에 필요한 기초자료는 한국무역협회 및 대한무역투자진흥공사 도서실에 비치된 각종 무역통계, 지역별 시장동향자료, 국별 수출입업자 총람 등을 활용할 수 있다.

(3) 국내외 단체를 통한 조사

해외시장에 대해 한국무역협회, 대한무역투자진흥공사 등 많은 기관에서 결과물을 발표하고 있으므로 이를 참고·활용하면 된다.

※ 시장조사 자료를 구비한 국내외 단체
① 한국무역협회 → 국제무역연구원 등의 발간 자료
② 대한무역투자진흥공사(KOTRA) → 해외시장뉴스
③ 대한상공회의소 → 보도자료
④ 중소기업수출지원센터 → 해외시장 및 지원정보

(4) 주한 외국공관의 자료를 이용한 조사

국내에 주재하고 있는 외국공관, 상공회의소 등이 보유하고 있는 각종 자료를 활용할 수 있다.

※ 상공회의소
① 주한뉴질랜드상공회의소(http://kiwichamber.com/)
② 주한독일상공회의소(http://korea.ahk.de/)
③ 주한미국상공회의소(http://www.amchamkorea.org/)
④ 주한영국상공회의소(http://www.bcck.or.kr/)
⑤ 주한유럽상공회의소(http://ecck.eu/)
⑥ 주한일본상공회의소(http://www.jcciseoul.or.kr/)
⑦ 주한캐나다상공회의소(http://www.canchamkorea.org/)
⑧ 주한프랑스상공회의소(http://www.fkcci.com/ko.html)
⑨ 주한호주상공회의소(http://www.austchamkorea.org/)

(5) 직접 방문조사

기본적인 통계자료나 간행물에 의해 수출가능 지역으로 예상되는 곳을 직접 방문하는 조사방법이다. 현지를 방문하면 일단 우리나라 대사관이나 영사관 또는 대한무역투자진흥공사의 현지 무역관을 방문하여 일반적인 시장현황 상담 및 최대한의 협조를 구한다. 또한 해당 시장의 상공회의소 등을 방문하여 자료를 입수할 수도 있다. 이 외에도 해당 시장의 유력한 수입자 또는 도매상을 방문하여 해당품목의 시황·유통구조·소비자 패턴·가격 등을 문의하면 된다.

2) 인터넷을 이용한 해외시장조사

무역거래에 있어서도 인터넷을 이용한 전자상거래는 이미 정착화되어 각 기업들은 글로벌 마케팅 차원에서 막대한 데이터베이스를 구축해놓고 있으며, 각국은 자국기업들의 경쟁력 확보를 위해 관련기관을 통한 법제의 정비에 힘쓰고 있다. 따라서 무역기업은 이러한 국제적 추세에 부응하여 무역거래에 있어서 인터넷을 적극적으로 활용함으로써 상대국의 상품유통 흐름 및 제품정보를 얻을 수 있으며, 이를 통해 장기적인 기업경쟁력을 확보할 수 있다.

(1) 검색엔진을 활용한 시장조사

시장조사자가 구하고자 하는 검색어를 가지고 원하는 사이트를 검색해주는 검색엔진을 이용하는 것은 필수적이다. 검색엔진은 웹 검색을 비롯해 유즈넷 검색, 전자우편 주소 검색, 뉴스 검색, 기업체 검색 등 다양한 검색기능을 갖추고 있으며 새로운 서비스를 추가하고 있다.

(2) 무역정보전문 사이트를 통한 시장조사

국내의 무역관련 사이트 중 대표적인 무역정보 전문 사이트로는 한국무역협회(KITA:http://www.kita.net)의 KOTIS(http://www.kotis.net)가 있다.

KOTIS(http: //kotis.kita.net)는 Korea Trade Information Service의 약자로 한국무역협회(Korea International Trade Association : KITA)가 무역정보 서비스, 상품, 회사정보 및 거래알선에 특화된 정보를 제공하는 사이트이다.

> **TIP 대한무역투자진흥공사를 활용한 해외시장조사 서비스 이용방법**
>
> ① 대한무역투자진흥공사(http://www.kotra.or.kr) 홈페이지에 접속한다.
> ② 카테고리 가운데 [해외시장조사] 메뉴를 선택한다.

1.4 해외시장조사로 인한 성공과 실패 사례

1) 성공사례

(1) 레드망고의 태국 진출

레드망고는 태국 진출을 위해 1년 반에 걸쳐 준비를 했고 제품의 출시 전에 1000그릇 이상을 한국에서 공수해 반응 테스트를 하는 등 사전 시장조사를 통해 성공적으로 태국시장에 진출했다

(2) 델리만쥬의 베트남 진출

한일정유는 델리만쥬의 진출 전 현지 EXPO에 참가해 현지 소비자의 반응을 먼저 확인한 후 (주)델리스사와 베트남 진출을 위한 프랜차이즈 계약을 체결하였고, KOTRA 무역관과의 공동조사를 통해 매장 개설을 추진하는 등 시장조사를 철저히 해 실패가능성을 최소화 했다. 이로 인해 매장별 월 4만 달러라는 성공을 거두고 있다.

(3) 골든테크사의 미용기기 페루 진출

철저한 현지 시장조사를 통하여 페루 여성들의 헤어 특성과 굵기에 대한 정보를 토대로 현지에 적합한 제품을 생산하였고, 관심 업체들에게 사전에 카탈로그를 전달해 현지 업체로부터 관심 품목을 파악·상담하는 등 관심을 가질만한 품목을 위주로 광고를 하여 페루에 진출할 수 있었다

(4) 더페이스샵의 일본 진출

30~40대 일본 소비자가 고품질의 기능성 제품을 선호한다는 사실을 시장조사를 통해 파악한 후 각 제품마다 한국 특허증을 소개해 여성 소비자에게 큰 호응을 얻는 한편, TV 프로그램 등 현지 매스미디어를 통한 홍보에 주력함으로써 취향이 까다로운 일본 잠재 소비자들의 관심을 끌 수 있어 성공적으로 일본에 진출할 수 있었다.

2) 실패사례

(1) 벽돌생산업체의 중국 진출실패

중국업체와 합자형태로 진출했으나 ① 벽돌생산의 수주 가능성과 ② 사업파트너인 중국업체의 능력 등에 대한 사전 조사가 부족해 실패한 사례이다.

(2) 방화벽설치업체의 일본 진출실패

치밀한 시장조사에 기반한 수출전략 수립 없이 막연히 일본시장이 유망할 것으로 판단해 진출을 시도해 실패한 사례이다.

(3) 멕시코의 노동법 인지 부족으로 인한 진출실패

멕시코는 노동자들의 노동조합 결성이 헌법상의 권리로 보장되어 있는데, A사는 이런 관행을 전면 무시하고 노동조합을 인정하지 않는 사업 경영으로 시민단체들의 조직적 반발까지 불러일으켜 진출에 실패한 사례이다

2. 거래처 발굴

2.1 거래처 발굴의 의의

시장조사에 의하여 목적시장이 결정되면 다음에는 목적시장에 있어서의 신용력 있고 유력한 거래처를 찾아 거래관계를 맺어야 한다. 물론 상대시장에 대리점을 두거나 자사의 지점을 설치하는 것도 생각할 수 있으나, 거래경험이 없는 새로운 시장에 처음부터 막대한 자금이 소요되는 직접투자를 하는 것은 그에 따른 위험도 크다. 따라서 우선 목적시장에서 가장 유망한 거래처와 거래실적을 쌓고 상대시장의 실태를 파악한 후 다음 단계에서 기업진출을 계획하는 것이 가장 무난하다.

2.2 거래처의 발굴방법

1) 전통적 방식의 거래처 발굴방법

(1) 무역관계기관의 소개

해당 상품에 대한 바이어 목록 및 관련정보를 각국의 상공회의소를 비롯하여 한국무역협회, 대한무역투자진흥공사, 주한외국대사관 상무관실, 대한상공회의소 국제부 등 무역관계기관들을 통해 입수할 수 있다.

(2) 전문기관에 위탁조사

전문 무역 마케팅 컨설팅업체에 특정지역 특정 아이템에 대한 바이어 조사를 의뢰하면 그 명단을 쉽게 얻을 수 있다. 특정지역을 겨냥한 무역업계 초심자에게 안성맞춤인 바이어 발굴방법이다. 더구나 비용이 저렴하여 누구나 부담 없이 접근할 수 있는 통로다.

(3) 상공인명록의 이용

상공인명록(directory)에 의하여 목적시장의 유력한 관련업자를 조사하는 한편 직접 카탈로그(catalogue)의 송부와 함께 거래를 권유하는 권유장을 통하여 교섭하면 매우 효과적인 방법이 된다. 상공인명록으로 현재 세계에서 가장 널리 사용되고 있는 것은 London

에서 편찬한 Kelly사의 Kelly's Directory & Merchant, Manufacturers and Shippers of World를 들 수 있다.

(4) 국내발간 해외홍보매체의 활용

한국무역협회를 비롯한 국내 수출유관기관의 해외홍보용 매체를 이용하는 방법은 비용 절감과 함께 홍보의 성과도 올릴 수 있다. 해외에서 배포되는 매체는 수만 가지에 이르므로 이중 어느 매체를 선택, 광고를 하느냐가 광고의 성공 여부를 좌우한다. 매체의 선정은 전문가의 조언을 받아야 예산낭비를 사전에 방지할 수 있다.

(5) 각종 전시회 및 상담회 참가

국내의 주요 무역관련기관에서 주최하는 사절단 및 각국의 무역기관에서 주관하는 각종 해외전시회 및 상담회에 참가하는 방법이다. 국제전시회는 바이어 발굴을 위한 최적의 조건을 갖추고 있어 권위 있는 국제전시회에 출품하게 되면 고객들에게 좋은 인상을 심어주고 노력에 비해 높은 성과를 올릴 수도 있다. 한 장소에 같은 제품에 관심 있는 사람이 몰리고 한 번 참관으로 전 세계 기술 및 신제품 동향을 파악할 수 있다.

(6) 자체홍보물을 이용한 방법

해외배포용 카탈로그 등을 광고기획사 등에 의뢰하여 제작한 후 바이어 목록은 주한외국대사관 상무관실, 한국무역협회 거래알선실, 무역투자진흥공사 등을 통해 입수하여 해당 상품을 취급하는 바이어에게 배포하는 방법이다.

(7) 직접방문을 통한 방법

해당 지역 방문시 호텔에 비치된 무역인명록 등을 통해 예상 거래상대방을 선정한 후 전화로 시간약속을 받고 직접 방문하는 방법이다. 이것은 상당한 경비가 소요되는 반면 가장 확실하고 유효한 방법이다.

e마켓플레이스 이용	무역유관기관 활용	해외홍보매체 이용
• e-마켓플레이스는 수출자와 수입자가 서로 정보를 교환하는 거대한 사이버 시장이다. • e-MP는 기업정보, 상품카탈로그, 비즈니스 지원, 부가서비스 제공 등 다양한 정보화 업무를 지원한다. • 대표적인 업체로는 EC21, ECPLAZA, BUYKOREA, KOBO, TPAGE, ALIBABA 등이 있다.	• 수출거래처 발굴을 할 수 있는 우리나라의 대표적인 무역유관기관으로는 한국무역협회(KITA)와 대한무역투자진흥공사(KOTRA)가 있다. • 이 외에도 국제상업회의소에 가입되어 있는 대한상공회의소(KCC)를 활용하거나, 기타 우리나라 재외공관에 협조를 의뢰해 거래처를 선정할 수 있다.	• 국내에서 발간하는 해외 홍보 매체를 통해 거래처를 찾을 수 있다. • Buyer's Guide는 해외 140여 개국을 대상으로 발행하는 월간 영문 국내상품홍보 잡지이며, Korea Trade지는 대한무역투자진흥공상서 발행하는 월간 영문 국내상품 홍보지이다.

[그림 7.1] 거래처 발굴방법

2) 인터넷을 이용한 거래처 발굴방법

인터넷상에는 전세계 기업 및 무역업체에 대한 정보뿐만 아니라 재무정보, 무역동향정보, 특허정보, 전시회정보 등을 유료 또는 무료로 제공해 주는 전문 웹 사이트들이 많으므로 이를 잘 활용하면 보다 효과적으로 해외거래처를 발굴할 수 있다. 그러므로 전자무역을 활용하면 인터넷상에서 해외의 거래처 발굴과 해외시장정보를 효율적으로 얻을 수 있다. 우선 수출물품을 홍보할 수 있는 자체 웹사이트를 구축하고, 거래알선사이트를 이용하며, 검색엔진을 활용하여 해외시장정보를 수집할 수 있다. 해외 거래처를 발굴하면 수입상에게 거래를 제의한다. 거래제의는 전자메일을 이용하는 방법과 인터넷폰이나 인터넷팩스를 이용하는 방법이 있다. 전자메일을 보내는 경우에는 거래처를 알게 된 경위와 회사소개, 제품소개에 대하여 자세하게 소개한다. 또한 무역업체는 무역거래알선사이트를 이용하여 효율적으로 거래처를 발굴할 수 있다. 전통적으로 상품 및 제조업체 자료는 무역업계에 중요한 정보서비스였지만 최근에는 제조업체와 바이어가 동시에 활동하는 공간, 즉 거래알선사이트가 더욱 주목받고 있다.

최근 무역유관기관 및 개별업체서 다양한 사이트가 개발, 운영되고 있어 무역업체는 웹사이트의 주요기능과 해외인지도, 해외 무역거래알선사이트와의 아웃소싱망의 범위 등을 고려하여 취사선택하여 활용할 수 있다. 현재 국내의 대표적인 무역거래알선사이트로는 EC21, EC Plaza, T-page 등이 있는데 최근 이들 국내 3대 무역거래알선사이트들은 정부의 e-무역상사 지정에 따라 기존의 거래알선 및 바이어 정보제공 등에 이어, 실제 시장조사·신용조사·계약체결·무역거래 성사 및 사후관리까지 종합적으로 지원하는 전자무역중개기관으로 자리 잡게 되었다.

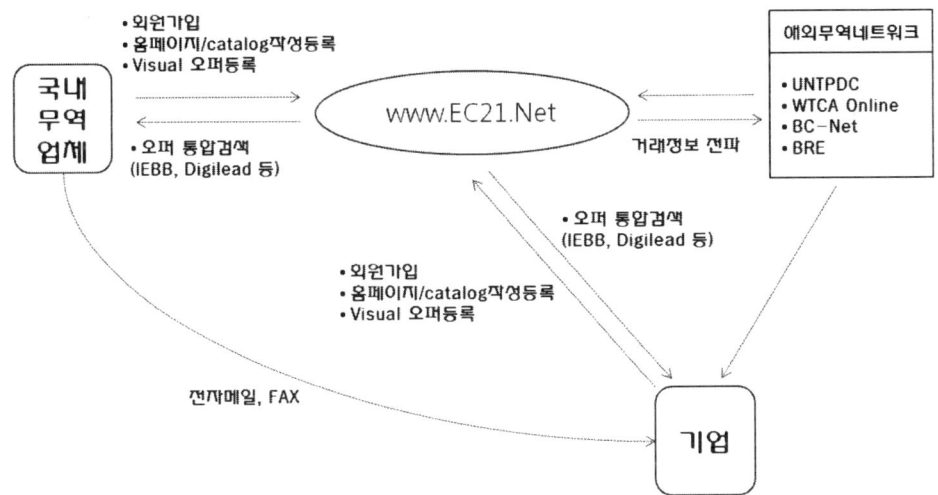

[그림 7.2] 무역거래 알선 사이트의 업무 흐름도

<표 7.1> 국내외 주요 무역거래알선사이트

운영주체	사이트명과 URL
EC21	EC21(www.ec21.net)
대한무역투자진흥공사	KOBO(www.kotra.or.kr)
EC Plaza	EC Plaza(www.ecplaza.net)
중소기업진흥공단	중소기업관(www.smipc.or.kr)
바이어스가이드	Buyersguide(www.buyersguide.com)
세계무역협회	WTC(www.wtca.org)

- e마켓플레이스를 이용하는 경우

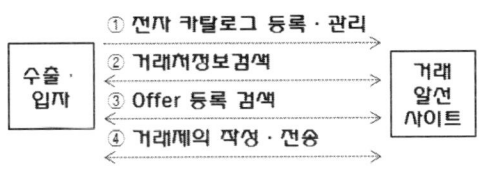

① 수출·수입자는 전자무역에서 지원하는 서비스를 활용해 전자 카탈로그 제작 및 홈페이지를 구축
② e마켓플레이스에서 관심 있는 상품을 선정해 해당 거래업체의 정보를 확인
③ 수출업체의 경우는 Selling Offer(판매오퍼)를 작성하고, 수입업체는 Buying Offer(구매오퍼)를 작성해 e-MP를 통해 작성
④ 거래제안서를 작성해 등록

- e마켓플레이스를 이용하지 않는 경우

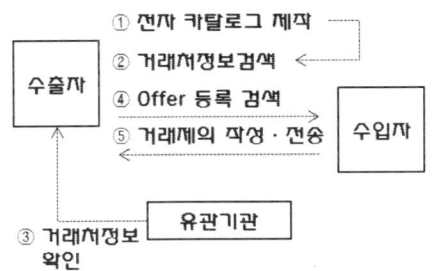

① 수출업체는 전자카탈로그를 자체 제작
② 홈페이지 구축
③ 거래선 발굴을 위해 무역유관기관 및 국내에 있는 재외공관 등을 활용해 거래 상대방을 발굴
④ 판매오퍼(selling offer)을 작성해 전송
⑤ 수입업체로부터 거래제안서를 전송

[그림 7.3] 거래알선 사이트를 이용하는 경우와 이용하지 않는 경우

T/P KOTRA BUYKOREA에서 제공하는 거래선 발굴조사 이용방법

① BUYKOREA(www.buykorea.or.kr) 홈페이지에 접속한다.
② 카테고리 상단 [전자무역 e마케팅]-[해외시장조사] 메뉴를 선택한다.

2.3 해외거래선의 신용조사

1) 신용조사의 의의

신용조사(credit research)란 사전에 거래상대방의 신용도를 조사하여 거래의사 결정에 반영함으로써 미래에 발생할 수도 있는 신용위험을 미연에 방지하고, 향후 거래에 따른 전망을 진단하는 것을 말한다. 무역거래는 거액의 상품을 선급금 없이 신용장 한 장으로 거래하게 되는 것이 보통이며, 이때 상대방의 신용상태(credit standing)가 불량한 경우에는 상품인수를 거부하거나 대금지불을 거절하는 경우도 있다.

2) 신용조사의 내용

신용조사의 필수적인 조사항목으로서는 대상업체의 상도덕(character), 대금지불능력(capital), 거래능력(capacity) 등이 있다.

(1) 상도덕

상대방의 성실성, 평판, 업무에 대한 태도, 채무이행에 대한 열의 등 상대방의 상도덕을 조사하지 않으면 안된다. 특히 원거리간의 매매거래인 무역거래는 무엇보다도 신용이 중요시 되고, 채무이행에 대한 열의는 상대방의 자금이나 영업실적보다 회사의 성격, 경영진의 성실성에 의존하는 경우가 많다. 따라서 무역에 있어서 질병이라 할 수 있는 클래임(claim), 대금지불 지연, 인위적 선적지연, 선적후 가격인하 도구 등을 미연에 방지하기 위해서는 상대방의 상도덕에 대한 면밀하고 철저한 조사가 행해져야 한다.

(2) 대금지급능력

상대방의 대금지불능력)을 확인하기 위해서는 자산관계 전반에 대해 조사하지 않으면 안된다. 이것은 재정상태를 말하는 것으로 물적 신용을 나타낸다. 따라서 재무제표를 중심으로 하여 자본금 규모 및 자산내용 등을 충분히 검토하여야 한다.

(3) 거래능력

거래상대방의 거래능력을 조사하기 위해서는 회사의 연혁이나 경영자의 경력 및 능력 등을 검토할 필요가 있다. 또한 회사의 거래실적, 취급상품, 거래처 등도 조사하여야 한다. 성실하고 재정상태가 양호한 회사라도 영업능력이 없으면 장기적인 전망이 없는 것이다.

3) 신용조사의 방법

(1) 신용조회처에 의한 신용조사

신용조회처에 의한 신용조사는 상대방으로부터 제시된 신용조회처에 의뢰하여 신용조사를 하는 방법이다. 이 경우 상대방으로부터 제시된 신용조회처가 은행인 때는 은행조회처(bank reference)라 하고 동업자인 때는 동업자조회처(trade reference)라 하는데 동업자조회처의 보고는 크게 믿을 만한 것이 못된다.

(2) 신용조사기관에 의한 신용조사

신용조회처나 거래은행에 의한 신용조사는 그것이 고유의 업무가 아니기 때문에 자세한 내용을 기대하기가 어렵다. 따라서 상세한 신용조사를 할 필요가 있는 경우에는 신용조사를 전문으로 하고 있는 신용조사기관(commercial credit agencies)을 이용하게 된다.

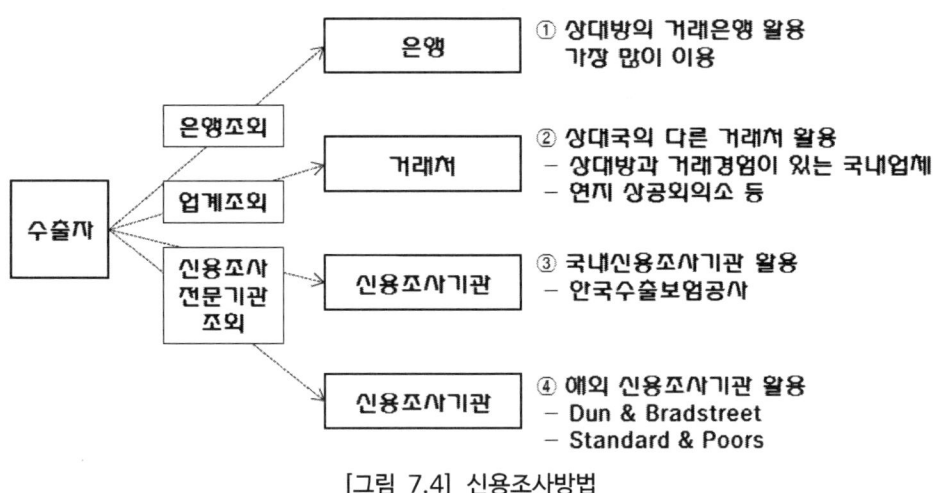

[그림 7.4] 신용조사방법

T/P 신용조사시 주요 서비스 내용 이용방법

① 한국무역보험공사(http://www.ksure.or.kr/main.jsp)홈페이지에 접속한다.
② 카테고리 상단 [무역지원사업]-[국외 기업신용조사]메뉴를 선택한다.

3. 거래 제의와 조회

3.1 거래제의

1) 거래제의 서한의 발송

해외시장조사에 의하여 목적시장의 거래 대상업체가 선정되면 거래를 희망하는 내용의 거래제의장(business proposal) 혹은 권유장(circular letter)을 발송하게 된다. 해외의 무역업자에게 보내는 거래제의장은 상대방에게 처음으로 자신을 소개하는 서신이므로 그 작성에 세심한 주의가 필요하다.

- 거래제의장의 주요 기재내용
  - 상대방을 알게 된 경위
  - 자사의 업종, 취급상품, 거래국가 등
  - 자사의 자국내에서의 지위, 경험, 생산규모, 수출입실적 등
  - 거래조건(특히 결제 및 가격조건, 품질, 수량, 선적조건 등
  - 신용조회처(주로 거래은행명 및 주소, 연락처) 등

2) 가격견적

무역거래에 있어서 그 성립 여부는 견적한 매매가격의 경쟁력에 달려있다고 해도 과언이 아니다. 수출에 있어서는 가격표(price list), 가격산정표(price quotation)와 함께 견본을 발송하여 일단 해외거래처로 하여금 판매가격을 인식시켜 놓은 후에 이 매매가격의 승낙을 권유한다. 가격표에는 매도할 상품의 명세(description), 각 품목의 견본번호(sample number) 또는 상품번호(code number), 수량단위(unit)를 명시하고 수출가격을 기재한다. 그리고 수입상이 해상운임을 계산하기 용이하도록 하기 위해 포장후의 총중량(gross weight)과 용적(measurement)도 아울러 기재한다. 또한 가격표에는 적요(remarks)로서 가격산정의 기초가 되고 있는 수량조건, 선적조건 및 결제조건 등을 기재한다.

3) 견적 송부

상품의 품질과 가격에 대한 정확한 정보를 알리기 위한 견본과 가격표의 송부는 적극적인 거래교섭에 속한다. 이에 대하여 상대방으로부터 수입의사를 담은 거래조회

(inquiry) 서한이 오면 수출상은 정식으로 매도의사를 표시하게 되는데 이를 청약(offer)이라 한다.

3.2 조회

1) 조회의 의의

조회(inquiry)란 수출상이 제시한 거래조건 내용에 대한 수입상의 거래상의 문의를 말한다. 즉, 거래조회는 계약체결전 예비적인 무역상담의 한 과정에 있어서 수입상의 물품 수입에 관한 최초의 의사표시를 말하며, 조회의 내용에는 정가표나 견본의 송부를 의뢰하는 조회, 수출상에게 청약(offer)을 권유하는 조회 등이 있다.

2) 거래조회서한의 주요내용

- 거래조회서한의 주요 내용
  - 상품의 종류 및 품질
  - 상품의 수량
  - 가격조건
  - 선적시기
  - 포장방법
  - 대금결제조건
  - 카탈로그나 가격표 또는 견본 요구 등

한편, 거래조회에 대한 회답은 신속히 하되 간결하고 분명하게 정중한 문장으로 작성해야 한다. 조회는 주문의 첫 단계이므로 이에 대한 회답은 주문에 상당한 영향을 미치므로 유의하여 작성할 필요가 있다.

Chapter 08

International Trade Practice

무역계약

1. 무역 계약의 의의

무역 계약은 국제간 물품매매를 위한 계약으로서 매도인(seller)이 물품의 소유권을 양도하고, 매수인(buyer)이 이를 수령하고 물품대금을 지급할 것을 약정하는 것을 주요한 내용으로 한다. 무역 계약은 통일된 양식이나 형식이 없다. 따라서 서면으로 체결하는 것은 물론 거래당사자 상호간의 신뢰를 바탕으로 하는 구두계약도 가능하다. 그러나 막상 문제가 발생하면 확실하게 서면으로 약정한 계약서가 없는 경우 극히 불안정할 것이다.

무역계약 체결 시에는 품질조건, 수량조건, 가격조건, 포장조건 등 상품자체에 대한 조건을 명확하게 약정한다. 그리고 계약의 이행을 위한 조건으로 운송조건, 보험조건 및 결제조건을 정하며, 당사자 간에 체결한 계약조건을 보완하고 보충하기 위하여 정형거래조건(Trade Terms)을 채택한다. 그리고 계약사항 전체 또는 일부에 대하여 불이행이나 미이행시 처리방법에 대하여 클레임조항, 중재조항을 약정한다.

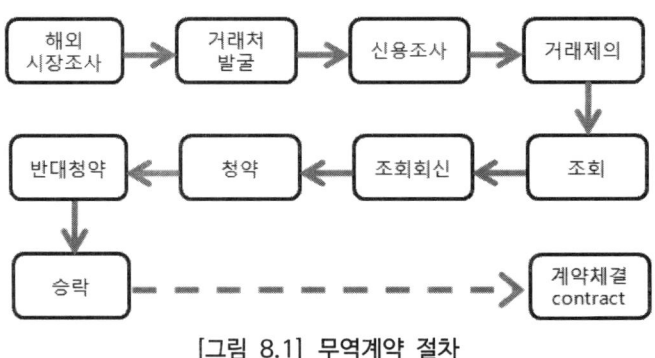

[그림 8.1] 무역계약 절차

2. 무역 계약의 성립

2.1 무역 계약의 체결

1) 무역 계약의 체결과정

무역 계약은 통일된 양식이나 형식이 없다. 그리고 계약체결방법도 서면이나 구두방식 등 어느 것을 채택하여도 무방하며, 정해진 절차가 있는 것도 아니다. 그러나 무역 계약은 통상 다음과 같은 과정을 거쳐 성립된다. 첫째, 무역계약 체결 사전단계인 해외마케팅 단계로서 해외시장조사 과정을 거쳐 거래처를 발굴하여 거래제의를 하고, 거래상대방에 대한 신용조사(credit inquiry)를 한다. 이 단계는 신규거래처인 경우에는 거래처를 확보하는 차원에서, 기존의 거래처인 경우는 마케팅채널을 관리하는 차원에서 검토할 수 있다.

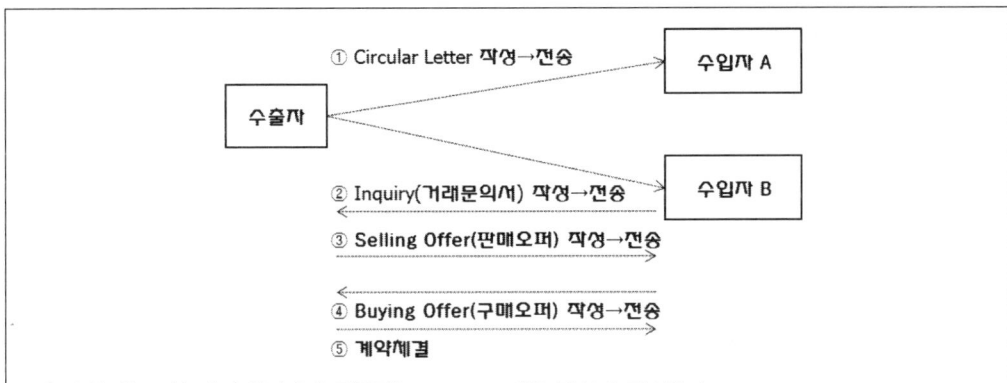

[그림 8.2] 무역계약체결 과정

둘째, 통상 거래당사자 중 일방인 수출자가 제시하는 확정적인 청약(offer/order)에 대하여 상대방이 승낙(acceptance)함으로써 계약이 성립한다. 확정청약(firm offer)은 내용이 확정적이어야 하며, 청약의 유효기간(validity) 내에 상대방이 청약내용을 수정 없이 승낙할 경우 청약내용에 '구속되겠다(to be bound)'는 의사표시다. 그리고 승낙은 '절대적이고 무조건적인(absolute and unconditional)' 동의라야 한다. 만약 조건부 승낙을 한 경우 이는 또 다른 반대청약(counter offer)으로 보며, 본래의 청약을 거절한 것으로 간주한다. 통상 수출자가 제시하는 판매제의(selling offer)를 오퍼(offer)라 하고, 수입자가 제시하는 구매제의(buying offer)을 오더(order)라고 한다. 그러나 무역계약은 통일된 양식이나 형식이 없으므로 오퍼 대신 견적송장(proforma invoice)이 많이 활용되며, 오더 대신 구매주문서(Purchase Order : P/O)나 주문의향서(indent order)가 많이 활용된다. 셋째, 거래당사자는 수출입 본계약을 확정한다. 무역거래시 간단한 오퍼나 오더만으로 무역계약을 종결하지 말고 반드시 수출입 본계약을 체결하도록 하여야 한다.

2) 무역계약의 체결방법

무역 계약을 체결하는 방법은 개별계약(case by case contract) 방법과 포괄계약(master contract) 방법이 있다.

(1) 개별계약

개별계약방법은 매거래 건별로 간단한 오퍼나 오더를 확정한 후 수출입 본계약을 확정하는 방법으로, 통상 거래상대방과 최초 거래시나 초기 거래시에 활용하는 방법이다. 개별계약방식에 의한 수출입 본계약서는 표면과 이면 양면으로 구성되어 있다. 무역계약서의 표면약정에 포함되는 사항은 거래건별로 확정하여야 하는 개별약정 사항들이다. 즉, 당해 거래시의 물품의 품질수준, 수량 및 가격 등 거래상품에 관한 사항과 선적일자, 결제방법 및 보험조건 등이 여기에 해당한다.

무역계약서의 이면약정사항은 무역거래일반약정(general terms and conditions)으로서 무역 계약에 대리인이 개입되지 않고, 계약상 권리와 의무의 당사자인 본인 대 본인계약(principal to principal basis contract)이라는 사항과 계약서 표면약정사항인 품질에 대한 검사, 수량, 가격 및 선적조건 등을 정하는 기준 등 개별약정사항을 해석하는 기준과 계약 불이행과 관련한 조항으로서 불가항력조항, 클레임조항, 중재조항 및 준거법조항 등 수출입 거래시 일반적으로 적용되는 공통사항이 여기에 포함된다.

(2) 포괄계약

포괄계약방법은 통상 동일한 거래상대방과 계속적으로 거래가 이루어지는 경우에 채택하는 방법이다. 이는 매거래시마다 건별로 수출입 본계약을 체결함에 따른 번거로움을 피하는데 적합한 방법으로, 수출입거래당사자는 당사자 간의 향후 수출입 거래준칙에 해당하는 일반거래 조건협정(Agreement of Memorandum on General Terms and Conditions of Business)을 체결한다. 여기에는 개별 계약체결시 무역계약서 이면약정사항에 포함되는 무역거래일반약정 사항과 함께 거래건별로 오퍼나 오더를 확정하는 방법을 정한다. 이에 따라 개별거래시는 포괄계약에서 정한 방법에 따라 간단한 오퍼나 오더를 교환함으로써 무역 계약을 확정한다.

① contract(계약서)를 이용한 방식

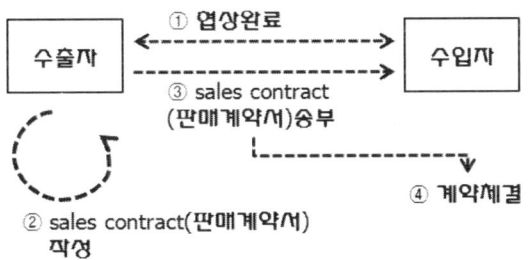

② purchase order(주문서)를 이용한 방식

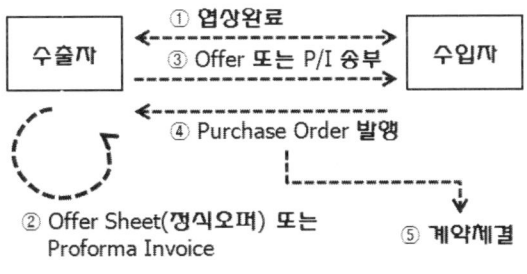

[그림 8.3] 계약체결방식

T/P 무역계약서의 내용

계약당사자의 확정 : 매도인과 매수인의 이름 또는 상호와 주소를 명기하여 계약의 당사자를 확정한다.

계약성립의 확인 : 매매계약이 계약서에 기재된 조항에 따라 성립되었음을 확인하는 문언이다.

품명, 품질 및 규격 : 품명, 품질, 규격 등을 기재한다. 품질은 FOB, CIF 등 선적지 조건으로 매매하는 경우에는 원칙적으로 선적지 품질조건이지만, 특약에 의해 양륙지 품질조건으로 할 수도 있다.

수량 : 상품의 성질과 형상에 의하여 중량, 용적, 개수, 길이 등의 단위에 의해 거래된다. 생산, 포장 등 기타의 사정으로 계약 수량대로의 수량을 인도하기가 곤란하면 약간의 과부족을 용인하는 조항을 삽입한다.

가격 : 가격은 단위의 단가와 계약 전체수량에 대한 합계금액을 기재한다. 이 경우에 결제방법을 표시하는 것이 좋다.

결제방법 : 무역 계약에서는 보통 결제조건으로서 선적서류가 있는 화환어음을 이용한다.

선적 : 화물선적은 보통 월을 결정하는 것이 상례이다. 분할선적인지도 알아본다. 선적일은 일반적으로 선하증권의 일자를 선적된 일자로 간주하는 것이 거래 관행이다.

보험 : 보험조건을 명확히 결정해 둘 필요가 있다.

포장 : 포장은 견고성과 포장비용, 운임절감 등 경제성을 고려하여 포장조건을 결정한다.

하인 : 하인은 화물의 운송보관에 필요한 취급상의 지시, 주의를 표시하기 위해 매수인이 매도인에게 요구하는 경우 적요한다.

검사 : 상품이 계약조건에 맞는가를 확인하기 위하여 제3자인 검사기관에 상품을 검사시키는 것을 명시한다.

불가항력 : 불가항력에 의하여 계약의 이행이 불가능할 경우를 대비하여 미리 계약서상에 문책문언을 삽입한다.

무역조건 : FOB, CIF 등 정형 무역조건의 정의, 해석에 관해 명기한다.

권리침해 : 공업소유권 등에 관한 권리침해에 대해서는 면책문언을 넣어두는 것이 좋다.

클레임 제기기한 : 무역에 있어서 계약서에 삽입해야할 가장 중요한 조항이다. 클레임의 제기기한을 설정해 둔다.

중재 : 계약에 관하여 발생하는 분쟁을 중재에 의하여 해결하는 편이 현실적으로 유리하므로 중재조항을 삽입한다.

준거법 : 계약의 해석을 어느 국가의 법률에 기준을 두는지 미리 결정하여 계약서에 밝혀두는 것이 좋다. 이 경우에는 주로 선진국의 법률에 우선을 둬야 하고 사정이 여의치 못할 경우에는 미국이나 영국 등의 법률을 기준으로 하는 것이 좋다.

기타사항 : 일반적인 계약서 첨부사항 외에 계약 당사 간 선적을 통한 묵시적 계약 및 추가조항을 삽입하는 경우도 있다.

KOREA TRADING CO, LTD. CPO BOX 2235 #804 , Hankuk Bldg, Yeoksam-dong, Gangnam-gu, Seoul, Korea CABLE : "KONOPTRA" SEOUL TELEX : 63338	DATE : May 10, 2008

SALES CONTRCT NO . E189

AMERICAN TRADING CO, INC.
New York. U.S.A.

We as Seller confirm having sold you as Buyer the following goods on the terms and conditions as stated below and on the back hereof.

QUANTITY	DESCTIPTION	PRICE	SHIPMENT
in dozen		CIF, New York	
	300dozen Ladies 100% Polyester Sweaters, as per Nos. S/1001, S/3002, S/3003, 100 doz in each article.		June, 2008
100 dozen	Sizes:Art No:S/3001	@U.S. $26.20	
100 dozen	Art No:S/3002	@U.S. $25.50	
100 dozen	Art No:S/3003	@U.S. $24.30	
	Colours:50 doz/Col No:1		
	20 doz/Col No:2		
	30 doz/Col No:3		
	Total Amount US $ 7600		

======================

TERMS : Draft at 90 days after sight under Irrevocable L/C : usance : interest for Seller's account
INSURANCE : Seller to cover the CIF price plus 10% against All Risks including War and S.R.C.C.Risks
PACKING : About 100 dozen in a carton box   SHIPPING MARKS
DESTINATION : New York, U.S.A.
REFERENCE :

NEW YORK
BOX NO. 1/UP
MADE IN KOREA

BUYER AMERICAN TRADING CO. INC (signed) _____ K.H.Kennedy Import Manager	SELLER KOREA TRADING CO. LTD. (signed) _____ Jihye Kang Export Manager

[그림 8.4] 무역계약서

2.2 청약과 승낙

1) 청약

청약(offer)이란 통상 매도인(seller)이 물품판매조건을 제시하는 것을 말하는데 이는 단순한 가격통지나 청약에의 유인과 구별된다. 오퍼는 확정적이라야 하며, 상대방이 승낙할 수 있는 유효기간(validity)을 정해야 한다. 그리고 유효기간내에 상대방이 승낙할 경우 구속되겠다는(to be bound) 의사표시를 해야 한다. 오퍼는 상대방에게 도달하는 때부터 효력을 발생하며 상대방이 유효기간 내에 승낙하면 계약이 성립된다. 상대방이 청약을 거절하거나, 반대청약을 하거나, 청약자가 청약을 철회하는 때에는 그 효력이 소멸된다.

2) 승낙

승낙(acceptance)은 청약내용에 대해 절대적이고 무조건으로 동의하는 방식으로 해야 한다. 이를 경상의 원칙(mirror image rule)이라고 한다. 조건부 동의는 반대청약이라 하며 이를 승낙으로 보지 않고 상대방의 새로운 청약으로 간주한다. 특히 원거리 간의 우편이나 전문에 의한 승낙은 청약의 유효기간 내에 승낙 의사표시를 발신하는 때부터 효력을 발생하게 되고, 전화나 텔렉스에 의한 승낙은 상대방에게 도달하는 때부터 발생하게 된다.

3. 무역 계약의 구성

무역 계약의 내용은 거래상대방, 거래하는 상품, 거래지역 등에 따라 다르다. 그러나 무역거래시 일반적으로 무역 계약에 포함되어야 하는 사항을 대체적으로 구분하여 보면 다음과 같다.

3.1 모든 계약서에 포함되는 기본 사항

여기에 포함되는 사항으로는 계약 당사자 계약서에 기재된 조항에 따라 계약이 성립되었음을 확인하는 문언, 계약체결일과 계약의 유효기간, 유효한 서명 등을 들 수 있다.

3.2 상품자체에 대한 사항

거래하는 상품에 대한 조건으로서 품질조건, 수량조건, 가격조건 및 포장조건이 있다. 품질조건(terms of quality)에는 품명, 규격, 등급 등 품질기준과 이에 대한 검사방법, 품질결정시기 그리고 품질결정방법이 포함된다. 일반적으로 계약서상 상품의 품명과 규격, 등급에 대한 명세가 곧 품질조건이다. 그리고 공산품인 경우 통상적으로 견본(sample)에 의해 품질을 결정한다. 수량조건(terms of quantity)에서는 거래하는 물품의 형상에 따라 중량, 용적, 개수, 길이 등의 표시단위로 수량을 확정한다. 그리고 대량살물적화물(bulk cargo)의 경우 통상 과부족용인약관(more or less clause : M/L Clause), 10%의 과부족을 허용하는 개산수량조건(approximate quantity terms)으로 수량표시방법을 정한다. 가격조건(terms of price)에서는 물품의 단가(unit price)를 정하고 당사자간 요소비용 부담의 한계를 정하기 위하여 FOB, CIF 등 INCOTERMS상의 13개의 정형거래조건(Trade Terms) 중 하나를 선택한다. 포장조건(terms of packing)에는 포장의 크기, 외장포장재, 화인(shipping mark, cargo mark) 등이 포함된다.

3.3 계약이행에 대한 사항

선적조건(terms of shipment)에서는 선적일자(기한) 및 선적일을 확정(입증)하는 방법, 선적항 및 도착항(선적구간) 그리고 선적방법으로 분할선적이나 환적을 허용하는지 여부를 정한다. 보험조건(terms of insurance)에서는 보험금액과 보험비율(보험금액/보험가액) 그리고 해상위험에 대한 부보 범위를 결정하는 보험조건을 정한다. 결제조건(terms of payment)에서는 우선 신용장방식인지, 추심결제방식인지, 송금방식인지 등 결제방법과 수단을 정한다. 그리고 선불인지, 즉시불인지, 후불인지 등 결제기간과 결제통화를 정한다.

3.4 당사자 간에 약정한 제반무역조건을 보완하기 위하여 정형거래조건(Trade Terms)을 채택

정형거래조건은 무역계약 체결시 우리가 통상 사용하고 있는 FOB, CIF 등 INCOTERMS 상의 13가지 생략부호를 사용하고 있다.

3.5 무역계약 불이행에 대비하여 불가항력조항, 클레임조항 및 중재조항을 약정한다.

<표 8.1> 무역계약서의 구성

범주	구체적인 계약조건
기본사항	□ 당사자(principal 및 서명) □ 계약확정 문언 □ 계약체결일, 계약의 유효기간 등
상품자체사항	□ 품질조건(terms of quality) □ 수량조건(terms of quantity) □ 가격조건(terms of price) □ 포장조건(terms of packing)
계약이행사항	□ 운송조건(terms of shipment) □ 결제조건(terms of payment) □ 보험조건(terms of insurance)
계약불이행사항	□ 불가항력조항(force majeure) □ 클레임조항(claim clause) □ 중재조항(arbitration clause)
정형거래조건 등	□ 정형거래조건(trade terms) □ 준거법(governing laws)

4. 무역계약의 기본조건

무역계약은 매도인인 수출자가 약정한 물품에 대한 인도를 이행함으로써 소유권과 점유권을 수입자에게 이전하고, 수입자는 이에 대해 대금지급을 서면상으로 약속하는 것이다. 따라서 무역거래 당사자 간에 체결되는 매매계약에는 물품의 인도와 대금의 지급, 계약위반시의 구제조항 등에 관한 계약이 확정되어야 한다.

무역 계약을 체결할 때 반드시 합의가 이루어져야 하는 기본조건이 몇 가지 있다. 이러한 조건들에는 품질·수량·가격·운송·결제·보험 조건이 있는데 이것을 무역 계약의 6대 기본조건이라고도 한다. 이외 조건으로는 포장·클레임·불가항력조건 등이 있다. 품질조건은 거래의 목적물을 약정하는 것과 관련한 거래조건으로 품목을 보다 구체적으로 표시하는 것을 말하며, 수량조건은 거래목적물의 수량을 약정함에 있어서 먼저 수량표시에 쓰여 질 단위를 무엇으로 할 것인가의 문제와 수량의 표현형식(용어)을 어떻게 할 것인가의 문제를 다루는 것이다. 가격조건은 가격책정 기준, 결제통화 단위를 어떻게 선정하느냐를 다루는 것으로 인코텀스에 규정되어 있는 정형거래조건 중 어느 하나의 조건을 가격산정 기준으로 채택하는 조건이다. 선적조건에서는 선적시기, 분할선적 여부, 환적 여부 등을 명시하며, 화물의 해외운송시 예기치 못한 일들로 인해 손해를 입었을 경우를 대비해 보험조건에 가입을 해야 한다. 마지막으로 결제조건에서는 결제 방법, 결제시기, 결제 수단 등을 고려해야 한다.

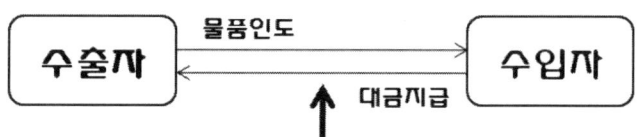

[그림 8.5] 무역계약조건

4.1 품질조건

무역거래에 있어서 품질조건은 품질 결정의 방법, 품질의 결정시기, 품질의 증명방법 등을 명백히 규정해야 한다.

1) 품질 결정의 방법

무역거래에 있어서 품질결정의 방법으로 널리 사용되고 있는 것은 견본, 표준품, 명세서, 상표 등이다. 그 거래가 무엇에 의하여 이루어지는가에 따라 견본매매(sale by sample), 표준품 매매(sale by standard), 명세서매매(sale by specification or dimension), 상표매매(sale by trade mark or brand) 등이 있다.

(1) 견본매매

견본은 실제로 매매되는 상품의 일부이며 그 상품 전체의 품질을 대표하는 1개 내지 수개 또는 일부분이다. 해외의 수입상이 수입상품의 전체에 대하여 그 품질·형태를 검사한다는 것은 불가능하므로 수출상에게 수입상품을 대표하는 일부 현품, 즉 견본을 제시하게 된다. 이 견본에 의하여 거래가 이루어질 때, 이것을 견본매매라고 부르며, 오늘날 국제거래는 대부분이 견본에 의하여 이루어진다.

(2) 표준품 매매

미수확 농산물(미곡·맥곡·면화 등)의 매매에서는 그 농작물을 대표하는 견본을 이용할 수 없으므로, 그 계절의 표준품(standard or type : 전년의 농산물 표준품)을 가격의 기초로 하여 매매계약을 체결한다. 품종이 너무 많아 정확한 견본을 선정하기 어려운 상품에 있어서, 동류의 물품, 즉 유사품에 의하여 매매계약이 체결되며, 인도할 상품의 품질은 대개 이와 비슷한 정도의 것이라는 것을 명시하면 된다.

(3) 명세서 매매

기계류, 선박 및 의료기구 등과 같은 상품에 있어서는 재료, 구조능률 및 기타에 관하여 상세히 설명한 명세서에 의하여 계약이 체결되는데, 이것을 명세서 매매라고 한다. 복잡한 기계나 도구, 선박이나 항공기나 차량과 같은 거대한 구조물은 견본이나 brand로 품질을 결정할 수 없으므로 그 명세를 기재한 명세서(specifications)를 작성하여 그것으로 품질을 규정하여야 한다.

(4) 상표 매매

생산업자의 상표(trade mark)또는 브랜드(brand)가 국제시장에서 널리 알려져 있는 경우에는 그 상표 또는 브랜드에 의하여 거래가 이루어지는데, 이것을 상표매매(sale by trade mark or brand) 또는 설명매매(sale by description)라고 한다. 이러한 매매에 있어서는 견본을 사용할 필요가 없고, 다만 상표 또는 브랜드에 의하여 매매계약이 체결된다. 세계적으로 유명한 상품은 높은 수준의 품질을 자랑하고 있으므로 매매계약상에도 고품질보증의 역할을 하고 있다. Parker, Coca cola 등이 이에 해당된다.

2) 품질의 결정시기

외국무역에 있어서 상품은 원거리의 수입지까지 수송되어야하므로, 상품의 종류에 따라서는 수출지에서 적재할 때와 양륙할 때에 그 품질에 차이가 생긴다. 이러한 종류의 상품의 경우, 적재시의 품질을 기준으로 하는 선적품질조건(shipped quality terms)으로 하느냐 또는 양륙시의 품질을 기준으로 하는 양륙품질 조건(landed quality terms)으로 하느냐가 문제가 된다. 이 문제로 인하여 분쟁이 일어나기 쉬우므로 분쟁을 미연에 방지하도록 품질결정시기에 관하여 사전에 협약할 필요가 있다.

3) 품질의 증명방법

계약상품의 품질의 증명방법에 관해서는 협정서에 명시할 필요가 있다. 계약상품이 선적 혹은 도착 시에 계약상의 품질과 동일하다는 것을 입증하기 위하여 입증의 책임을 가진 당사자는 특정의 품질검사기관의 검사, 증명을 받아야 한다. 이런 종류의 품질검사기관을 서베이어(surveyor)라고 하고 수출입품목에 관한 각종 사항의 검사·감정·보고·증명을 전문업으로 하고 있다. Lloyd 조합의 Lloyd's Agent 및 Lloyd's Surveyor는 가장 신용이 있으며, 여기서 작성하는 Surveyor 자료는 국제적으로 신뢰를 받고 있다.

4.2 수량조건

매매수량에 관한 조건은 기타 네 가지의 조건 즉 품질, 가격, 선적, 결제 등의 조건의 경우와 비교하여 내용적으로 그다지 어려운 문제가 없어, 충분히 협의하지 않고 거래를 하는 경우가 많다. 그러나 무역의 분쟁을 원인별로 검토하여 보면, 수량조건의 불분명에 기인한 분쟁도 적지 않으므로 계약 이행 상 문제가 되기 쉬운 점, 오해를 초래하기 쉬운 점에 대해서는 무역계약서에 명시할 필요가 있다.

1) 수량단위

무역상품의 수량단위 중에는 중량(weight), 용적(measurement), 개수(piece, dozen), 포장단위(case, bag, bale), 길이(length) 등이 있는데, 무역상품의 수량 단위 중에서 가장 문제가 되는 것은 주로 중량에 관한 것이다. 중량을 표시하는 단위에는 ton, lb, kg 등의 종류가 있는데, 이중 ton의 경우는 Long ton, short ton, metric ton의 구별을 명시하는 것이 필요하다. 동일한 ton에서도 각각 양적으로 다르다. 또한 중량을 계량하는 방법에는 포장한 그대로의 중량을 매매 중량으로 인정총중량조건(gross weight terms)과 포장중량을 공제한 순중량조건(net weight terms) 두 가지가 있다.

> **TIP 중량의 단위**
>
> - 영국식 : L/T(Long Ton) = 1,016kg = 2,240lb
> - 미국식 : S/T(Short Ton) = 907kg = 2,000lb
> - 프랑스 및 대륙식 : M/T(Metric Ton) = 1,000kg = 2,204lb
> - 1 lb(libra : pound) = 453.6g

2) 수량 결정의 시기

무역상품의 수량을 결정하는 조건에 있어서는 전술한 품질조건과 겸용하여 그 계약 수량을 선적시의 수량에 의하여 결정하느냐 또는 양륙시의 수량에 의하여 결정하느냐에 따라, 선적수량조건(shipped weight terms)과 양륙수량조건(landed weight terms)의 두 가지가 있다.

3) 과부족 인용조건

장거리 수송 및 대량수송의 무역품에서는 그 선적중량 및 양륙중량을 계약상의 수량과 일치시키기 곤란한 경우가 적지 않다. 이와 같은 경우에 있어서는 어느 정도의 수량의 과부족(surplus or deficiency)은 클레임의 문제로 삼지 않는다는 조건을 상호간에 약정하는데, 이 조건을 과부족 인용조건(more or less 조항)이라고 한다. 대량의 광산물, 곡류, 석탄 등을 산적하여 수출하는 경우에는 그 계약수량을 과부족 없이 정량대로 외국 매수인에게 인도한다는 것은 곤란하여, 이와 같은 상품에 대해서는 계약수량보다 약간의 과부족이 발생하더라도 계약한도의 비율 이내면 매수인은 이것을 분쟁으로 삼지 않는다는 것을 약정한다. 이것을 more or less 조항라고 하고, 계약수량의 5%까지의 증감이 허용되면 "5% more or less"로 특약한다. 계약시 그 수량 앞에 about, approximately 또는 circa등의 문자를 붙이는 경우가 적지 않다. 이러한 경우, 1993년 개정된 신용장 통일규칙(uniform customs and practice for documentary credits) 제 39 조 a항에서 언급된 금액 또는 수량 또는 단가보다 상하 10%를 초과하지 아니한 과부족을 허용하는 것으로 해석해야 한다고 규정하고 있다. 그리고 1993년 개정된 신용장통일규칙에서는 이와 같은 more or less 조항의 특약이 없어도 신용장에서 특별히 이러한 과부족을 금지하는 명시가 없는 한 선적화물의 5%까지의 과부족을 허용한다고 규정하고 있다.

4) 최소 인수 가능수량과 최대 인수 가능수량

1회당 주문수량이 적은 경우에는 생산비가 비싸지고 또한 해상 및 육상운임도 최저운임이 적용되어 비싼 운임을 지급하게 되어 매도인으로서는 얘기하지 않은 손실을 입는 수가 있다. 1회당 주문수량의 최소한을 최소 인수 가능수량(minimum quantity acceptable)으로서 사전에 약정해야 한다. 특정시기 또는 특정상품에 있어서는 계절에 따른 수요 및 공급의 변동이 심해 대량의 수량을 한 번에 공급하기가 어려운 경우도 있다. 이밖에도 공장설비나 생산능력의 한계, 또는 자원의 고갈 등의 경우에는 주문에 응할 수 없는 경우도 생기므로, 인수할 수 있는 최대 인수 가능수량에 대해서 약정할 필요가 있다. 특히 대량생산이 불가능한 수공예품 등의 경우에는 최대인수가능수량을 명시하여 그 범위 내에서 거래하도록 해야 한다. 또 선적시기의 관계도 충분히 고려하여야 한다.

4.3 가격조건

매매계약을 구성하는 여섯 개의 요소는 상호의존하고 밀접 불가분의 관계를 맺고 있는데, 이중에서도 특히 가격조건이 핵심적인 역할을 하고 있다. 가격조건에 관한 문제점은, i) 매매계약의 산정은 어떻게 하느냐, ii) 어느 국가의 통화로 이 매매가격을 표시하느냐, 즉 거래하느냐 하는 것이다. 일반적으로 가격용어는 FOB 및 CIF 등과 같은 무역조건인 정형거래조건으로 표시되며, INCOTERMS 2010에 공표하고 있는 11가지의 정형거래조건을 이용한다. 그리고 가격은 단위수량상의 단가와 총금액을 기재한다.

4.4 운송조건

물품매매에 있어서 계약상품의 인도에 대하여서는 언제, 어디서, 어떤 방법으로 인도하는가, 즉 인도의 시기, 장소 및 방법 등을 협의하여야 한다, 그러나 계약상품의 인도장소는 앞에서 말한 바와 같이 가격조건에서 약정되는 것이며, 또한 인도의 방법은 그것이 대금결제와 밀접한 관계를 맺고 있으므로, 결제조건에서 결정되는 것이 통례이다. 따라서 물품매매에 있어서는 주로 인도의 시기를 협약하게 된다. 운송조건에서의 운송시기는 운송일로 확정하기 보다는 운송기간을 제시하는 것이 보통이다.

운송조건에서의 shipment의 의미는 운송기간의 뜻으로 해석되며, shipment가 선적의 의미로 쓰일 때도 있으므로 주의하여야 한다.

1) 운송시기

(1) 단월조건

May Shipment (5월에), Shipment During June (6월에)

(2) 연월조건

May-June Shipment (5월에서 6월 사이에)

(3) 특정기일 전후

May 15 on or about (5월 10부터 20일 사이에)

2) 분할운송과 환적운송

분할운송 및 환적운송을 신용장에서 금지하지 않은 경우에는 원칙적으로 허용됩니다. 그러나 1회의 주문에 여러 색상이 혼합 되어 있거나 크기별로 한 묶음으로 주문된 경우 등에는 금지되는 것이 일반이며, 깨어지기 쉬운 물품이나 귀중품 등은 환적운송이 곤란하다.

(1) 분할운송

거액거래이거나 수입자의 판매계획 또는 상황에 따라 주문된 수량을 나누어 운송하는 조건을 말한다.

(2) 환적운송

환적운송은 운송 도중 한 운송수단 또는 선박에서 다른 운송수단이나 선박으로 이송 또는 재적재하는 것을 말한다.

4.5 결제조건

1) 선불(payment in advance)

물품의 주문과 동시에 대금 전부를 지불하는 조건으로 이 조건은 견품대금 등 소액거래나 희귀상품구매에 사용되는 조건이다.

2) 후불(deferred payment)

장부결제(on credit or open account) : 위탁판매 수출의 형태에 많이 쓰이는 외상판매(sales on credit)로서 거래가 많은 상사들 사이에 운송시마다 대금결제를 하는 번거로움을 없애고 일정기간에 한번씩 결제를 실시하는 결제 조건.

분할지불(progressive payment) : 플랜트(plant)수출 등 중장기 연불 수출시의 조건으로 계약시, 선적시, 도착시 또는 6개월~3년 등의 중장기로 나누어 지불하는 결제 조건.

3) 환어음(무신용장)에 의한 결제방식

documentary bill of exchange : 화환어음결제방식으로 선적후 발행한 환어음에 선적서류를 첨부하여 거래은행에 매입시켜 대금을 회수하는 결제방식.

4) 신용장에 의한 결제방식

신용장에 의한 환어음결제방식으로 신용장에 의거 일람불어음(sight bill of demand draft) 또는 기한부어음(usance bill, after sight bill, time draft)을 발행하여 거래은행에 매도하는 것으로 신용장을 개설한 은행이 지급 확약을 하는 어음이며 오늘날 무역거래에서 가장 많이 사용되는 방법으로 수출상은 신용장에 의거, 송장금액에 대하여 환어음을 발행한 뒤 운송서류를 첨부하여 거래은행에서 현금을 받고 매도함으로써 수출대금을 회수하는 수출자에게 유리한 결제방식입니다.

4.6 보험조건

화물을 해외로 수송하는 데 있어서는 반드시 이 화물을 해상보험에 부보 해야만 이 화물이 운송도중에 폭풍우 또는 본선의 충돌과 같은 외적 사고에 의하여 손해를 입었을 경우 보험회사가 보상하여 준다. 그러므로 해상수송을 통한 무역매매에서는 해상보험을 담보하는 보험제도의 이용이 불가결의 조건이 되고 있다. 실제 해상보험의 보호가 없었더라면 해양무역은 오늘날과 같이 발달하지 못하였을 것이다. 그러므로 보험이 부보되지 않는 무역거래는 거의 없으며, 무역품에 대해 매도인 또는 매수인 중 어느 한 쪽이 부보하지 않으면 대외매매는 실현되지 않는다. 부보책임자가 매도인인가 또는 매수인인가는 매매조건에 따라 결정된다. FOB 계약에 있어서는 매수인이 부보하며, CIF 계약에 있어서는 매도인이 부보의 책임을 진다. 부보책임자가 그 선적화물에 대해 보험자(보험회사)와 보험계약을 체결할 때, 보험회사가 부담할 보험보상 조건을 어떻게 약정하느냐가 무역계약상의 보험조건이며 이것이 가장 중요한 문제이다. 무역에서 취급하는 보험은 해상보험 중 적하보험을 말하는 것이 보통이다.

4.7 포장조건

포장은 제품의 보호나 판매촉진의 의미를 갖으며, 내용물을 보호하는 견고성과 포장비용 자체의 절감, 운임절감 등을 고려한 경제성을 감안하여 포장조건을 결정한다.

4.8 화인

화인은 화물의 분류를 원활히 수행하고 화물의 운송 및 보관시 화물취급상의 지시, 주의를 포장에 표시하기 위하여 매수인이 매도인에게 요구한다.

4.9 불가항력

불가항력에 의하여 계약이행이 불가능하거나 지연되는 경우에 대비하여 미리 계약서상에 면책문언을 삽입하여야 한다.

4.10 클레임

계약내용에 일치하지 않음을 이유로 합리적 증빙을 갖추어 제기하는 어느 일방당사자의 불만사항에 대하여 그 처리대상, 절차 및 방법 등을 규정한 조항이다. 클레임의 제기기한을 설정해 주는 것은 실무상 필요하다. 이는 수입자의 판매부진 또는 보관상의 잘못으로 품질이 변할 때 클레임 제기를 미연에 방지할 수 있기 때문이다.

4.11 중재조항

무역매매계약에 관하여 발생하는 분쟁은 소송에 의하여 해결하기보다는 중재(arbitration)에 의하여 해결하는 편이 현실적으로 유리하고 경비도 절감되며, 신속히 해결할 수 있다.

4.12 준거법

계약의 해석에 있어서 어느 국가의 법률을 적용하느냐 하는 문제는 미리 결정하여 계약서에 밝혀 두는 것이 좋다.

위 사항을 모두 계약체결 시 당사자가 일일이 합의하면서 결정하기는 어려우며 일반적으로 중요한 사항에 대해서만 합의하여 결정하고 나머지 사항은 계약서 작성시 이면조항에 삽입하는 경우가 많다. 따라서 계약서를 우리측이 작성하는 경우에는 상대방과 합의한 중요내용과 승낙을 얻을 수 있는 범위내의 추가조항을 기재한 계약서를 2통 작성하여 서명을 한 후 2통을 모두 상대방에게 송부하고, 그 중 상대방이 서명한 계약서 1통을 수령하여 보관한다.

5. INCOTERMS(정형거래조건)

5.1 INCOTERMS의 개념

INCOTERMS는 물물매매계약에 널리 사용되는 정형거래조건을 규정하는 국제규칙(International Rules for the Interpretation of Trade Terms)을 말한다.

국제상업회의소(ICC)에서 INCOTERMS를 1936년 최초로 제정한 이래 범세계적으로 수많은 무역거래에서 줄곧 통용되고 있으며, 2020년 제8차 개정을 했다.

국제규칙은 강제성이 없으므로 계약서 등에 "INCOTERMS 2020 규정에 따른다(Trade Terms : Unless otherwise stated, the trade terms under this contract shall be governed and interpreted by the Incoterms 2020.)"라는 명시를 해야 이 규칙에 따라 해석을 할 수 있다.

5.2 NCOTERMS 2020 상의 무역거래조건

1) 공장인도조건(EXW: EX Works)

매도인(수출업자)은 지정인도장소(그 지정인도장소에 합의된 지점이 있는 경우에는 그 지점)에서 물품을 '수취용 차량에 적재하지 않은 채'로 매수인의 처분하에 둠으로써 인도해야 한다. 물품이 인도된 때로부터 물품의 멸실 또는 훼손의 모든 위험은 매수인(수입업자)이 부담한다.

매도인(수출업자)이 수취용 차량에 물품을 적재하는 동안에 발생하는 물품의 멸실 또는 훼손의 위험에 대한 규정이 없다. 매도인이 적재작업을 수행하는 동안에 발생하는 물품의 멸심 또는 훼손 위험을 누가 부담하는지 미리 합의하는 것이 바람직하고, 매도인의 영업구내에서 일어나는 적재작업 중의 위험을 매수인(수입업자)이 피하기 위해서는 FCA 규칙을 선택하는 것을 고려해야 한다.

2) 운송인인도조건(FCA: Free Carrier)

매도인(수출업자)은 물품을 지정인도장소(그 지정인도장소에 지정된 지점이 있는 경우에는 그 지점)에서 매수인(수입업자)이 지정한 운송인(또는 제3자)에게 인도하거나 그렇게 인도된 물품을 조달해야 한다. 물품이 인도된 때로부터 물품의 멸실 또는 훼손의 모든 위험은 매수인이 부담한다.

매도인(수출업자)은 매수인(수입업자)에 대하여 운송계약이나 보험계약을 체결할 의무가 없다.

3) 운송비지급인도조건(CPT: Carriage Paid to)

매도인(수출업자)은 지정인도장소(그 지정인도장소에 합의된 지점이 있는 경우에는 그 지점)에서 물품을 매도인과 운송계약[지정목적지(그 지적목적지에 합의된 지점이 있는 경우에는 그 지점)까지 물품을 운송하는 계약]을 체결한 운송인에게 교부하거나 그렇게 인도된 물품을 조달함으로써 인도해야 한다. 물품이 인도된 때로부터 물품의 멸실 또는 훼손의 모든 위험은 매수인이 부담한다

매도인(수출업자)은 운송계약과 보험계약의 체결의무가 있다. 매도인은 사용되는 운송수단에 적합한 방법으로 그리고 장소에서 운송인에게 물품의 물리적 점유을 이전함으로써 물품을 인도할 수 있다. 매도인은 인도장소(그 인도장소에서 합의된 인도지점이 있는 경우에는 그 인도지점)으로부터 지정목적지(합의가 있는 경우에는 그 지정목적지의 어느 지점)까지 물품을 운송하는 운송계약을 체결하거나 조달해야 하며, 운송계약은 매도인의 비용으로 통상적인 조건으로 체결되어야 한다.

4) 운송비 · 보험료지급인도조건(CIP: Carrier and Insurance Paid to)

매도인(수출업자)은 지정인도장소(그 지정인도장소에 합의된 지점이 있는 경우에는 그 지점)에서 물품을 매도인과 운송계약[지정목적지(그 지적목적지에 합의된 지점이 있는 경우에는 그 지점)까지 물품을 운송하는 계약]을 체결한 운송인에게 교부하거나 그렇게 인도된 물품을 조달함으로써 인도해야 한다. 물품이 인도된 때로부터 물품의 멸실 또는 훼손의 모든 위험은 매수인이 부담한다.

매도인(수출업자)은 인도지점부터 적어도 지정목적지점까지 매수인의 물품의 멸실 또는 훼손의 위험에 대하여 보험계약을 체결해야 한다. 부보조건은 협회적하약관(A)[Institute Cargo Clause(A)] 또는 이와 유사한 약관에 일치하는 부보조건으로 적하보험계약을 체결해야 한다.

5) 도착지인도조건(DAP: Delivered at Place)

매도인(수출업자)은 물품을 지정목적지(그 지정목적지에 합의된 지점이 있는 경우에는 그 지점)에 도착운송수단에 실어둔 채 '양하준비 상태(ready for unloading)'로 매수인(수입업자)의 처분하에 두거나 그렇게 인도된 물품을 조달함으로써 인도해야 한다. 물품이 인도된 때로부터 물품의 멸실 또는 훼손의 모든 위험은 매수인이 부담한다. 매도인은 물품을 지정목적지(그 지정목적

지에 합의된 지점이 있는 경우에는 그 지점)까지 가져가는데 수반되는 모든 위험을 부담한다.

매도인(수출업자)은 매수인에게 보험계약 체결의무를 부담하지 않는다. 다만, 물품을 지정목적지까지 운송하는데 발생하는 위험을 매도인이 부담하므로 매도인은 보험계약을 체결할 필요가 있다.

6) 도착지양하인도조건(DPU: Delivered at Place Unloaded)

매도인(수출업자)은 물품을 지정목적지(그 지정목적지에 합의된 지점이 있는 경우에는 그 지점)에서 '도착운송수단에서 양하 하여(unload the goods from the arriving means of transport)'매수인의 처분하에 두거나 그렇게 인도된 물품을 조달함으로써 인도해야 한다.

물품이 인도된 때로부터 물품의 멸실 또는 훼손의 모든 위험은 매수인(수입업자)이 부담하며, 매도인(수출업자)은 물품을 지정목적지까지 가져가고 그곳에서 물품을 양하 하는데 수반되는 모든 위험을 부담한다.

7) 관세지급인도조건(DDP: Delivered Duty Paid)

매도인(수출업자)은 물품을 지정목적지(그 지정목적지에 합의된 지점이 있는 경우에는 그 지점)에서 도착운송수단에 실어둔 채 '양하준비 상태(ready for unloading)'로 매수인(수입업자)의 처분하에 두거나 그렇게 인도된 물품을 조달함으로써 인도해야 한다. 물품이 인도된 때로부터 물품의 멸실 또는 훼손의 모든 위험은 매수인이 부담합니다.

매도인(수출업자)은 매수인에게 보험계약 체결의무를 부담하지는 않는다. 다만, 물품을 지정목적지까지 운송하는데 발생하는 위험을 매도인이 부담하므로 매도인은 보험계약을 체결할 필요가 있다.

8) 선측인도조건(FAS: Free Alongside Ship)

매도인(수출업자)은 물품을 지정선적항(그 지정선적항에 매수인이 표시한 인도지점이 있는 경우에는 그 인도지점)에서 매수인(수입업자)이 지정한 선박의 선측에 두거나 그렇게 인도된 물품을 조달함으로써 인도해야 한다. 물품이 인도된 때로부터 물품의 멸실 또는 훼손의 모든 위험은 매수인이 부담한다..

매도인(수출업자)은 매수인(수입업자)에 대하여 운송계약이나 보험계약을 체결할 의무가 없다.

9) 본선인도조건(FOB: Free on Board)

매도인(수출업자)은 물품을 지정선적항(그 지정선적항에 매수인이 표시한 적재지점이 있는 경우에는 그 적재지점)에서 매수인(수입업자)이 지정한 본선에 적재하거나 그렇게 인도된 물품을 조달함으로써 인도해야 한다.

물품이 인도된 때로부터 물품의 멸실 또는 훼손의 모든 위험은 매수인(수입업자)이 부담합니다. 물품의 멸실 또는 훼손의 위험은 물품이 본선에 적재된 때 이전하고, 매수인은 그 순간부터 향후의 모든 비용을 부담한다.

10) 운임포함인도조건(CFR: Cost and Freight)

매도인(수출업자)은 물품을 본선에 적재하거나 그렇게 인도된 물품을 조달함으로써 인도해야 합니다. 물품이 인도된 때로부터 물품의 멸실 또는 훼손의 모든 위험은 매수인이 부담한다.

매도인(수출업자)은 인도장소(그 인도장소에서 합의된 인도지점이 있는 경우에는 그 인도지점)으로부터 지정목적항(합의가 있는 경우에는 그 지정목적항의 어느 지점)까지 물품을 운송하는 운송계약을 체결하거나 조달해야 한다..

11) 운임·보험료포함조건(CIF: Cost, Insurance and Freight)

매도인(수출업자)은 물품을 지정선적항에서 매도인이 지정한 본선에 적재하거나 그렇게 인도된 물품을 조달함으로써 인도해야 한다. 물품이 인도된 때로부터 물품의 멸실 또는 훼손의 모든 위험은 매수인(수입업자)이 부담합니다. 물품의 멸실 또는 훼손의 모든 위험은 물품이 본선에 적재된 때 이전한다.

매도인(수출업자)은 인도장소(그 인도장소에서 합의된 인도지점이 있는 경우에는 그 인도지점)로부터 지정목적항(합의가 있는 경우에는 그 지정목적항의 어느지점)까지 물품을 운송하는 운송계약을 체결하거나 조달해야 한다.

매도인(수출업자)은 선적항부터 적어도 목적항까지 매수인의 물품의 멸실 또는 훼손

위험에 대하여 보험계약을 체결해야 하며, 협회적하약관(C)[Institute Cargo Clause(C)] 또는 이와 유사한 약관에 일치하는 부보조건으로 적하보험계약을 체결해야 한다.

5.3 NCOTERMS 2020 상의 매도인(수출업자)·매수인(수입업자)의 의무

구 분	수출통관책임	수입통관책임	위험이전·인도장소
공장인도조건(EXW)	수입업자	수입업자	지정 인도장소(수출국)
운송인인도조건(FCA)	수출업자	수입업자	지정 인도장소(수출국)
운송비지급인도조건(CPT)	수출업자	수입업자	지정 인도장소(수출국)
운송비·보험료지급인도조건(CIP)	수출업자	수입업자	지정 인도장소(수출국)
도착지인도조건(DAP)	수출업자	수입업자	지정 목적지(수입국)
도착지양하인도조건(DPU)	수출업자	수입업자	지정 목적지(수입국)
관세지급인도조건(DDP)	수출업자	수출업자	지정 목적지(수입국)
선측인도조건(FAS)	수출업자	수입업자	지정 선적항(수출국)
본선인도조건(FOB)	수출업자	수입업자	지정 선적항(수출국)
운임포함조건(CFR)	수출업자	수입업자	지정 선적항(수출국)
운임·보험료포함조건(CIF)	수출업자	수입업자	지정 선적항(수출국)

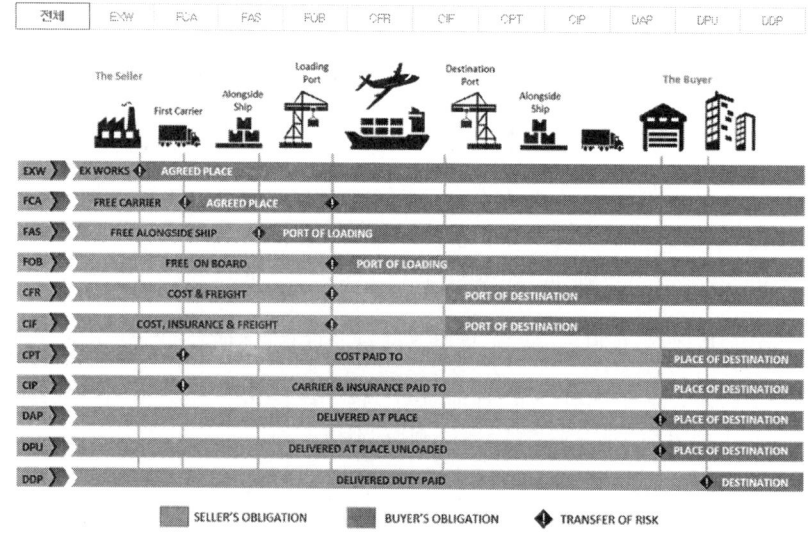

# Chapter 09

International Trade Practice

신용장의 내도

1. 신용장

1.1 신용장의 의의와 기능

1) 신용장의 의의

무역거래는 수출상은 물품을 인도하고 수입상은 대금을 지급함으로써 이행된다. 수출상은 대금회수의 불능을 염려하여 물품 인도전에 대금회수를 원하고, 수입상은 물품입수의 불능을 염려하여 물품을 입수한 후 대금을 지급하고자 할 것이다. 이러한 시차문제를 극복하기 위하여 양당사자가 믿을 수 있는 은행이 중간에 개입하여 은행 자신이 수출상에게 대금지급을 약속하고, 수입상에 대하여는 물품의 소유권을 나타내는 선적서류와 상환으로 수입대금을 지급하도록 약정한다면 모두가 안심하고 무역거래를 행할 수 있을 것이다. 이러한 기능을 수행하는 것이 신용장이며, 신용장개설은행의 수출자에 대한 조건부지급확약서이다.

신용장(Letter of Credit : L/C)을 쉽게 설명하면 다음과 같다. 거래 당사자가 서로 멀리 떨어져 있을 경우 판매자 입장에서는 물건을 먼저 보내주면 돈을 못 받을까 염려스럽고, 구매자 입장에서는 돈을 먼저 주면 물건을 못 받을까 걱정하기 마련이며, 이러한 문제를 해결하고자 비교적 신뢰성이 있는 은행을 통해 거래하는 것이 신용장방식이다. 다시 말해 신용장(국제상업회의소 규칙에 따라 정해진 문서)은 약속한 물품과 신용장에 지시된 서류를 보내면 구입자가 대금을 지급해주겠다고 표시되어 있는 문서를 말한다. 즉 대금을 무역거래 당사자가 아닌 은행이 지급하는 방식으로 실제물건과 수출 관련 서류에 하자가 없으면 은행에서 지급보증을 하고 수출자는 대금을 지급받는다. 수출자가 수출과 관련된 모든 서류(계약서, 신용장, 원산지증명서, 적하보험, 선적서류, 통관서류 등)를 제출하는 은행을 네고(Nego)은행이라고 한다. 네고은행은 해당 서류를 신용장 개설은행에게 전달하고 관련 무역대금을 지급받는다. 수입자는 대금결제방식에 따라 개설은행에게 대금을 지급해 신용장거래가 이루어진다. 신용장의 정확한 표현은 취소불능화한신용장으로 일반적으로는 취소나 양도 및 타행통지를 할 수 없으나 이런 경우에는 해외양도신용장이나 타행통지신용장을 개설해 적용할 수 있다. 이러한 신용장업무는 10여년전부터는 EDI를 적용했으며, 지금은 전자무역서비스(www.utradehub.or.kr)를 통해 간편하게 할 수 있다.

[그림 9.1] 전자무역서비스(www.utradehub.or.kr)

신용장을 사용하면 수출자에게는 개설은행의 신용으로 물품대금 지급이 약속되므로 대금회수를 보장받고 수입국의 외환사정 악화에 따른 대외지불중지 등 외화결제 위험을 피할 수 있다. 수입자에게는 신용장에서 요구한 운송서류를 정확히 제시하므로 계약물품이 제대로 선적될 것이라는 확신을 가질 수 있다. 또한 선적서류를 받음과 동시에 대금을 결제하므로 상품이 판매되는 기간 동안 대금 결제를 연기 받는 혜택도 누를 수 있다.

신용장의 역할을 구체적으로 살펴보면 다음과 같다. 첫째, 수출대금의 지급에 따른 문제를 해결할 수 있다. (선적후 신용장에 의한 선적서류 매입) 둘째, 신용에 의한 거래도 안심 (신용장 수취후 만기 그 대금 회수), 셋째, 수입자가 물품의 인수를 거절하는 경우도 문제없음 (서류제시하면 수입자 물품 인수여부에 관계없이 대금 지급) 즉 신용장은 신용장 개설의뢰인의 요청과 지시에 따라서 개설되며 신용장에서 요구하는 서류의 제시가 있고 제시된 서류가 일치하는 경우에만 개설은행이 지급을 보장한다는 증서이다. 이를 원만히 하기 위해서는 다음의 일정한 요건을 구비해야 한다. i) 은행에 의해 개설되고 당해 은행의 지급확약을 담고 있어야 한다. ii) 수입자의 요청과 지시로 개설 iii) 사용자로 하여금 자유롭게 어음을 발행하여 대금을 회수하고 이의 매입이나 지급에 응하는 거래은행에 이를 상환하고 지급할 약정을 담고 있어야 한다. iv) 신용장에서 요구하는 선적서류의 제시가 있어야 한다. 보통의 지급보증서가 무조건 인데 비하여 신용장은 서류의 제시가 있고, 제시된 서류가 신용장조건을 충족하여야 하는 두 가지를 조건으로 하는 지급보증서이다.

2) 신용장의 기능

(1) 국제무역촉진기능

수출입당사자간에 매매계약이 체결되었다 할지라도 신용장이 개설되어 있지 않는 경우에는 수출상이 계약조건대로 계약기간내에 선적할 것인지 확신을 가질 수 없다. 한편 수입상은 상품을 주문한 후 시세하락 등의 이유로 주문을 취소하거나 가격인하를 요구할 수도 있다. 이에 대해 신용장은 수출대금결제를 보장하고 상품의 수령을 확실하게 함으로써 국제무역을 촉진시키는 역할을 수행한다.

2) 금융수단의 기능

신용장에 의한 수출대금은 개설은행이 지급을 확약하고 있으므로 수출자는 내도된 신용장을 근거로 수출에 소요되는 자금을 융자받을 수 있게 된다. 또한 수출을 이행하고 나면 수입자가 대금을 지급하기 전이라도 수출자는 환어음을 발행하여 자기 거래은행에 매입 또는 할인을 의뢰함으로써 수출대금을 회수한다. 한편 수입자는 상품이 도착한 후에 대금을 지급할 수도 있고, 기한부 신용장에 의하여 수입상품의 매매후 수입대금을 결제할 수도 있어 금융상의 혜택을 볼 수도 있다.

1.2 신용장의 이점

1) 수출자의 이점

신용장에 의한 대금결제방식은 매도인인 수출상에 대해서는 다음과 같은 이점을 제공해 준다.

① 수입상의 지급불능 또는 지급거절에 의하여 대금을 회수할 수 없게 되는 신용위험을 제거하여 준다.

② 신용장에 의하여 금융상의 편익을 누리게 한다. 즉 수출상은 선적과 동시에 은행과의 화환취결을 통하여 수출대금을 회수할 수 있고, 선적 전에도 수출상품의 생산, 집화 및 가공에 필요한 금융인 수출금융의 혜택을 누릴 수 있다.

③ 취소불능신용장이 발행된 뒤에는 신용장의 취소 및 조건변경이 불가능하기 때문에 주문이 안정적으로 확보될 수 있다.

2) 수입자의 이점

매수인인 수입상에 대해서는 다음과 같은 이점을 제공해 준다.

① 신용장방식으로 수입할 경우 상업적 위험을 비교적 회피할 수 있다. 즉 계약에 일치된 약정물품을 납기일에 납품받을 수 있는 이점이 있다.

② 수출상이 신용장방식으로 수출할 경우 신용위험이 보호되기 때문에 신용장이 없는 경우보다 싼 가격으로 청약할 것이므로 보다 싼 가격으로 수입할 수 있다.

③ 서류를 인도 받으면서 개설은행으로부터 수입화물 선인도에 의한 신용을 공여 받아 물품이 도착하여 판매되는 기간 동안 대금결제의 유예를 받을 수 있다.

④ 수출상의 국내물품공급업자인 생산자에 대해서는, 수출상이 받은 신용장을 근거로 하여 내국신용장을 받을 수 있으므로 대금회수의 안전성을 확보하게 하고, 수출계약이 취소되는 등의 불안이 없기 때문에 안심하고 제조/생산에 임할 수 있게 한다.

<표 9.1> 신용장 사용의 이점

수출자	수입자
• 수입자의 신용과 관계없이 개설은행의 신용으로 물품 대금지급이 약속되므로 지급 보장이 확실함 • 신용장이 개설되면 체결된 계약을 일방적으로 취소 또는 변경할 수 없어 거래가 확정됨 • 수입국의 외환사정 악화에 따른 대외지불 중지 등 환결제 위험을 피할 수 있음 • 물품이 선적되면 수입자 소재지의 은행이 신용장을 매입하므로 즉시 수출대금 회수가 가능함	• 수출자는 대금회수를 위해 신용장에서 요구한 운송서류를 정확히 제시하므로 계약물품이 제대로 선적될 것이라는 확신을 가질 수 있음 • 신용장에는 최종선적일과 유효기간, 선적방법 등이 명시되어 있어 계약 물품이 적기에 도착할 것이라고 확신할 수 있음 • 운송서류를 받음과 동시에 대금결제를 하므로 상품이 판매되는 동안 대금결제를 연기받을 수 있음.

1.3 신용장의 종류

1) 화환신용장과 무화환신용장

(1) 화환신용장(documentary credit)

화환신용장이란 신용장 개설은행이 수출자가 발행한 환어음(draft)에 신용장조건과 일치하는 선하증권, 보험증권, 상업송장, 포장명세서, 원산지증명서 등을 첨부할 것을 조건으로 하여 지급·인수·매입할 것을 확약하는 신용장을 말하며, 국제물품매매와 관련한 대부분의 신용장이 여기에 속한다. 은행은 이러한 서류를 소지하게 됨으로써 물품에 대한 담보권을 가지게 되므로 안심하고 어음에 대하여 지급, 인수 또는 매입할 수 있게 된다. 이 때 권리증권으로서의 선하증권은 유통증권(negotiable instrument) 형식으로 발행되어야만 담보물로서 효력을 가지게 된다.

(2) 무화환신용장(clean credit)

무화환신용장이란 운송서류의 제시 없이도 대금지급을 확약하는 신용장으로 여행자신용장, 입찰보증, 계약이행보증, 은행의 지급보증서, 보증신용장 등이 여기에 속한다. 또한 운임, 보험료, 수수료 등 무역외거래에 대한 지급 확약시에도 사용된다.

2) 취소가능신용장과 취소불능신용장

(1) 취소가능신용장(revocable credit)

최소가능신용장은 취소불능신용장과는 달리 개설은행과 수출자 사이에 법률적 구속력이 있는 약정은 아니다. 따라서 개설은행이 원칙적으로 사전에 언제든지 일방적으로 취소 또는 변경할 수 있는 신용장이다. 그러나 선의의 통지은행이 신용장의 취소 또는 조건변경에 대한 통지를 개설은행으로부터 받기 전에 신용장의 조건대로 어음을 지급, 인수 또는 매입을 행한 경우에는 개설은행은 이에 대한 상환책임을 부담하여야 한다. 취소불능신용장과 취소가능신용장을 비교하여 볼 때, 신용장의 기본적인 기능과 본질적인 면에서, 개설은행의 지급보증이 명시되어 있지 않고 언제든지 일방적으로 취소 또는 조건 변경할 수 있는 취소가능신용장은 신용장의 본래의 기능을 충분히 기대할 수 없다. 따라서 취소가능신용장에 의한 수출이 한국의 외환관리법상 정상결제방법이 아닌 이유로 수출자에게 아주 불리한 신용장으로 잘못 인식되어 있으나, 사실은 취소가능신용장도 수입상과 수출상간의 매매계약에 기초한 것으로 불리하다면 계약 자체가 이루어지지 않았을 것이다. 단 계약의 성질상 농산물이나 광산물의 선물매매 등에 유용하게 활용될 수 있다.

(2) 취소불능신용장(irrevocable credit)

취소불능신용장이란 신용장개설(또는 발행)은행이 일단 신용장을 개설하여 수출자에게 통지하게 되면 신용장 유효기간 내에는 개설은행이나 확인은행이 개입할 경우에는 확인은행 및 수출자 전원이 합의 없이는 취소하거나 조건 변경을 할 수 없는 신용장을 말한다.

3) 양도가능신용장과 양도불능신용장

신용장에 Transferable이라는 표시가 되어 있으면 수출자가 제3자에게 신용장의 전부 또는 일부를 양도할 수 있도록 허용하고 있는 신용장이다. 반면 신용장상에 Transferable이란 문언이 없는 모든 신용장은 양도가 허용되지 않는 신용장으로, 지정된 수익자만이 그 신용장을 사용할 권리를 가진다. 양도가능신용장(Transferable L/C)은 신용장에 별도의 명시가 없는 한 동일국내 또는 타국으로도 양도할 수 있는데, 양도는 1회에 한하며 분할선적이 허용되는 경우 분할양도가 가능하다.

4) 확인신용장과 미확인신용장

확인신용장(confirmed credit)이란 개설은행 이외의 제3의 은행이 수출자가 발행하는 어음의 지급·인수·매입을 확약하고 있는 신용장을 말한다. 확인은행으로는 보통 수출자가 소재하고 있는 지역의 개설은행의 예치환거래은행(depositary correspondent bank)을 정하게 된다. 확인은행의 확인(confirmation)은 발행은행과는 별개의 독립된 것으로 수익자의 입장에서는 개설은행과 확인은행으로 부터 이중으로 결제에 대한 확약을 받는 셈이 되지만 확인은행이 연대보증인이라고는 할 수 없다.

5) 일람불신용장과 기한부신용장

일람불신용장(sight credit)이란 신용장에 의하여 발행되는 어음이 지급인(drawee)에게 제시 되면 즉시 지급되어야 하는 일람불어음(sight draft)을 발행할 수 있는 신용장을 말한다. 기한부신용장(usance credit)이란 신용장에 의해 발행되는 어음이 지급인에게 제시된 후 일정 기간이 경과한 후에 지급받을 수 있도록 어음지급기일이 특정기일로 된 기한부어음(usance draft)을 발행할 수 있는 신용장을 말한다.

6) 내국신용장

내국신용장(Local L/C)이란 외국으로부터 수출신용장(master L/C)을 받은 수출자가 국내 생산업자나 원자재공급업자로부터 물품을 공급받고자 할 때 국내공급업자 앞으로 발행해 주는 신용장이다. 물품대금을 현금이나 어음 등으로 지불하는 대신 신용장을 발행함으로써 쌍방이 안전과 금융상의 편리를 도모하고 권리/의무를 부담하자는 것이다. 내국신용장은 수출자(master L/C의 수령자)가 개설 의뢰인이 되고 국내의 은행이 개설은행이며, 물품의 공급업자가 수익자가 된다. 신용장의 형식이나 문언의 해석은 일반 신용장에 준하고 있다.

2. 신용장 내도

2.1 신용장거래의 과정

신용장거래방식에 의한 국제무역거래에 있어 수입자를 주체로 한 정상적인 경우의 절차는 다음과 같다.

1) 국내의 수입자가 외국의 수출자와 매매계약을 체결하고 물품매도확약서를 받는다.
2) 수입자는 외국환은행에 수입승인을 신청하여 수입승인서(I/L)를 받는다.
3) 수입자는 거래은행 신용장거래약정을 체결한 후 수입신용장개설을 의뢰 한다.
4) 수입신용장(L/C)개설을 의뢰받은 외국환은행은 L/C를 발행하여 수출자가 소재하고 있는 외국의 통지은행에 L/C도착을 통지한다.
5) 통지은행은 수출자에게 L/C 도착을 통지한다.
6) ~ 9) L/C를 받은 수출자는 상품을 선적한 후 선하증권을 취득하고 보험증권, 상업송장 등 L/C에서 요구하는 서류를 구비하여 매입은행에 회환어음 매입을 의뢰한다.
10) 매입은행은 운송서류와 교환하여 수출자에게 환어음대금을 지급한다.
11) 매입은행은 수출자에게 지급한 어음대금을 결제받기 위해 L/C개설은행에 어음 및 운송서류를 송부한다.
12) 매입은행은 어음대금을 개설은행 또는 상환은행에 상환청구한다.
13) 개설은행은 매입은행으로부터 운송서류가 도착하면 수입자에게 운송서류 도착통지를 한다.
14) 개설은행은 수입자가 수입대금을 결제하면 운송서류를 인도한다.
15) 선박회사는 화물이 도착하면 수입자에게 화물도착 통지를 한다.
16) 화물도착 통지를 받은 수입자는 선박회사에 B/L을 제시하고 화물을 인도 받는다.

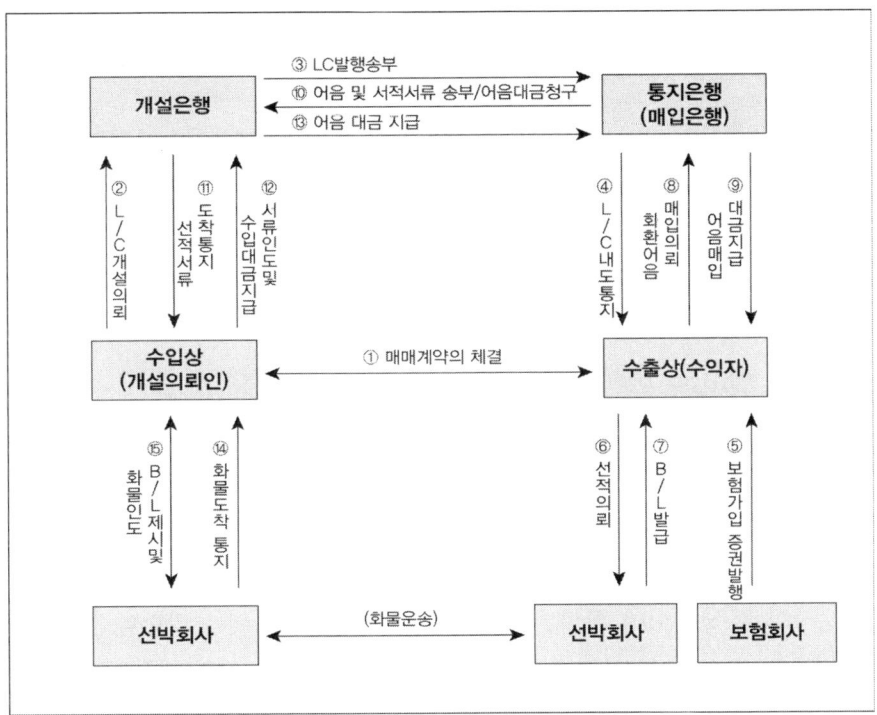

2.2 신용장의 개설

1) 개설의뢰

　신용장을 개설하기 위해서는 수입 자격을 가진 수입자가 수입승인을 얻은 후 일정한 기간내에 상업신용장 약정서·수입신용장개설신청서·수입승인서·물품매도확약서를 구비하여 외국환은행에 신용장 개설신청을 하면 된다. 이와 같이 개설의뢰인이 신용장개설신청서와 상업신용장약정서(신청서의 배면에 기재)를 은행에 제출하고 소정의 수수료와 개설에 대한 현금담보로서의 수입보증금을 은행에 납부하면 은행은 신용장을 발행하여 수출국의 통지은행을 통하여 신용장의 수익자(수출자)에게 전달하게 된다.

2) 개설방법

　신용장의 개설방법으로서는 전신(cable : full cable, short cable)과 우편(mail)의 2가지가 있는데 전신은 신속한 반면에 비용이 많이 들고, 우편은 비용이 적게 드는 반면에 늦다는 장·단점이 각각 있으므로 이를 감안하여 상황에 따라서 가장 적합한 방법을 택해야 한다.

전신 L/C 의 경우 "details to follow"「상세한 것은 후편」에 또는 사전 통보용으로 하여 "confirmation follows" 등의 내용이 있는 경우 화환 취결시(Nego시) 신용장 원본이 제출되어야 한다. 이런 문언이 없는 경우 또는 This is Operative Instrument(이것이 유효한 증서이다), No Confirmation Follows(아무런 확인이 요하지 않음) 등의 문언이 있는 경우 전신 L/C가 신용장 원본으로 간주된다. 최근엔 SWIFT 시스템을 이용한 EDI 방식의 L/C가 많이 사용되는 추세이다.

3) 신용장의 조건변경 및 취소

신용장의 조건변경이란 이미 개설된 신용장에 의거 상거래를 진행하는 도중에 그 신용장의 조건을 다른 조건으로 변경하고자 할 때 그 원신용장의 내용을 수정 변경하는 것을 말하며 신용장의 취소란 이미 개설된 신용장을 무효화시키는 것을 말한다. 신용장의 조건변경이나 취소는 취소불능신용장의 경우 신용장 관계당사자 전원(개설의뢰인·개설은행·수익자)의 동의가 없이는 불가능하다.

신용장의 조건을 변경할 때도 수정된 오퍼를 첨부하여 수입허가사항변경허가를 받고 (수입허가사항의 변경이 있을 때) 신용장조건변경의뢰서를 제출한다. 그리하여 개설은행이 이를 승낙, 통지은행을 통하여 신용장의 수익자(수출자)에게 통지하고 수익자가 그 조건변경을 통지해온 은행에게 조건변경을 승낙한다는 통지를 할 때 신용장 변경은 유효해진다. 그 이전까지는 원신용장이 계속 효력을 유지하게 되는 것이다. 신용장 조건변경은 주로 기한연장, 금액의 증감, 환적 또는 분할선적허용, 선적항 또는 도착항의 변경 등이다.

4) 신용장의 확인/양도

신용장의 확인은 개설은행이 지급을 확약하고 있는 취소불능신용장에 대하여 제3의 은행이 지급/인수를 확약하고 환어음의 발행인에 대하여 어음매입대금의 상환청구 없이 매입을 확약하는 것이다. 개설의뢰인이 확인을 요청할 때는 special instruction 안에 "please advise the beneficiary, adding you confirmation."이라고 써 넣으면 된다. 확인 요청시에는 수입담보금의 5%를 추가 적립하도록 규정하고 있다. 신용장의 양도는 신용장면에 어음 발행권항(Nego 권한)을 타인에게 양도하는 것을 인정하는 뜻(This Credit is Transferable)이 기재되어 있는 경우에 가능하며 이 경우 특히 다른 명시가 없는 한, 외국에 있는 자에게 양도도 가능하다. 이러한 양도허용의 문언은 개설의뢰인(수입자)의 요구가 있는 경우에 한하여 기재된다.

신용장의 양도는 원칙적으로 원신용장과 동일조건이어야 하는데, 원수익자가(first beneficiary)로부터 의뢰가 있는 때에는 단가, 유효기간 및 선적기한을 줄여서 양도해도 좋다. 그러나 여기에서 주의할 것은 양도의 회수로서 Transferable L/C라 하더라도 계속해서 양도하는 것은 상대방을 신뢰하고 작성된 매매계약의 본 취지에 어긋나므로 신용장통일규칙에서는 일회에 한하여 양도를 인정해 주고 있다. 즉 피양도인(second beneficiary ; 제2수익자)이 다시 타인에 양도하는 것은 불가능하다. 단, 일회에 한한다고 하는 것은 분할양도와는 별개의 문제로서, 특히 금지되어져 있는 않는 한 전부를 1인(full transfer)에게 혹은 여러 사람에게 분할하여 양도해도 좋으며, 또 일부만 양도하고(partial transfer ; 일부양도) 나머지를 자신이 사용해도 좋다. 분할양도는 분할 선적이 인정되는 경우에 한하여 허용된다. 만약 L/C에 분할선적금지(Partial shipments are prohibited)라는 뜻이 기재되어 있을 때에는 분할양도는 인정되지 않는다.

2.2 신용장거래의 당사자

1) 개설신청인

매매계약에서 규정한 조건에 따라 신용장의 개설을 자기의 거래은행에 신청하는 수입자, 화물의 실질적인 수하인이 되고, 환어음의 최종 결제인이 된다. 따라서 그 기능과 보는 각도에 따라 다음과 같이 여러 가지로 불리고 있다.

- 신용장개설의뢰인(applicant)
- 수입자(importer)
- 개설인(opener)
- 매수인(buyer)
- 대금결제인(accountee)
- 환어음지급인(drawee)
- 수하인(consignee)

2) 개설은행(issuing bank, opening bank)

신용장을 개설하는 은행으로서 개설의뢰인의 신청을 받아 자신의 신용을 서류로 작성하여 수익자에게 교부하는 은행이다.

3) 수익자(beneficiary)

개설은행으로부터 신용장을 수취하여 이에 요구된 제조건을 일치시키고 서류를 제시함으로써 대금의 결제를 받게 되는 수출자이다. 수익자도 그 기능과 보는 각도에 따라 다음과 같이 여러 가지로 불리고 있다.

- 수익자(beneficiary)
- 수출자(exporter)
- 도매인(seller)
- 대금영수인(payee)
- 환어음발행인(drawer)
- 선적인(shipper or consignor)

4) 통지은행(advising bank, notifying bank)

신용장의 개설은행은 대부분의 경우 신용장의 개설 및 그 내용을 수익자의 소재지에 있는 자기의 본점·지점 또는 환거래은행(correspondent bank)을 경유하여 통지하는데, 이러한 통지역할을 하는 은행이다.

5) 확인은행(confirming bank)

신용장개설은행 이외에 제3의 은행이 독자적으로 그 신용장에 의해서 발행되는 어음을 지급·인수·매입하겠다는 약속을 추가하거나 개설은행이 그 어음을 지급·인수·매입할 것이라는 보증을 하는 경우 이를 신용장의 확인이라 하고 이 확인을 행한 은행을 확인은행이라 한다.

6) 지급은행(paying bank)

개설은행과 예치환거래계약을 체결하여 자행에 개설은행명의의 예금계정을 설치하여 두고 신용장의 조건과 일치되는 서류가 제시될 때 또는 그러한 서류가 첨부된 환어음이 자행을 지급인으로 하여 제시될 때 개설은행의 예금계정에서 차감하면서 지급을 이행하는 은행을 말한다.

7) 인수은행(accepting bank)

신용장의 조건과 일치되는 서류와 첨부된 기한부 환어음이 제시될 때 그 어음의 인수를 하였다가 만기일에 가서 지급을 이행할 의무를 지게 되는 은행을 말한다. 연지급신용장의 개설은행은 항상 인수은행이 된다.

8) 매입은행(negotiating bank)

신용장의 조건과 일치되는 서류와 첨부된 환어음이 제시될 때 개설은행에 의한 최종지급일까지의 이자 및 수수료를 공제하고 할인하여 대전을 미리 융통하여 주는 은행을 말한다.

9) 상환은행(reimbursing bank, settling bank)

개설은행은 자행의 본점지점 또는 타은행에 예금계좌를 설치해 두고 매입은행으로부터 자행이 개설한 신용장에 의거 발행된 환어음의 매입대전에 대한 상환요청이 오면 자행의 예금계정을 차기(debit)하여 상환을 이행하도록 신용장개설 시점에서 타은행에 수권 또는 위임을 하게 되는데, 이러한 수권 또는 위임을 받아 상환업무를 대행해 주는 은행을 말한다.

T/P 신용장의 유효기일(validity)

모든 신용장(취소가능 또는 취소불능)에는 선적을 위한 최종기일이 명시되어 있을지라도 지급·인수 또는 매입을 위하여 서류를 제시하여야 할 최종기일이 명시되어야 한다. 만일 'to', 'until', 'till'과 같은 표현이 선적기일이나 신용장 유효기일을 지정할 때 사용되면 그 지정된 날까지도 포함하는 것으로 간주한다.

유효기일의 일자는 어음 매입이나 지급을 위하여 서류를 은행에 제시할 수 있는 최종 기일을 뜻하는 것이지 은행에서 어음 매입이나 지급을 완료하여야 하는 최종 일자를 뜻하는 것은 아니다. 그러므로 만기 되는 날 은행 마감 시간 전에만 어음과 선적서류를 제시하면 되고, 제시를 받은 은행은 그 다음 날 은행 영업시간에 지급할 수 있다. 만일 신용장의 유효기간이 공휴일에 만료가 되면 그 다음 날까지 연장된다. 그러나 이런 사유로 연장된 날에 지급된 어음이나 서류에는 "통일규칙 제44조 a항 규정에 의하여 연장된 기한내에 제시되었음"이라는 문언의 은행증명을 부기하여야 한다. 그러나 은행은 특별히 권한이 부여되어 있지 않는 한, 동맹파업·직장폐쇄·반란·소요·내란·전쟁·천재지변 기타 불가항력으로 인한 업무 중단 중에 유효기간이 경과한 신용장에 대하여는 그 기간 경과 후에는 지급·인수 또는 매입을 하지 아니한다.

TIP 은행에 가서 신용장 개설하기

매매계약서의 승낙에 의해 무역계약이 체결되었으면 수입자는 신용장을 개설해야 한다. 먼저 은행에 가서 신용장 개설신청서 양식을 찾아 외환계에 가서 받는다. 은행거래 방법부터 살펴보기로 하자.

i) 신용장개설을 하기 전에 먼저 은행과 신용장 개설 한도 약정을 맺어야 한다.

ii) 신용장이라는 것은 간단히 말하면 개설은행이 수출자에게 신용장에서 요구한 서류대로 환어음을 발행해 개설은행을 지급은행으로 지정하고, 신용장의 요구 조건대로 서류만 보내오면 반드시 대금을 지급해주겠다는 지급확약의 의미이다. 개설은행이 조건없이 개설해줄 리가 없다.

iii) 먼저 은행과 신용장 개설 한도계약을 해야 하는데, 이때는 부동산이나 예금으로 담보가 있어야 한다. 그렇지 않으면 약정이 어렵다. 하지만 우리나라의 외국계 은행의 경우는 개설금액의 일정비율의 현금을 담보금으로 내면 개설해주기도 한다. 한도약정으로 일단 일정금액을 정해놓고, 예를 10만 달러를 한도금액으로 약정을 했다고 가정하고 1차로 7만 달러를 신용장 개설했다면 남은 한도는 3만 달러가 된다. 다시 2차로 7만 달러를 또 개설하려면 한도가 3만 달러밖에 남지 않아 추가로 담보금을 내든지 아니면 1차로 개설한 7만 달러를 결제하고 나서 한도가 다시 살아나면 개설하는 수 밖에 없다. 한도를 관리하면서 운영해야 하므로 지속적으로 수입하는 경우라면 적당한 금액을 한도로 정해 약정을 해야 한다. 하지만 더 중요한 것은 담보능력의 문제이다.

iv) 은행에서는 최근 몇 년간의 경영실적까지도 요구하므로 실적이 좋을수록 예상 한도금액도 높아진다. 그래서 담보를 제출하고 5만달러로 약정을 했다. 외국산 부품은 평균적으로 한 달에 1만 5천 달러 이내이고, 납기가 한 달 반 정도이므로 겹쳐서 2번 개설해도 3만 달러는 넘지 않을 것이고, 실적이 좋아져 3번까지 개설 할 수 있는 여유를 두었다. 물론 담보가 있어 가능했던 것이다.

v) 이제 신용장 개설한도 약정(정확한 명칭은 아니고 은행마다 약간 상이함)을 맺고 신용장을 개설했다.

vi) 신용장 개설수수료와 내용은 통지은행을 통해 생산업체(수출자에게 알려주는 데 들어가는 통신비까지도 수수료로 받는다. 개설수수료는 3개월 단위로 받는 곳도 있고 1개월 단위로 받는 곳도 있으므로 날짜관리를 잘해야 한다. 계약시 지정한 선적일자보다 일주일 정도 여유를 두어 계산하면 된다. 마지막으로 생산업체에서 개설된 내용을 팩스로 보냈다. 이렇게 하는 이유는 생산업체도 개설된 내용을 친절하게 빨리 알려줘야 제품을 생산할 수 있기 때문이다. 이것은 비즈니스의 기본이다.

취소불능화환신용장발행신청서
(APPLICATION FOR IRREVOCABLE DOCUMENTARY CREDIT)
(Reopen 구분 : □ 1차발행   □ 2차발행)

To : WOORI BANK   1. DATE :

※ Advising Bank :   (BIC CODE :)
※ 2. Credit No. :   용도구분 :   (예시 : NS,ES,NU등)
3. Applicant :
4. Beneficiary :

5. Amount :   통화   금액   (Tolerance :   /   )
6. Expiry Date :   7. Latest date of shipment :
8. Tenor of Draft   □At Sight (□Reimburse   □Remittance)
                         □Usance   days

9. For   % of the invoice value (Usance L/C only : □ Banker's   □ Shipper's   □ Domestic)

DOCUMENTS REQUIRED (46A :)
10. □   Full set of clean on board ocean bills of lading made out to the order of WOORI BANK mal
          "Freight_____ and notify (□Accountee, □Other : _____
          Air Waybills consigned to WOORI BANK marked "Freight _____ and "notify Accountee"
11. □   Insurance Policy or certificate in duplicate endorsed in blank for 110% of the invoice value, stipulating that claims are payble in
          the currency of the draft and also indicating a claim setting agent in Korea. Insurance must include :
          the institute Cargo Clause _____
12. □   Signed commercial invoice in_____   13. □ Certificate of analysis in_____
14. □   Packing list in_____   15. □ Certificate of weight in_____
16. □   Certificate of origirn in   issued by
17. □   Inspection certificate in   issued by
18. □   Other documents(if any)

19. Description of goods and/or services(45A :)   (Price Term   )

Commodity Description	Quantity	Unit Price	Amount
(H.S CODE :)			
Country of Origin		Total	

20. Shipment From :   Shipment To :
21. Partial Shipment :   □Allowed   □Prohibited   22. Transhipment :   □Allowed   □Prohibited
23. Confirmation :   □
    Confirmation charges : □Beneficiary,   □Applicant
24. Transfer :   □Allowed(Transferring Bank :   )
25. Documents must be presented within   days after the date of shipment of B/L or other transportation documents.

Additional Conditions(47A :)
  □   All banking charges(including postage, advising and payment commission, negotiation and reimbursement commission)
      outside Korea are for account of   □Beneficiary   □Applicant
  □   Stale B/L AWB acceptable   □Charter Party B/L is acceptable   □Third party B/L acceptable
  □   Third party document acceptable   □Combined shipment B/L is acceptable
  □   T/T Reimbursement :   □Allowed   □Prohibited
  □   Bils of lading should be issued by _____
  □   (House) Air Waybills should be issued by _____
  □   (   ) % More or less in quantity and amount to be acceptable
  □   The number of this credit must be indicated in all documents
  □   Other conditions :

※ Drawee Bank (42A) :
※ Reimbursement Bank(53A) :

Except so far as otherwise expressly stated, This Documentary credit is subject to the Uniform Customs and Practice for Documentary Credits (1993 Revision)
International Chamber of Commerce Publication No. 500

위와같이 신용장 발행을 신청함에 있어서 따로 제출한 외국환거래약정서의 해당 조항을 따를 것을 확약하며, 아울러 위 수입물품에 관한 모든 권리를 귀행
에 양도하겠습니다.

주   소
신 청 인   (인)

인감 및
원본확인

수입(4040031, 210×297) 수입신용장발행신청서 NCR지 2매 1조(2002. 11개정)
상기 □는 선택(V) 표시를 위한 매크로 기능 추가

Bill of Lading

Shipper/Exporter ABC TRADING CO. LTD. 1. PIL-DONG, JUNG-KU, SEOUL, KOREA	B/L No. ; But 1004
Consignee TO ORDER OF XYZ BANK	
Notify Party ABC IMPORT CORP. P.O.BOX 1, BOSTON, USA	

Pre-Carrage by	Place of Receipt BUSAN, KOREA	
Ocean Vessel WONIS JIN	Voyage No. 1234E	Flag

Port of Loading	Port of Discharge	Place of Delivery	Final Destination(For the Merchant Ref.)
BUSAN, KOREA	BOSTON, USA	BOSTON, USA	BOSTON, USA

Container No. No	Seal No. Marks &	No. & Kinds of Containers or Packages	Description of Goods	Gross Weight	Measurement
ISCU1104		1 CNTR	LIGHT BULBS (64,000 PCS)	4,631 KGS	58,000 CBM
Total No. of Containers or Packages(in words)					

Freight and Charges	Revenue tons	Rate	Per	Prepaid	Collect

Freight prepaid at	Freight payable at	Place and Date of Issue May 21, 2007, Seoul Signature
Total prepaid in	No. of original B/L	
Laden on board vessel Date Signature May 21, 2011		ABC Shipping Co. Ltd. as agent for a carrier, zzz Liner Ltd.

COMMERCIAL INVOICE

Shipper/Seller KRGILTRA159SEO GILDING TRADING CO., LTD. 159, SAMSUNG-DONG, KANGNAM-KU, SEOUL, KOREA	Invoice No. and date 8905 BK 1007 MAY. 20. 2011
	L/C No. and date 55352 APR. 25. 2011
Consignee MONARCH PRODUCTS CO., LTD. 5200 ANTHONY WAVUE DR. DETROIT, MICHIGAN 48203 U. S. A	Buyer(if other than consignee) MONARCH PRODUCTS CO., LTD. 5200 ANTHONY WAVUE DR. DETROIT, MICHIGAN 48203 U. S. A
	Other references COUNTRY OF ORIGIN : REPUBLIC OF KOREA
Departure date MAY. 20, 2007	
Vessel/flight From PHEONIC BUSAN,KOREA	Terms of delivery and payment F.O.B BUSAN L/C AT SIGHT
⑥ To DETROIT, U.S.A	

Shipping Marks	No.&kind of packages	Goods description	Quantity	Unit price	Amount
MON/T DETROIT LOT NO C/NO.1-53 MADE IN KOREA	420 DP X 420D MATERIAL. AS PER MONARCH PRODUCTS INDENT NO. T. 858	NYLON OXFORD	60,000M 1208.06kgs.	US$1.00/M	US$60,000

Signed by

PACKING LIST

Seller Gil Dong Trading Co., Ltd.	Invoice No. and date 8905 HC 3108 Aug. 15, 2011.
Consignee Monarch Products Co., Ltd. P.O.Box 208 Bulawayo, Zimbabwe	Buyer(if other than consignee) Monarch Products Co., Ltd. P.O.Box 208 Bulawayo, Zimbabwe
	Other references Country of Origin: Republic of Korea
Departure date 　　Aug. 20, 2010	
Vessel/flight　　From 　Phoenix　　　BUSAN, KOREA	
To 　　　Bulawayo, Zimbabwe	

Shipping Marks	No.&kind of packages	Goods description	Quantity or net weight	Gross Weight	Measurement
MON/T Bulawayo LOT NO C/NO.1-53 MADE IN KOREA	4200DX420D Material, As per Monarch Products Indent No T.858	Nylon Oxford	60,000M 1208.06kgs	1,317kgs	24.5CBM

//
///////

Signed by

Exporter(Name, address, country) GILDONG TRADING CO. LTD 15P. SAMSUNG-DONG, KANGNAM-GU SEOUL, KOREA	**ORIGINAL** **CERTIFICATE OF ORIGIN** issued by THE KOREA CHAMBER OF COMMERCE & INDUSTRY Seoul, Republic of Korea
Consignee(Name, address, country) TO ORDER OF abc BANK	Country of Origin REPUBLIC OF KOREA
Transport details FROM : BUSAN, KOREA TO : NEW YORK, USA BY : SAZLING ON OR ABUT APR. 25, 2000	Remarks CY 875-022-4 APR. 25, 2000

Marks & numbers ; number and kind of packages ; description of goods		Quantity 800 DOZ. ////////////
⟨G.T.⟩ NEW YORK S/# : 4794FX GT/FXMR E/# : 1 Q'TY : 2 DOZ. C/# : 1-400 MADE IN KOREA ////////////////	LADIES 55PCT RAMIE 45 PCT COTTON SWEATERS. CAT 845 (55% RAMIE 45% COTTON 2/17'S) STYLE NO. 4794FX GT/FXMR L/C NO. Y 178792 ///	

Declaration by the Exporter (Signature) (Name)	Certification _____ Authorized Signatory
	Certificate No.

THE KOREA CHAMBER OF COMMERCE & INDUSTRY

LG Insurance Co., Ltd.
CERTIFICATE OF MARINE CARGO INSURANCE

Assured(s), etc	THE SAMWON CORPORATION		
Certificate No. 002599A65334		Ref. No.	Invoice No. DS-070228 L/C No. IOMP20748
Claim, if any, payable at : GELLATLY HANKEY MARINE SERVICE 842 Seventh Avenue New York 10018 Tel(201)881-9412 Claims are payable in		Amount insured USD 65,120.- (USD59,200 XC 110%)	
Survey should be approved by THE SAME AS ABOVE		Conditions * INSTITUTE CARGO CLAUSE(A) 1982 * CLAIMS ARE PAYABLE IN AMERICA IN THE CURRENCY OF THE DRAFT.	
Local Vessel or Conveyance	From(interior port or place of loading)		
Ship or Vessel called the KAJA-HO V-27	Sailing on or about MARCH 3, 2007		
at and from PUSAN, KOREA	transshipped at		
arrived at NEW YORK	thence to		
Goods and Merchandiese 16,000YDS OF PATCHWORK COWHIDE LEATHER		Subject to the following Clauses as per back hereof institute Cargo Clauses Institute War Clauses(Cargo) Institute War Cancellation Clauses(Cargo) Institute Strikes Riots and Civil Commotions Clauses Institute Air Cargo Clauses(All Risks) Institute Classification Clauses Special Replacement Clause(applying to machinery) Institute Radioactive Contamination Exclusion Clauses Co-Inssurance Clause Marks and Numbers as	

Place and Date signed in SEOUL, KOREA MARCH 2, 1999   No. of Certificates issued.
TWO
 This Certificate represents and takes the place of the Policy and conveys all rights of the original policyholder
(for the purpose of collecting any loss or claim) as fully as if the property was covered by a Open Policy direct to the holder of this Certificate.
This Company agrees lossed, if any, shall be payable to the order of Assured on surrender of this Certificate.
Settlement under one copy shall render all otehrs null and viod.
Contrary to the wording of this form, this insurance is governed by the standard from of English Marine Insurance Policy.
In the event of loss or damage arising under this insurance, no claims will be admitted unless a survey has been held with the approval of this Compay's office or Agents specified in this Certificate.

SEE IMPORTANT INSTRUCTIONS ON REVERSE
LG Insurance Co., Ltd.

AUTHORIZED SIGNATORY

This Certificate is not valid unless the Declaration be signed by an authorized representative of the Assued.

Chapter 10

International Trade Practice

무신용장 방법에 의한 거래

1. 무신용장 방법에 의한 거래

1.1 추심결제방법의 거래

　국제무역거래는 그 거래방법에 따라 신용장에 의한 거래방식과 신용장이 수반되지 않는 무신용장거래방식으로 크게 구분할 수 있다. 이 무신용장거래방식 중에서 가장 중요한 것이 추심결제방법의 거래인 D/A·D/P 거래방식이다. "추심(collection)"의 사전적 의미는 "대금을 챙겨서 받아주는 것"으로 돈을 받아야 할 수출자는 물건을 먼저 제공하고 돈은 나중에 받는 외상인 셈이다.

　D/A··D/P 거래는 별도로 명백한 합의가 없거나 해당국의 법률이나 규정에 위배되지 않는 한 국제상업회의소가 제정한 "추심에 관한 통일규칙"(Uniform Rules for Collections, 1995 Revision ICC publication No. 522)의 적용을 받는다.

1) 추심결제방법의 정의

　매매당사자간의 계약에 의거하여 수출자가 상품을 선적한 후 관련서류를 첨부한 화환어음을 수입자에게 제시하면 수입자가 그 어음에 대한 지급 또는 인수를 하여 결제하는 방법이다.

2) 추심결제의 종류

(1) 인수인도(D/A : Documents against Acceptance)조건

　수출자가 상품을 선적한 후, 관련서류가 첨부된 기한부환어음(documentary usance

bill)을 수입자를 지급인으로 발행하여 자신의 거래은행에 추심을 의뢰하면, 수출자의 거래은행은 그러한 서류가 첨부된 환어음을 추심지시서(collection instruction)와 함께 수입자의 거래은행으로 보내어 추심을 의뢰한다. 수입자의 거래은행은 그 환어음의 지급인인 수입자로부터 어음의 인수를 받으며, 서류를 인도하고, 어음의 만기일에 대금을 지급받아 추심을 의뢰하여 은행으로 송금하여 결제하는 방법이다.

(2) 지급인도(D/P : Documents against Payment)조건

수출자가 상품을 선적한 후, 관련서류가 첨부된 일람불환어음(documentary sight bill)을 수입자를 지급인으로 발행하여 자신의 거래은행에 추심을 의뢰하면, 수출자의 거래은행은 그러한 서류가 첨부된 환어음을 수입자의 거래은행으로 보내어 추심을 의뢰한다. 수입자의 거래은행은 그 환어음의 지급인인 수입자로부터 대금을 지급받으며, 서류를 인도하고, 지급받은 대금은 추심을 의뢰하여온 은행으로 송금하여 결제하는 방법이다.

<표 10.1> 신용장과 추심결제방식 비교

공 통 점	차이점	
신용장, D/A, D/P	신용장	D/A, D/P
- 환어음이 발행된다 - 대금지급시기가 같다 (at sight L/C=D/P) (usance L/C=D/A)	- 환어음지급인 (drawee) : 개설은행 - 결제방식 매입(negotiation)에 의하여 사용한다. - 개설은행의 지급 확약이 있다.	- 환어음지급인 (drawee) : 수입상 - 결제방식 추심(collection)에 의하여 사용한다 - 은행의 지급확약이 없다.

3) D/A · D/P에 의한 거래절차

(1) D/A 거래절차

① 매매계약을 체결한다.
② 수출자는 상품선적 및 수출 통관을 한다.
③ 수출자는 관련서류들이 첨부된 Documentary Usance Bill을 추심지시서와 함께 수입자를 환어음지급인으로 발행하여 거래은행에 추심을 의뢰한다.
④ 수출자의 거래은행은 그 환어음과 관련서류들을 수입자의 거래은행으로 추심을 위하여 송부한다.

⑤ 서류를 접수한 수입자의 거래은행은 수입자에게 내도 통지를 한다.
⑥ 수입자는는 어음의 인수를 하면서 서류를 인도받는다.
⑦ 수입자는 어음이 만기일이 되면 거래은행에 대금을 지급한다.
⑧ 수입자의 은행은 수출자의 은행으로 송부한다.
⑨ 수출자의 은행은 수출자에게 대금을 지급한다.

(2) D/P 거래절차

① 매매계약을 체결한다.
② 수출자는 상품선적 및 수출통관을 한다.
③ 수출자는 관련서류들이 첨부된 일람불환어음을 추심지시서와 함께 수입자를 환어음 지급인으로 발행하여 거래은행에 추심을 의뢰한다.
④ 수입자의 거래은행은 그 환어음 및 관련서류들을 수출자의 거래은행으로 추심을 위하여 송부한다.
⑤ 서류를 접수한 수입자의 거래은행은 수입자에게 내도 통지를 한다.
⑥ 수입자는 어음의 대금을 지급 하면서 서류를 인도받는다.
⑦ 수입자의 은행은 수출자의 은행으로 송금한다.
⑧ 수출자의 은행은 수출자에게 대금을 지급한다.

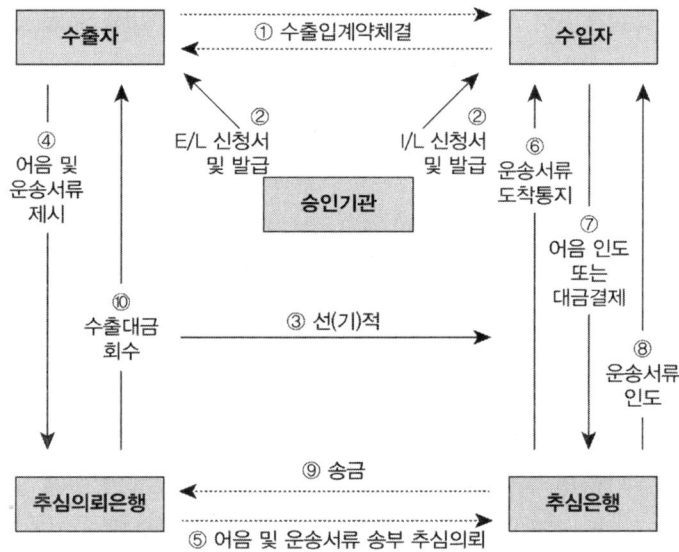

[그림 10.1] D/A·D/P에 의한 수출·입결제도

2. 송금결제방법

2.1 개 요

1) 송금결제 방식의 의의

송금결제 방식이란 무역계약의 내용에 따라 수출자가 선적한 후 별도의 대금청구 절차를 취하지 않더라도 수입자가 자진해서 물건 값을 수출자에게 보내주는 무역거래 방식이다. 수입자가 수출자에게 물건 값을 보내주는 시기는 계약체결과 동시에, 물품의 품질확인시에, 물품 수령 후 일정기간 경과 후 등으로 나눌 수 있으며, 송금하는 수단도 수표·현금·우편환·전신환 등 다양한 형태로 할 수 있다.

2) 송금결제 방식의 특징

송금결제는 타무역 결제방식에 비하여 다음과 같은 특징을 지니고 있다.

첫째, 이 방식을 규제하는 국제규범은 존재하지 않는다. 신용장 거래는 신용장 통일규칙, 추심결제는 화환어음 추심에 관한 통일규칙이라는 국제규범이 있기 때문에 이러한 거래방식으로 무역을 할 경우 당사자는 모두 이 규범에 구속된다. 그러나 송금거래방식에는 이것을 규제하는 국제규범이 따로 없기 때문에 거래당사자는 필요에 따라 얼마든지 거래조건을 자신에게 유리한 방향으로 변형하여 운영할 수 있다.

둘째, 대금결제와 운송서류(또는 물품)의 인수가 완전히 분리된 거래이다. 대금결제는 송금을 통하여 수출자에게 바로 이루어지고 운송서류와 물품도 은행을 경유하지 않고 수출자가 수입자 앞으로 직접 송부한다. 따라서 이 결제방식을 환의 흐름으로 분석하면 모두 순환방식이 되며 이점에서 신용장과 추심결제(D/P, D/A)방식이 역환방식인 것과 구분된다. 또한 순환방식이기 때문에 수출상이 수입상 앞으로 환어음을 발행할 필요가 없는 무어음 거래가 된다.

셋째, 송금의 시기여하에 따라 위험부담자가 달라진다. 송금시기가 선적전일 경우에는 수입자가 위험을 부담하게 되나, 선적 후 송금인 경우에는 수출자가 위험을 부담하게 된다. 사전송금방식(Payment in advance)에서는 계약체결과 동시에 수입자가 물건 값을 미리 보내야하기 때문에 수출자가 신용이 없는 경우 수입자가 위험해지나, 선적후 송금방식인 경우에는 수입자가 물품과 서류를 받고도 인수를 거절하거나 돈을 제때 보내지 않으면 수출자가 위험을 부담해야 한다.

3) 송금의 수단

수입자가 수출자 앞으로 상품대금을 보내는 지급수단에 제한을 두지 않기 때문에 현금·수표·우편환·전신환 무엇이든지 다 된다. 그러나 수입상이 수출상에게 송금할 때는 대부분 금융기관을 이용하고 있는 바, 금융기관을 이용한 송금방법에는 다음과 같은 방법이 있다.

(1) 송금수표(D/D, Demand Draft)

송금인이 은행에 송금의뢰를 하고 은행이 송금수표를 만들어 송금인에게 교부하면 송금인이 그 송금수표를 직접 수취인에게 우송하고, 동 송금수표의 수취인은 송금수표상에 표시된 지급은행(paying bank)에 제시하고 송금대금의 지급을 요청하면 지급은행은 송금수표개설은행에서 보내온 송금수표 발행통지서와 대조한 후 수취인에게 동 대금을 지급하게 된다.

(2) 우편송금(M/T, Mail Draft)

우편송금은 송금시에 송금수표를 발행하여 교부해주는 대신 지급은행(해외 환거래 은행 또는 자기은행 해외지점)에 대하여 일정한 금액을 지급하여 줄 것을 지급지시서(payment order)를 발행하여 송금은행이 직접 우편으로 송달하면 지급은행은 동 지급지시서에 의하여 수취인의 예금계정에 송금대전을 입금시킨 후 수취인에게 통지하여 지급하게 되는 것이다.

(3) 전신송금(Telegraphic Transfer)

송금인의 의뢰에 따라 은행이 자기 책임하에 지급지시서를 보내는 것이며 지시방법이 우편이 아닌 전신이라는 점에서 M/T와 구별되며 안전하고 신속·정확하다.

실무적으로 T/T를 'wire transfer'라고 하는 바이어도 있는데 Telegraphic Transfer와 같은 의미이다. Telegraphic은 지금까지 cable방식을 주로 이용해 왔는데 지금은 SWIFT 방식이 대부분이다.

> **T/I/P SWIFT란?**
>
> SWIFT란 'Society for Worldwide Interbank Financial Telecommunication'의 약자로써 국제 은행간 자금 결제 통신망이란 의미이다. 이는 원래 유럽 은행들끼리 가입하여 사용해 왔는데 요즘에는 전세계 유명은행이 이 SWIFT망에 가입되어 있고 우리나라 시중은행 대부분이 가입되어 있다. 결국 SWIFT도 cable과 같이 결제수단의 한 방법이며 SWIFT로 업무를 할 수 있는 경우는 양 당사자 은행 모두가 SWIFT에 가입되어 있어야 가능하다. 송금, 추심, L/C개설 등에 사용되며 싸고 신속하게 업무를 처리할 수 있다.
>
> 해외바이어에게 자신의 계좌를 알려줄 경우에는 필히 BIC(SWIFT code)를 알려 주어야 한다. 통상 SWIFT code는 8자리로 구성되어 있는데 이 code번호만 알면 SWIFT에 가맹된 은행끼리 송금할 때 간단하게 송금 업무가 끝나게 된다. 지시방법이 우편이 아닌 전신이라는 점에서 M/T와 구별되며 안전, 신속, 정확이라는 장점이 있으므로 무역거래에 따른 대금지급은 주로 이 방법을 이용하고 있다.

2.2 사전송금방식

이 방법은 수입자와 수출자가 계약체결 후 수출자가 물품을 선적하기 전에 수입자에게 물건 값을 미리 보내주는 거래방식으로서 국제금융에서는 이러한 거래를 CWO(Cash With Order)방식이라고 하며, 우리나라 대외무역법과 외국환거래법에서는 이러한 거래를 단순송금방식이라고 한다. 그러나 이러한 거래방식은 통칭하여 사전송금방식(advance remittance)이라고 하는 것이 가장 일반적이다. 이 방법으로 거래할 경우 수출자는 안전하나 수입자의 경우는 대금을 외국에 있는 수출자에게 미리 주고 물건을 받지 못할 위험성도 있을 수 있기 때문에 수입자에게는 대단히 불리한 거래이다. 따라서 이러한 거래는 소액거래나 수출자의 제품이 타사제품에 비하여 경쟁력이 월등한 제품일 경우에는 얼마든지 수입자로 부터 선금을 받고 수출을 이행할 수 있다.

2.3 사후송금방식

1) 개 요

사후송금방식은 물품의 인도와 동시에 또는 인도 후 일정기간 이내에 수출대금 전액을 외국환 은행을 통하여 송금 받는 거래로써 대금결제 기간은 채권확보 차원에서 수출자가 자율적으로 결정할 수 있다. 대금교환의 대상에 따라 현물상환방식(COD)과 서류상환방식(CAD)으로 구분되며, 현물상환방식은 사전송금방식과는 달리 수입자는 수출자가 송부한 현품을 직접 확인한 후 대금결제를 하며, 서류상환방식은 수입자가 운송서류를 입수한 후 대금을 결제하는 거래방식이다.

2) 현물상환방식(Cash On Delivery : COD)

현물상환방식은 수입자가 소재하는 국가에 수출자의 지사나 대리인이 있는 경우, 수출자가 물품을 지사 등에 송부하면 수입자가 물품의 품질 등을 검사한 후 물품과 현물을 상환하여 물품대금을 송금하는 방식의 거래를 말한다. 이 방식의 거래에서 수입자는 도착한 물품의 상태가 마음에 들지 않을 경우 현장에서 인수하지 않을 수도 있다는 조항을 계약서에 삽입해 두었다면 상품품질 저하를 이유로 물건 값을 깎을 수도 있고 계약을 취소할 수도 있다. 따라서 수입자는 현물상환방식 거래에서 품질에 대한 염려는 전혀 할 필요가 없는 안전한 거래이다. 그러나 수출자는 이 같은 거래에서 대단한 위험을 부담해야 한다. 그러므로 수출자는 이런 거래를 하는 경우 불리한 매매계약을 체결하지 않도록 주의하여야 한다.

현품을 수입자가 지정한 장소에 도착시켜야 하기 때문에 수입국에서의 수입통관도 수출자가 하여야 하며, 물품이 괜찮은데도 불구하고 변덕스러운 수입자가 계약을 취소하게 되면 큰 손해를 감소할 수 밖에 없다. 수입물품의 품질에 걱정이 되는 수입자의 입장에서는 바람직한 거래라고 할 수 있으나, 그 반대편인 수출자는 상당한 위험부담을 가지고 거래에 임하게 된다.

3) 서류상환방식(Cash Against Document : CAD)

서류상환방식은 수출자가 물품을 선적하고 수입자 또는 수출국에 소재하는 수입자의 대리인이나 지사에게 운송서류를 제시하면 서류와 상환하여 대금을 결제하는 방식의 거래를 말한다.

통상 수입자의 지사나 대리인 등이 수출 국내에 물품의 제조과정을 점검하고, 수출물품에 대한 선적전 검사를 한 후 지급한다.

<표 10.2> 대금결제방법의 요약

구 분	결재방법	비 고
송금결제방법 (Remittance Base)	사전송금방식	
	사후송금방식	COD, CAD
추심결제방법 (Collection Base)	D/P(지급인도조건)	
	D/A(인수인도조건)	Usance
신용장결제방법 (L/C Base)	At sight	
	Usance	

<표 10.3> 대금결제방법 비교

구 분	수출상의 입장	수입상의 입장
결제방식	수출상의 입장	수입상의 입장
사전송금방식	위험부담 없음	신용상태에 따라 대금회수와 상품인수가 불가능
COD	수출대금 영수와 상품회수가 불확실함	안전함
CAD	대금영수의 미보장	선적확인은 가능하나 품질은 불확실
D/P	대금영수가 보장 안됨	선적은 확인되지만 품질확인은 불가능
D/A	대금영수 및 상품회수가 보장 안됨	유리한 거래이지만 만기일에 지급을 않으면 거래은행의 신용을 잃음
L/C	대금영수가 확실	화물의 인도를 보장받음

<표 10.4> 결제 방식별 비교

	신용장	D/P · D/A	송금환
1. 결제의 근거	매매계약서	매매계약서	매매계약서
2. 결제시 제공서류	환어음발행, 선적서류제공	환어음발행, 선적서류제공	선적서류제공
3. 대금지급보증	신용장개설은행	없 음	은행, 개인
4. 대금결제시기	일람불, 기한부	일람불, 기한부	일람부
5. 대금회수위험	안 전	불 안	안 전
6. 자금회전	용 이	담보력에 의존	용 이
7. 수출대금회수	수출환어음매입	수출환어음매입	선수금

Chapter 11
International Trade Practice

수출승인

1. 수출승인 일반

1.1 수출입관리와 수출입공고

대외무역법 및 기타 무역관계법규에서 별도로 정하고 있지 않는 사항에 대하여는 자유무역질서를 저해하지 않는 범위 내에서 수출입 행위는 기본적으로 자유롭게 이루어진다. 무역관계법규 수출입공고 등에서 수출입제한조치가 공고되지 아니한 품목은 자유롭게 수출입할 수 있고 수출입제한조치가 공고된 수출입승인품목은 산업통상자원부 장관이 지정한 수출입승인기관장의 승인이 있어야 수출입할 수 있다. 수출입 승인기관은 수출입공고, 수출입별도공고에서 지정한 당해품목의 관계 행정기관 또는 단체의 장이다. 수출입 승인에 관한 사항은 산업통상자원부 장관의 고유권한이다. 대외무역법 제53조 제1항(권한의 위임/위탁) 및 동법시행령 제116조 제10항에 의하여 당해 품목의 관계행정기관 또는 단체의 장에게 위임/위탁하고 있다. 종전에는 수출입승인 권한을 외국환은행장에게 위탁하고 있었으나, 1996년 12월 30일 개정된 대외무역법에서는 대금결제에 관한 사항을 승인대상에서 제외함에 따라 각 품목별 관계행정기관 또는 단체의 장으로 변경하여 위탁하고 있다.

1.2 수출승인의 의의

물품의 수출은 무역업신고를 필한 경우 원칙적으로 자유롭게 할 수 있다. 그러나 대외무역법에서 정하고 있는 특정한 물품의 경우에는 수출을 하기 이전에 당해 물품의 수출에 대한 사전허가를 받아야 하는데 이를 수출승인이라 한다.

즉 대외무역법상 수출입공고, 별도공고에 의해 수출이 제한되는 물품을 수출하고자 하는 경우에는 당해 물품을 관장하는 기관에서 수출승인을 받아 수출을 이행하여야 한다. 다만 대외무역법 이외의 법령에 의해 수출이 금지되거나 제한되는 물품을 수출하고자 하는 경우에는 수출승인과는 관계없이 당해 법령에서 정하고 있는 요건을 충족하여야 한다.

1.3 수출승인 기관

수출승인대상물품을 수출하고자 하는 자는 원칙적으로 산업통상자원부 장관으로부터 수출승인을 받아야 한다. 그러나 실제로는 교역상대국에 전쟁등 특별한 사태가 발생하였거나 섬유류와 같이 국가간 협정에 의해 사전 규제가 되지 않은 한 대부분 품목의 수출은 자동승인 된 것으로 간주하여 사실상 수출승인이 면제된 것과 다름없다. 한편 수출제한 품목에 대하여는 당해 물품을 관장하는 기관이나 단체에 수출승인권한이 위임되어 있다.

2. 수출승인요건과 신청

2.1 수출승인 요건

수출승인기관의 장은 수출의 승인을 하고자 할 경우에는 다음 각호의 요건에 합당한지 여부를 확인하여야 한다.

- 수출하고자 하는 자가 승인을 얻을 수 있는 자격이 있는 자 일 것
- 수출하고자 하는 물품이 수출입공고 및 이 규정에 의한 제한 요건을 충족한 물품일 것
- 수출하는 물품이 품목분류번호(HS)의 적용이 적절할 것.

1) 수출승인기관

동법시행령 제116조 제10항에 의하여 지식경제부장관이 지정하여 고시하는 관계행정기관 또는 단체의 장은 수출입공고, 수출입별도 공고, 수출입통합공고에 산업통상자원부

장관이 지정, 고시한 기관, 단체(이하 "승인기관"이라 한다.)의 장을 말한다.

<표 11.1> 거래유형별 승인기관

거래유형	승인기관
수출입승인품목이 아닌 경우	승인대상에서 제외(자유화)
수출입승인품목	지식경제부장관이 지정한 수출입승인기관
전략물자 수출허가	① 지식경제부 : 바세나르체제 관련 일반산업용물자, 원자력 비확산체제 관련 일반산업용물자, 미사일비확산체제 관련물자, 생화학무기 비확산체제 관련물자 ② 국방부 : 바세나르체제 관련 방산물자 ③ 교육과학기술부 : 원자력 확산체제관련 전용물자
특정거래의 형태	지식경제부장관
남북한 교역	통일부장관

2) 수출 승인신청

대외무역법 제14조 제2항 본문의 규정에 의하여 물품의 수출승인을 신청하고자 하는 자는 신청서에 산업통상자원부 장관이 정하는 서류를 첨부하여 산업통상자원부 장관이 지정한 수출입승인기관장에게 제출하여야 한다. 산업통상자원부 장관은 수출승인대상품목에 대한 승인권한을 산업통상자원부 장관이 지정하여 고시하는 행정기관장 또는 단체장에게 위탁하고 있다. 변경승인을 얻고자 할 때에도 같다.

(1) 수출입승인신청절차

① 수출의 승인을 얻고자 하는 자는 수출승인신청서(업체용, 세관용, 승인기관용 및 산업자원부용) 및 사본(신청자가 신청한 경우에 한한다)에 다음 각호의 서류를 첨부하여 수출승인기관의 장에게 신청하여야 한다.

- 수출신용장/수출계약서 또는 주문서
- 수출대행계약서(공급자와 수출자가 다른 경우에 한한다.)
- 수출입공고 등에서 규정한 요건을 충족하는 서류(단, 당해 승인기관에서 제한요건의 충족여부를 확인할 수 있는 경우 제외)
- 수출이행계획서(산업설비수출의 경우에 한한다.)

② 수출의 승인신청이 규정에 의한 수출승인의 요건에 합당한 경우 수출승인서(업체용, 세관용, 승인기관용(산업자원부용) 및 사본(신청자가 요청한 경우에 한함)을 발

급하여야 한다. 다만, 수출입물품을 분할하여 통관하고자 하는 경우에는 세관용 수출승인서를 발급할 수 있다.

(2) 수출승인신청시 구비서류

① 수출승인신청서 3부 <업체용, 세관용, 승인기관용(산업자원부용), 사본(신청자가 신청하는 경우)>→세관용 수출승인서는 분할발급 가능
② 수출신용장, 수출계약서 또는 주문서
③ 수출대행계약서(대행수출인 경우)
④ 수출입공고 등에서 규정한 요건을 충족하는 서류(단 당해 승인기관에서 제한요건의 충족여부를 확인할 수 있는 경우는 제외)
⑤ 수출이행계획서(산업설비수출의 경우)
⑥ 기타 필요하다고 인정하는 서류, 예를 들면 수출신용장의 상품명이 불명확하게 또는 포괄적으로 표시되거나 Details as per Contract No ××으로 표시되었을 때에는 당해 계약서의 사본을 제출 하여야 한다.

(3) 수출승인요건

수출승인기관의 장은 수출승인신청을 받은 경우 다음 요건을 확인한 후 승인하게 된다.

① 수출자 및 위탁자 확인
   수출을 하려면 대외무역법상의 무역업고유번호를 발급받아야 한다. 수출승인기관은 수출승인 신청자가 무역업고유번호를 받았는지 여부를 확인하고, 만약 대행의 경우에는 대행계약서를 첨부하여야 한다.
② 수출입공고 등에 의한 제한여부 검토
   수출품은 수출입공고 등에서 정하고 있는 제한요건을 충족하여야 한다.
③ 수출대금 결제방법 검토
   수출대금의 결제방법은 외국환거래법에서 인정하는 방법이어야 한다.
④ 품목분류의 정확성 검토
   - 수출하는 물품의 품목분류번호가 HS상품분류상의 분류와 일치하여야 한다.
   - 상품분류는 관세율표를 참조한다.

(4) 수출승인의 면제

물품을 수출하고자 하는 자는 대외무역법에 의거 무역업고유번호를 발급받아야 하며, 수출제한품 목에 대하여 수출승인기관의 승인을 받도록 되어 있으나, 경우에 따라서는 수출승인에 따른 여러가지 관리나 제한을 두는 것이 오히려 대외무역의 건전한 발전을 저해하고 수출활동을 위축시키는 결과를 초래하는 경우가 없지 않다.

따라서 대외무역법 제14조 단서에 의거 물품의 수출·수입의 절차간소화를 위하여 일정한 경우에는 수출승인을 면제하도록 규정하고 있다.

수출승인의 면제에 해당하는 거래는 원칙적으로 상거래가 아닌 경우인데 그 특성을 구체적으로 살펴보면, 첫째 긴급을 요하는 물품으로서 정상적인 수출입절차를 밟기에 부적합한 물품, 둘째 특정용도에 제공하여지는 수출, 셋째 견품류 수출 등 본 수출거래를 원활히 하기 위하여 사전·사후에 이루어지는 부수거래 등이다.

3. 수출승인서 작성

3.1 수출승인 작성내용

1) 수출자(상호, 주소, 성명), 무역업 신고번호

수출자의 상호, 주소, 성명 및 무역업고유번호를 기재한다.

2) 위탁자(상호, 주소, 성명), 사업자 등록번호

일반적인 수출의 경우에는 수출자와 동일하나, 수출대행의 경우에 위탁자(화주)의 상호, 주소, 대표자성명 및 사업자등록번호를 별도로 기재한다.

3) 원산지

수출물품의 원산지를 기재한다. 수출물품의 원산지가 우리나라인 경우에는 R. O. K로 기재하여야 한다.

<수출물품의 원산지 인정기준>

a) 자국 영토에서 생산한 광산물, 농산물 및 식물성 생산물
b) 자국 영토에서 번식, 사육한 산동물과 이들로부터 채취한 물품
c) 자국 영토에서 수렵, 어로로 채취한 물품
d) 자국 선박에 의하여 채취한 어획물, 기타 물품
e) 자국에서 제조, 가공공정 중에 발생한 설
f) 자국 또는 자국 선박에서 a)~e) 물품을 원재료로 하여 제조·가공한 물품
g) 외국산 원자재를 사용하여 가공, 생산된 물품으로서 가공공정에서 새로운 상품적 특성이 부여된 물품

이상의 일곱가지 조건중 그 어느 한가지 조건에 해당될 경우에는 원산지로 인정하는 것이 국제적인 관례이며 우리나라도 이에 준하고 있다.

위 원산지기준중 a)~f)는 완전생산기준에 의한 원산지 기준이며, g)는 실질적 변경(Substantial Transformation) 기준인데, 우리나라는 가공도기준(HS 6단위 변경기준)을 채택하고 있다.

4) 구매자 또는 계약당사자

수출승인신청의 근거서류인 수출신용장상의 개설의뢰인(Name of the Applicant for the Credit) 또는 기타거래인 경우 계약당사자 (수입자)를 기재하되 수출승인서 발급 근거서류인 수출신용장 또는 계약서와 일치해야 한다.

5) 신용장 또는 계약서번호

신용장 방식의 거래조건일 때는 신용장 번호(Number of the Credit)를 기재하고, 기타 무신용장방식의 거래일 경우에는 계약서 번호를 기재하며 동 번호는 수출승인 신청시 첨부되는 신용장 또는 계약서 번호와 일치하여야 한다.

개설은행의 신용장번호는 통상 신용장상 환어음 표시문언인 drawn under documentary credit No.~의 부분에서도 확인되고 있으며 모든 선적서류에 명시되어야 한다.

6) 금액

수출승인신청의 근거서류에 있는 금액을 통화와 함께 표시한다.

7) 결제기간

결제기간란에는 다음과 같이 기재한다(2가지 이상의 결제방식이 혼합되어 있을 때에는 결제방식별로 병기).

① 화환수출신용장에 의한 거래는 일람불 수출신용장(At Sight L/C)에 의한 수출과 기한부 수출신용장(Usance L/C)의 수출이 있는 바, At Sight L/C 거래의 경우에는 at sight, Usance L/C 거래인 경우에는 at~days after sight(or date of B/L)로 결제기간 란에 기재 하고 금액란에 금액을 기재한다.

Usance 어음의 만기일은 선적서류 또는 물품의 인수일로부터 기산하고 있는데, 그 기준으로는

a. 일람후 정기출급(~days after sight)
b. 발행일자후 정기출급(~days after draft date)
c. 선적일자후 정기출급(~days after B/L date)

등의 방법이 있는데, 통상 a)나 c)의 방법이 활용되고 있다.

② 추심결제방식에 의한 거래는 선적서류의 인도가 어음의 지급을 조건으로 하고 있느냐, 인수를 조건으로 하고 있느냐에 따라서 지급 인도조건(D/P, doc-uments Against Payment)와 인수인도조건(D/A, doc-uments Against Acceptance) 거래로 구별할 수 있다.

D/P조건이란 화환어음의 지급인(수입자)이 수출자가 발행한 일람출금 환어음 대금을 결제하여야만 관계 선적 서류가 인도되는 거래인 바, 결제기간란에는 At sight로 기재하며 금액란에 금액을 기재한다.

D/A조건이란 수출자가 발행한 일람후 또는 선적후 정기출급화환어음의 대금을 지급없이 인수행위만 함으로써 선적서류가 인도되는 이른바 인수인도조건을 말한다. 따라서 결제기간란에는 일람후 정기 출급조건일 경우 at~days after sight, 선적후 정기출급조건일 경우 at~days after date of B/L로 기재하고 금액란에는 금액을 기재한다.

③ 송금방식에 의한 수출은 화환수출신용장 또는 추심결제방식과 같은 어음결제방식이 아닌 대금결제방식으로써 수출대금전액을 외화로 영수하는 조건으로 수출하는 거래를 말한다.

대외무역법에서는 송금방식에 의한 수출형태로서 ⓐ 수출대금을 미리 외화로 영수한 후 수출하는 사전송금방식의 수출과 ⓑ 물품의 인도와 동시에 또는 물품의 인도 후에 수출대금을 영수하는 조건인 대금교환도조건수출(COD 및 CAD)의 2가지로 구분하고 있는데, 대금교환도조건 수출은 교환의 대상에 따라 현금상환방식(COD)과 서류상환방식 (CAD)이 있다.

사전송금방식수출의 경우 결제기간란에는 Payment in Advance 또는 단순히 In Advance로 기재하고 금액란에 금액을 기재하고, 현금상환방식 수출(COD/Cash on Delivery)은 결제기간란에는 COD로, 금액란에 금액을 기재하며, 서류상환 방식의 수출(CAD/Cash against doc-uments)은 결제기간란에 CAD로 기재하고 금액란에 금액을 기재한다.

④ 기타 위탁한 수출, 현지인도수출 등은 계약서 또는 신용장 상의 대금결제방식에 의거 결제기간 및 금액을 각각 기재한다.

8) 가격조건

국제무역에 있어서 가격조건은 두가지 의미로 해석할 수 있는데, 계약물품의 인도장소 그리고 비용 및 위험부담의 범위에 따라 인도장소 기준조건과 가격구성요소 기준조건으로 대별된다. 통상적으로 INCOTERMS에서 정하고 있는 정형조건들을 기재하게 되는데 만약 다르게 계약하는 경우에는 계약내용으로 기재한다.

① 인도장소 기준조건

본 조건의 용어는 물품의 인도장소와 인도방법을 나타낸다. 가령 FOB의 경우 On Board(갑판상)는 인도장소를 나타내고 있으므로 화물을 선적하여 갑판상에서 인도하면 수출자의 책임은 끝남을 나타낸다(INCOTERMS는 전통적으로 위험부담의 분기점을 Ship's rail<선박의 난간>으로 보고 있음).

따라서 선적지 인도조건은 인도하는 선적지의 지정지명이나 수출항명이 부기되고, 양육지 인도조건은 지정목적지명 또는 수입항명이 부기된다.

② 가격구성요소 기준조건

본 조건은 선적지 인도를 기준으로 하여 수출자는 수입자 부담의 특정비용을 부담하고 그 비용을 포함하는 가격으로 매매계약을 맺고 수입자는 수출자가 부담하지 않는 위험과 비용을 부담하는 조건인 바, 수출자가 부담하는 비용을 명시하기 위하여 지정목적지 또는 항구명을 부기한다.

9) 도착항

통상 신용장(또는 계약서)상에 Shipment from~to~로 기재되는 문구중, to 다음의 도착지(Port of Destination)를 기재

10) HS 부호

상품의 수출입관리는 수출입공고에 따른다. 수출입공고란 산업자원부장관이 물품의 수출 또는 수입에 대한 제한여부, 제한품목의 품목별 수량, 금액, 규격 또는 지역 등의 제한에 관한 사항 및 동 제한에 따른 승인에 관한 사항을 종합적으로 규정하고 실시일전에 이를 공고하는 것을 말한다. 수출입공고 본문에는 우리나라 품목관리제도의 일반 원칙이 규정되어 있고 품목표는 수출제한 품목표와 수입제한 품목표로 구분하여 품목별로 수출입제한 내용 및 동 제한에 따른 수출입요령을 구체적으로 열거하고 있다. 수출입공고의 품목분류는 HS품목분류를 채택하고 있다. 따라서 수출품목의 HS분류는 HS상품분류상의 분류(10단위)와 일치하여야 한다.

11) 품명 및 규격

수출신용장(또는 계약서)상의 품목명세와 일치하도록 기재한다. 다만, 소요량증명서발급, 관세환급 등을 위하여 신용장 상의 상품명세 이상으로 기재하는 것은 무방하다.

12) 단위 및 수량

수량의 계산단위는 상품의 종류에 따라 분류되는데, 일반적으로 상품의 수량은 다음과 같이 개수 혹은 도량형에 의하여 표시된다.

① <개수> 상품수 : 개수(Piece), 조(Set), 다스(Doz) 등
   포장수 : 상자(Case), 표(Bale), 부대(Bag) 등

② <도량형> 중량 : 톤(Ton), 파운드(Lb), Kg
   용적 : 입방피이트(Cft, cubic feet).
   용적톤(M/T, Measurement Ton)
   길이 : 야아드(Yard), 미터(Meter)
   면적 : 평방피이트(SF : Square Feet)

용적톤은 운임계산에도 사용되는 계산단위로서, 40cft = 1M/T이다. 표시방법은 5M/T 또는 5ton of 40cft과 같이 명기한다.

중량표시방법중 Ton은 Long Ton, Short Ton, Metric Ton으로 구분되며 특히 More or Less Terms(수량과부족 용인조건)일 경우는 용인량의 한도와 과부족선택권자를 명시한다. 예 : 5% More or Less at Seller's Option

13) 단가 14) 금액

해당수출물품의 단가와 금액을 기재한다.

15) 승인기관 기재란

승인기관에서 기재하는 난으로 수출입공고상 수출제한품목을 승인할 때 필요한 경우 승인조건을 기재한다.

16) 유효기간

수출승인 유효기간은 원칙적으로 1년이다. 그러나 다음과 같은 특정한 경우에는 1년이내 또는 20년의 범위내에서 단축 또는 초과 설정할 수 있다.

① 지식경제부장관이 물가안정 또는 수급조정을 위하여 1년 이내로 유효기간의 단축이 필요하다고 인정하는 경우

② 물품의 제조·가공기간이 1년을 초과하는 경우 등 물품의 선적 또는 도착기일을 감안하여 1년 이내에 물품의 선적이나 도착이 어려울 것으로 수출입승인기관의 장이 인정하는 경우

③ 수출·수입이 혼합된 거래로서 수출입승인기관의 장이 부득이하다고 인정하는 경우

17) 승인번호

승인기관에서 승인번호를 기재한다.

18) 승인기관 관리번호

승인기관의 자체적인 관리번호가 기재된다.

3.2 수출승인서

수출승인(신청)서
Export License(Application)

	처리기간 : 1일
	Handling Time : 1Day

① 수출자　　무역업신고번호 (Exporter)　(Notification No.) 상호, 주소, 성명 (Name of firm, Address, Name of Representative) 　　　　　　　　　　(서명 또는 인) (Signature)	④ 구매자 또는 계약당사자 (Buyer or Principal of Contract) ⑤ 신용장 또는 계약서 번호(L/C or Contract No.)
② 위탁자　　사업자등록번호 (Requester)　(Business No.) 상호, 주소, 성명 (Name of firm, Address, Name of Representative) 　　　　　　　　(서명 또는 인) 　　　　　　　　　　(Signature)	⑥ 금액(Total Amount) ⑦ 결제기간(Period of Payment) ⑧ 가격조건(Terms of Price)
③ 원산지(Origin)	⑨ 도착항(Port of Arrival)

⑩ Hs부호 (HS Code)	⑪ 품명 및 규격 (Description/Size)	⑫ 단위 및 수량 (Unit/Quantity)	⑬ 단가 (Unit Price)	⑭ 금액 (Amount)

⑮ 승인기관기재란(Remarks to be filled out by an Approval Agency)

⑯ 유효기간(Period of Approval)

⑰ 승인번호(Approval No.)

⑱ 승인기관 관리번호(No. of Approval Agency)

⑲ 위의 신청사항을 대외무역법 제14조제2항 및 동법 시행령 제26조제1항의 규정에 의하여 승인합니다.
　(The undersigned hereby approves the above-mentioned goods in accordance with Article 14(2) of the Foreign Trade Act and Article 26(1) of the Enforcement Decree of the said Act..)

　　　　　　　　　　　　　　　　　　　　　　　　년　　　월　　　일
　　　　　　　　　　　　　　　　　　　　승인권자　　　　　　(인)

※ 승인기관이 2이상인 경우 ⑮~⑱의 기재사항은 이면에 기재하도록 합니다.
※ 이 서식에 의한 승인과는 별도로 대금결제에 관한 사항에 대하여는 외국환거래법령이 정하는 바에 따라야 합니다.

Chapter 12

International Trade Practice

운송장과 선하증권

1. 국제운송의 의의와 종류

1.1 국제운송의 의의

국제운송은 무역거래에서 수출자로부터 수입자에게 화물인도가 국가 간에 이루어지는 무역거래의 운송을 말한다. 국제운송은 수출자와 수입자 간의 매매계약에 의하여 정해지는데, 당해 거래조건, 화물인도의 시기, 화물의 성질, 지형적 환경 등에 의하여 정해진다. 무역에서 물품을 운송하는 방법에는 해상운송·육상운송·항공운송이 있다.

1.2 운송의 종류

1) 해상운송

해상운송이란 원양항로를 따라 운항하는 선박에 의해 재화의 장소적 이전을 통해 효용을 창출하는 해상운송업무를 말한다. 해운의 특징은 대량수송 및 원거리 수송이고 수송비가 저렴하며, 수송루트의 제한이 없고 국제성이 있다.

2) 육상운송

육상운송은 자동차운송과 철도운송이 있으며, 자동차운송은 공로망의 확충, 화물자동차의 발전과 대량보급에 의해 한 나라의 종합수송체계의 핵심적인 역할을 담당하고 있고 국제복합운송의 발전에 따라 철도운송과 더불어 가장 중요한 연계운송수단이 되고 있다.

3) 항공운송

항공운송산업은 육상운송이나 해상운송과는 달리 경쟁상 자연독점상태도 아니며 순수 경쟁상태에 있는 것도 아닌 특수한 운수용역산업이다.

오늘날 항공화물운송은 국제무역에 있어서 종전의 긴급수송을 위한 예외적 수송수단에서 이제는 상업적인 수송수단으로서의 위치를 차지해 가고 있다.

4) 복합운송

국제복합운송이란 복합운송인(multimodal transport operator)이 화물을 자기의 보관 아래 인수한 한 국가의 지점에서 다른 국가에 위치한 인도가 예정된 지점까지 복합운송계약에 의거해 적어도 두 종류 이상의 이종 운송수단에 의한 화물운송을 말한다. 그런데 두 종류 이상의 이종 운송수단으로 목적지까지 화물을 운송하는 것 모두가 복합운송이 아니며, 복합운송이라 부를 수 있는 경우는 일관운임징수(through rate), 일관선하증권발행(through B/L), 단일운송책임(single carrier's liability)의 세 가지 조건이 갖추어졌을 때만을 말한다.

2. 운송계약 체결

2.1 개품운송계약

무역업자가 컨테이너화물을 포함한 일반잡화를 해외를 수송할 경우 1회의 화물량이 많지 않으므로 선박회사 등이 공표한 배선표(sailing schedule)에 따라 일정항로를 운항하는 정기선(liner)을 이용하게 된다. 개품의 운송계약은 구두로 이루어지나 화주는 선복요청서(shipping request) 또는 운송의뢰서 2부를 제출하여 그 중 1부는 선박회사의 서명을 받아두는 것이 좋다. 그리고 개품운송계약은 별도의 운송계약서를 작성하는 것이 아니고 선박회사가 일방적으로 결정한 정형적 약관을 화주가 포괄적으로 승인하는 부합계약의 형태를 취한다. 계약의 내용은 선하증권에 기재되므로 선하증권은 개품운송계약서의 성격을 가지고 있다고 할 수 있다.

2.2 용선계약

선박에 만재시키는 데 충분한 양의 화물을 가지고 있을 때 화주는 부정기선(tramper)의 선복을 구하게 된다. 이 경우 화주(용선자)는 스스로 적당한 선박을 찾아내어서 운송인(선주 또는 선사)과 직접교섭을 하는 경우도 있으나 통상은 용선 중개인을 통하여 교섭을 하는 경우가 많다. 즉 중개인이 선복의 이용자를 찾는 선주와 화물운송을 위해 선복을 필요로 하는 화주 사이에 서서 이것을 매개하는 것이 일반적 형태라고 할 수 있다. 선복을 필요로 하는 화주가 우선 중개인에 대해 화물의 종류·수량·선적시기 등 기타 희망하는 조건을 제시하여 선복을 의뢰하면 중개인은 즉각 그것에 상당하는 선주에게 조회(Inquiry)를 보낸다.

조회를 받은 선주는 제시된 모든 조건을 검토한 후 운항채산을 계산해 보아서 유리하다고 생각되면 확정 오퍼를 낸다. 확정 오퍼는 용선계약의 확정적 의사표시에 해당하는 것이므로 운송인으로부터 제시된 여러 조건에 대해 화주가 무조건 승낙의 의사표시를 하면 여기서 용선계약이 성립되는 것이다. 계약이 성립되면 즉각 그 주요조건을 기재한 선복확인서가 작성되며, 이어서 정식 용선계약서(charter party)가 작성된다. 용선계약서는 선주와 화주가 각각 서명하여 원본은 통상 선주가, 부본은 화주가 각각 보관한다.

<표 12.1> 개품운송과 용선운송의 비교

	개품운송	용선운송
형태	선사는 다수 화주로부터 위탁받는 개개화물의 운송을 인수한다.	선사는 특정의 상대방과 특약하여 선복을 빌려주어 운송을 인수한다.
선박	정기선(Liner)	부정기선(Tramper)
화주	불특정다수	특정화주
화물	집화와 같은 비교적 적은 화물	대량살물적화물(bulk cargo) (원유·철광석·석탄·곡물 등)
계약	선하증권(Bill of Lading ; B/L)	용선계약서(Charter Party ; C/P)
운임률	공시운임률(tariff rate) (신고운임률)	수급관계에 의한 시세(open rate)
운임조건	Berth Term	FI(Free In) FO(Free Out) FIO(Free In and Out)

3. 해상운송

3.1 해상운송의 기초

1) 해상운송의 의의 및 특성

화물선을 운송수단으로 하여 원양항로와 연안항로를 따라 운항하는 운송시스템을 해상운송이라 하며 일시에 대량으로 장거리를 운송할 수 있다는 경제성 때문에 현재 수출입화물의 대부분이 해상운송에 의존하고 있는 실정이다. 해상운송은 원거리, 대량운송으로 운임이 다른 운송수단보다 저렴하다는 특성 이외에도 선박만 있으면 세계 모든 나라의 영해와 항구를 거의 자유롭게 입·출항 할 수 있기 때문에 국제적으로 경쟁력 있는 산업이며 국가적으로도 아주 중요한 전략산업이다.

2) 선박의 개념과 종류

선박은 수상에서 사람 또는 물건을 싣고 이것들을 운반하는데 쓰이는 구조물로 국제무역에서는 선박법에 의한 상선 중 화물선만을 대상으로 한다. 화물선은 크게 유류를 운송하는 탱커선과 나머지 화물을 운송하는 건화물선으로 나눌 수 있다. 또 건화물선은 일반화물선(정기선, 부정기선), 전용선(광석전용선, 석탄전용선, 자동차전용선, 곡물전용선), 겸용선(광석·유겸용선, 광석·살화·겸용선, 자동차·살화겸용선) 그리고 특수선(냉장선, 중량물운반선, 원유유조선)으로 나뉜다. 일반화물선 중 정기선은 컨테이너선(container ship)과 일반정기선(liner ship)으로, 부정기선은 일반부정기선(tramp ship)과 살적화물선(bulk carrier)으로 구분된다.

3) 항만의 의의

종래 항만은 단순히 선박이 화물을 선적 혹은 양륙하기 위해 필요한 시설을 갖춘 곳 정도로만 인식되어 왔으나 최근에는 수출입활동의 전진 기지이자 물류기지로서 부각되면서 그 중요성이 재인식되고 있다. 항만은 국제무역적인 측면으로 볼 때 컨테이너 전용부두(터미널)와 기타 컨테이너화되지 않은 화물이 취급되는 재래부두로 크게 나눌 수 있다. 특히 컨테이너 수송이 화물을 완전히 규격화하여 수송단계에서의 화물취급을 종래의 인력중심에서 기계화하여 수송시간의 단축을 꾀하는바 이러한 컨테이너의 취급 장소가 컨테이너 터미널이다.

해상과 육상의 접점인 항만에 위치한 컨테이너 터미널은 컨테이너의 선적 및 양륙을 하는 한편, 트럭·철도에의 컨테이너 인수, 컨테이너 장치, 공컨테이너의 집화, 컨테이너의 수리, 청소 등의 기능을 수행한다.

T/P CY(Container Yard)와 CFS(Container Freight Station)

CY는 컨테이너를 인수, 인도하고 보관하는 장소인데 넓게는 Marshalling Yard, Apron, CFS 등을 포함한 컨테이너 터미널의 의미로도 쓰이지만 엄밀히 말하면 CY는 컨테이너 터미널의 일부이다. 보통 터미널 전체 면적의 약 65%를 차지한다. CFS는 컨테이너 한 개를 채울 수 없는 소량화물(LCL화물)을 인수, 인도하고 보관하거나 컨테이너에 적입(Stuffing) 또는 끄집어내는(Unstuffing, Devanning)작업을 하는 장소이다.

4) 컨테이너

(1) 컨테이너의 의의와 이점

오늘날 컨테이너는 포장·보관·하역·운송 등 화물유통의 전 과정을 일관수송할 수 있는 혁신적인 수송도구로 각광받고 있으며 현대 화물수송의 주종을 담당하게 되었다. 우리나라도 유류를 제외한 전체 수출입화물 중 컨테이너화물의 비중은 수출이 약 92%, 수입이 약 51%에 달하고 있다. 컨테이너운송의 이점은 경제성 측면에서 포장비의 절감, 해상운임의 절감, 내륙운송비의 절감, 하역비의 절감, 보관비의 절감, 자금의 신속회전, 보험료, 인건비, 사무비의 절감을 들 수 있으며 신속성 측면에서 운송기간의 단축, 하역시간의 단축, 운송서류의 간소화 등을 들 수 있다.

(2) 컨테이너의 규격 및 종류

컨테이너의 규격은 20Foot(Twenty0foot Equivalent Units : TEU), 40Foot(FEU), 45Foot (Jumbo)등 다양하며 폭과 높이는 특수한 것을 제외하고는 대부분이 8′×8′ 6″ (High Cubic : 8′×9′ 6″)이다.

3.2 해상운송의 선적절차

1) 선적협의

관련정보를 통해 자신이 원하는 시기 및 장소에서 화물을 운송해 줄 수 있는 선박회사를 물색했으면 이제는 직접 해당 선박회사와 접촉하여 구체적인 선적협의를 한다. 협의는 서면으로도 가능하겠으나 유선으로 하는 것이 보통이며 신속하고 정확하다. 협의시는 자신의 요망사항, 즉 언제·어디서·무슨 화물을·얼마나(중량 또는 용적 아니면 개략적으로 수량을 설명한다), 어느 곳까지·누구에게 운송하고자 한다는 것을 알리며, 선박회사측에서는 구체적으로 선적 가능 시기, 운임 등 화주의 요구사항에 대한 질의에 응하고, 상호요건이 충족되면 구두로 예약을 한다.

2) 선복요청서 제출

구두계약이 이루어지고 나면, 화주(shipper : 수출자 자신)는 송화시 수화인(consignee :수입자), 선적항(loading port), 양륙항(discharging port), 화물의 명세(particular 또는 description of cargo) 등 소정의 운송정보를 기재하여 선박회사에 정식으로 선복요청서 (S/R : Shipping Request)를 제출한다.

3) 화물포장 및 출고준비

상품 보호를 위한 화물의 포장상태가 운송에 적합할 정도로 견고한지 확인해야 한다. 선박은 철도나 트럭에 의한 운송과정과는 달리 선박 자체가 해상에서 심하게 동요를 할 수도 있으므로 백화점에 전시할 정도의 포장, 이른바 견물생심을 유발하기 위한 미관 위주의 포장만으로는 해상에서의 손상위험을 방지할 수 없으며, 화물의 손상원인이 포장불량에 있을 때에는 선박회사로부터 보상도 받지 못한다. 포장 및 출고준비는 선적협의시 요청된 시간내에 선박회사가 지정한 창고까지 운송·보관시킬 수 있도록 여유를 두고 착수한다.

4) 컨테이너 화물

화물을 컨테이너에 적입(Stuffing)하여 컨테이너 전용선에 선적 운송할 경우에는(L/C 상에 컨테이너 운송이 명시되어 있을 경우 또는 그렇지 않더라도 해당항로를 취항하는 선박이 컨테이너선밖에 없을 때), 화주 자신이 또는 선박회사에 요청하여 일단 컨테이너에 화물을 집어넣어야 한다.

선박회사에서는 일반 컨테이너를 기준으로 운임을 산정하는바, 소량의 화물을 수출하고자 하는 화주로서는 비싼 운임을 부담하면서까지 굳이 컨테이너 한 개를 독자적으로 사용할 필요는 없다. 선적협의시 자신의 화물량을 알려 주면, 선박회사에서 컨테이너 한 개를 독자적으로 사용해도 좋을지 또는 다른 화주의 동일 목적지로 가는 소량화물과 혼적(consolidation)하는 것이 경제적인지를 안내받을 수 있다. 전자의 경우에는 선박회사에서 화주가 지정하는 창고까지 빈 컨테이너를 운반, 대기시켜 주는바, 이를 받아서 화물을 완전히 적입시킨 후 선박회사에서 보내준 봉인(seal)을 채운다. 물론 봉인하기 이전에 세관검사를 필하여야 한다. 후자의 경우는 선박회사가 직영하는 혼적창고(Container Freight Station : CFS)까지 화물을 운송해 주면 선박회사 책임하에 그곳에서 타화물과 함께 컨테이너에 적입된다.

5) 출고 및 육상운송

화물의 출고준비가 끝나면(컨테이너에 화주 자신이 직접 적입하였을 때는 세관검사를 필하고 봉인이 된 상태) 선박회사가 지정한 창고까지 운송을 한다.

컨테이너화물의 경우는 화주의 요청에 의해 선박회사가 육상운송구간도 담당한다. 육상운송은 화물이 항구에 있는 보세구역까지 연결되므로 어느 운송업자나 취급할 수 있는 것이 아니고 보세화물 운송면허를 취득한 자라야만 가능하다. 육상운송료는 컨테이너 육상운송 요율표에 의하여 책정되며 거리와 화물량에 따라 차이가 있고 특수화물·장척화물·위험물 등에는 할증료가 가산된다.

6) 화물입고 및 인도

컨테이너화물인 경우 선박회사측에 화물을 인도하는 장소는 컨테이너 선박이 접안하고 부두에 위치해 있는 컨테이너용 전용 야드(Container Yard : CY)의 정문이다. 물론 선박회사가 화주창고에서 직접 화물을 인수해가는 경우도 있다. 정문을 통과할 시점에서 선박회사측과 화주 사이에 상호 인수가 이루어지게 되므로, 컨테이너의 경우 외관과 봉인에 이상이 없으면 인수증, 즉 부두수취증(Dock Receipt : D/R)을 화주에게 발급한다. 이 서류는 화주가 선박회사측에 화물을 인도하였음을 증명하는 서류로 선적관계 서류 중 중요한 것 중의 하나이다. 컨테이너에 적입되지 않은 일반화물(재래선화물이라 통칭함)은 선박회사에서 지정한 창고에 입고시키면 입고확인서가 작성된다.

7) 선하증권발행

화물을 선박회사측에 인도하고 나면 선박회사는 화물을 인수하였다는 것, 화주가 요청한 대로 운송하여 지정된 자에게 인도할 것을 약속하는 내용의 선하증권(Bill of Lading : B/L)을 화주에게 발행한다.

8) 선하증권수취

선박회사가 화물을 인수한 즉시 발급하는 수취증으로 컨테이너화물일 때는 부두수취증, 재래선화물일 때는 본선수취증(Mate's Receipt ; M/R)과 상환하여 B/L을 발급하는 것이 원칙이나, 실무에서는 D/R이나 M/R은 선박회사 내부에서 왕래되고 있으며 특별한 요청이 없는 한 화주에게 직접 교부하는 일은 거의 없다. 즉 선박회사에서는 화물의 인수 선적 사실을 내부 시스템을 통해 직접 확인할 수 있으므로 화주에게 D/R이나 M/R 제시를 요구하지 않고 화주의 요청에 따라 즉시 B/L을 발급한다.

9) 선적서류완비

B/L을 교부받으면 매매조건, 신용장조건 등에 부합하는지 여부를 확인하고 이상이 있으면 즉시 정정을 요청하여야 한다. B/L을 재발급 받고자 할 때에는 반드시 구증권을 반환하여야 한다. B/L에 이상이 없으면 상업송장(commercial invoice), 포장명세(packing list), 보험증권(insurance policy) 등 필요한 운송서류 일체를 구비하여 은행에 제시한다.

10) 주선업체 이용

화주 자신이 해상운송 분야에 대해 전혀 경험이 없거나 선박회사와 접촉하여 직접 선박을 수배할 시간이 없을 때에는 운송 주선업체의 서비스를 이용할 수도 있다. 주선업체는 화주의 요청이 있을 때 화주를 대신해서 포장·운송·선적 등 제반절차를 대행할 수 있으며 물론 일정의 보수를 지급하여야 한다. 주선업체는 자신의 명의로 B/L을 발급할 수도 있으나, 이 점은 신중을 기해야 하며 특별한 사정이 없는 한, 해당 화물을 운송하는 선박회사 명의의 B/L을 수취하는 것이 무난하다.

3.3 수출입컨테이너화물의 운송절차

오늘날 대부분의 정기선화물은 컨테이너로 운송되고 있으며 컨테이너운송은 수송량을 보다 큰 단위로 묶어 컨테이너 전용트랙터나 열차, 컨테이너 전용선박 등의 대량운송에 적합한 운송기관에 의해 운송이 이루어진다. 즉 재래선 운송방식과 같이 항만만을 접점으로 하는 것이 아니고 내륙지점에 창고를 설치하여 화물집배의 거점으로 삼는 것이다.

컨테이너 1개를 채울 수 있는 다량화물은 FCL(Full Container Load)화물이라 하여 화주의 공장 또는 창고 등에서 바로 컨테이너로 적재되어 내륙데포(CY)에 반입된다. 그리고 컨테이너 1개를 채우는데 부족한 소량화물은 LCL(Less Than Container Load)화물이라 하여 내륙데포(CFS)에서 목적지 및 적입의 적합성 등을 고려하여 타 화물과 혼재(Consolidation)된다. 이처럼 내륙데포에 적하된 화물은 컨테이너 전용열차 또는 트럭으로 컨테이너 터미널에 수송된다.

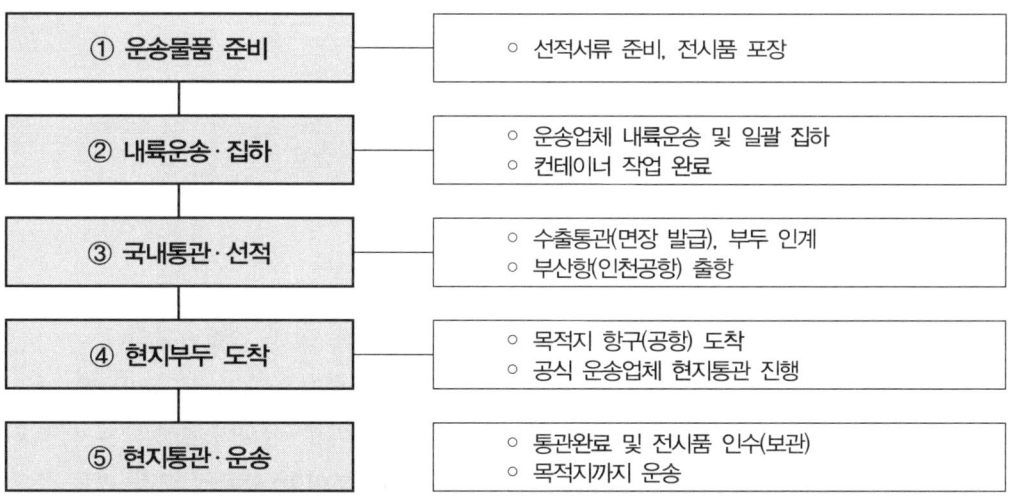

[그림 12.1] 컨테이너 활물 운송절차

3.4 정기선과 운송계약

1) 정기선의 의의와 종류

(1) 정기선의 의의

정기선은 정해진 항구 사이를 정해진 운항일정에 따라 항해하여 주로 완제품이나 반제품 등의 일반화물을 운송하는 것이다. 이 정기선을 운항하는 해운업자를 정기선사라고 부른다.

(2) 정기선의 종류

정기선에는 컨테이너선(Container), 컨테이너선과 대칭되는 개념으로 컨테이너를 운송할 수 있는 선박구조를 갖추지 못한 재래화물선(Conventional Ship), 일반화물선과 벌크선의 기능을 함께 구비한 다목적선(Muliti-purpose Ship), 하역기지에 의해 화물이 난간을 지나지 않고 선내에서 육지로 마련된 경사로를 따라 양륙될 수 있는 RO/RO(Roll on/Roll off)선 등이 있다.

2) 정기선의 운임구조

(1) 해상운임

① 해상운임 개요

운임의 수준은 시장경제의 원칙인 수요와 공급의 원리에 의해 결정되어진다. 정기선 운송에 있어서는 항로별로 해운동맹이 결성되어 있어 표정운임(Tariff Rate)을 책정하고 있으나 맹외선사(outsiders)와의 경쟁으로 인해 실제로 선사가 징수하는 시장운임(market rate)은 표정운임보다 훨씬 낮은 경우가 대부분이며 시황에 따라 변동 폭도 크다. 운임은 기본운임과 부대 운임으로 구성되며 기본운임은 중량 또는 용적 단위로 책정되며 2가지 중 운임이 높은 쪽이 실제운임으로 결정된다. 이때의 실제운임을 운임톤(Revenue Ton : R/T)이라 한다. 그리고 부대 운임은 할증료와 추가요금으로 구성된다.

② 해상운임의 종류

해상운임의 종류는 다음과 같다.

ⅰ) 지급시기에 따른 분류 : CIF 또는 CFR 조건에 의한 수출의 경우 수출자가 선적지에서 운임을 선불하는 경우가 있는데 이를 선불운임(freight prepaid)이라 한다. 한편, FOB 조건의 경우 수입자가 화물의 도착지에서 운임을 지급하게 되는데 이를 후불운임(freight to collect)이라고 한다.

ⅱ) 부과방법에 따른 분류 : 귀금속 등 고가품의 운송에 있어 화물의 가격을 기초로 이의 일정률을 운임으로 징수하는 경우 종가운임이라 하며 운임은 일정단위를 기초로 부과하는데 화물의 용적이나 중량이 일정기준 이하일 경우 이미 설정된 최저운임이 있다. 그리고 실제중량을 기준으로 한 운임을 중량기준운임, 실제중량에 비하여 용적이 큰 경우 용적을 기준으로 부과하는 운임을 용적기준운임, 컨테이너당으로 정한 운임을 박스운임(box rate)이라고 한다.

ⅲ) 선내 하역비 부담에 따른 분류 : 선적 및 양하 비용을 선주가 부담하는 경우의 운임을 Berth Term(Liner Term)운임, 화주가 선적 및 양륙 비용을 별도 부담하는 경우의 운임을 FIO(Free In & Out)운임, 화주가 선적비용을 부담하는 경우의 운임을 FI(Free In)운임, 화주가 양륙비용을 부담하는 경우의 운임을 FO(Free Out)운임이라고 한다.

ⅳ) 기타 정기선운임 동맹의 여러 가지 운임형태 : 해운동맹이 비동맹선사와의 경쟁을 위해 일정 조건을 갖춘 경우 관세요율을 인하하여 화물을 운송하는 경우의 운임을 특별운임, 광산물 등 대량화물의 수송에 있어 동맹선사의 경쟁력을 높이기 위해 동맹선사 스스로가 운임을 결정토록 하는 경우의 운임을 자유운임(open rate)이라고 한다. 그리고 선박회사 해운동맹이 일정기간에 제공되는 화물량에 따라 여러 가지 다른 운임률을 부과할 수 있는 기간물량운임(time volume rate)이 있으며 화주 또는 화주단체가 정기선 화물운송을 위해 운임동맹 또는 비동맹선자와 체결하는 계약으로 화주는 계약기간 중 일정화물을 제공할 것을 보증하며 운임동맹 또는 비동맹 선사는 스페이스, 운송기간, 기항지 등과 같은 일정한 서비스뿐만 아니라 표정운임상의 일반 운임보다 저렴한 운임을 보증하는 우대운송계약이 있다.

(2) 부대운임

① 터미널화물처리비(THC : Terminal Handling Charge)
화물이 CY에 입고된 순간부터 선측까지, 반대로 본선의 선측에서 CY의 게이트를 통과하기까지 화물의 이동에 따르는 비용을 말한다.

② CFS작업비
선사가 컨테이너 한개의 분량이 못되는 소량화물(LCL cargo)을 운송하는 경우 선적지 및 도착지의 CFS에서 화물의 혼적 또는 분류작업을 하게 되는 데 이때 발생하는 비용을 CFS작업비라고 한다.

③ 서류발급비(Documentation Fee)
선사가 B/L과 화물인도지시서(D/O)의 발급 시 소요되는 행정비용을 보전하기 위해 신설한 요금이다.

④ 체선할증료(Port Congestion Surcharge)
항구의 혼잡으로 인해 화물의 정체가 발생할 경우에 일정기간 동안 징수하는 요금이다.

⑤ 유류할증료(BAF : Bunker Adjustment Factor)
선박의 주연료인 벙커유의 가격변동에 따른 손실을 보전하기 위해 부과하는 할증료로서 기본운임에 대하여 일정비율 또는 일정액을 징수하고 있다.

⑥ 통화할증료(CAF : Currency Adjustment Factor)
운임표시통화의 가치하락에 따른 손실을 보전하기 위하여 도입한 할증료로서 일정기간 해당통화의 가치변동률을 감안하여 기본운임의 일정비율을 부과하고 있다.

3) 정기선의 운송계약

법 이론상 운송계약은 불요식 계약이므로 다른 일반계약과 달리 특정한 계약서가 없다. 정기선 운송계약 특히 정기선에 의한 개품운송계약은 송하인 또는 그 대리인이 선박회사에 화물의 운송을 신청하면 운송인은 이것을 승낙, 즉 화물을 예약함으로써 운송계약이 성립된다. 화주는 선사에 선적요청서(S/R)를 제출하면 되며 운송계약서가 별도로 작성되지 않고 선적이 끝나면 선하증권을 수령한다. 이 선하증권으로 운송계약의 존재와 계약내용이 입증되며 당사자는 상호 선하증권의 약관에 규제된다.

3.5 부정기선과 운송계약

1) 부정기선의 의의와 운송형태

(1) 의의

　부정기선은 정해진 항로를 정기적으로 운항하는 정기선과 달리 일정한 항로나 화주를 한정하지 않고 화물의 수송수요에 따라 화주가 원하는 시기와 항로에 선복을 제공하는 형태의 운송서비스를 말한다. 당초 해운업의 초기는 부정기선 형태이었으나 국제간의 무역이 크게 늘어나고 조선 기술의 발달로 점차 정기선 서비스가 발달되고 있는 추세이다.

(2) 운송형태

　부정기선 화물은 대체로 원유·철광석·석탄·곡물·시멘트 등 저가대량화물로 구성되며 선박은 화물수요에 따라 수시로 항로를 변경하기 때문에 부정기선 시장은 글로벌 마켓을 형성하게 되어 특정업체의 시장점유율이 높지 않아 정기선과 달리 동맹을 만들 수 없다. 부정기선의 운항주체는 일반 해운회사가 선박을 보유하여 운항하는 일반 운송인과 화주자신이 선박을 소유하여 자기 화물을 직접 운송하는 자가 운송인의 두 가지 형태가 있다.

2) 부정기선 운송계약 및 용선방법

(1) 부정기선 운송계약

　부정기선의 운송계약(선박을 대여 또는 차용하는 계약, 주로 대량화물을 부정기선으로 운송하는 경우에 선박회사와 용선자가 체결하는 계약으로, 'charter party'의 머리글자를 따서 C/P라고도 한다)은 정기선의 개품운송계약과는 달리 통상 화주가 필요로 하는 선박에 대해 매항차 당 선적지와 양하지, 운송시기와 운임조건을 감안하여 용선계약서(Chartered Party : C/P)을 작성하여 임대차계약을 맺는 형태이다.

(2) 부정기선의 용선방법

　부정기선의 용선(chartering : 화물운송을 위하여 보수를 지급하고 남의 선박을 대절하는 일 또는 그 계약)방법은 정기용선, 항해용선, 나용선(선박임대차)의 세 가지로 크게 나눌 수 있으나 이 중 수출입화주가 대개 이용하게 되는 것은 항해용선이다. 최근 들어 원료의 대량구매를 주로 하는 한전·포철 등의 대 화주와 선박회사 간에는 일년 단위 혹은 그 이상의 장기용선계약을 통해 원료의 안정적 수급을 꾀하고 있다. 정기용선계약은 일정기간 동안 선복의 전부 또는 일부를 용선하는 계약을 말한다.

3) 부정기선의 운임구조

(1) 부정기선 운임의 특징

부정기선 운임은 해운시황에 따라 등락을 하기 때문에 정기선 운임과 달리 안정되어 있지 않다. 부정기선 운임의 결정요인은 i) 경제성장과 교역량(장기적), ii) 경제적, 정치적 변수(중기적), iii) 일시적 수요증감에 따른 선복 과부족(단기적) 등이다. 부정기선의 운임단위는 정기 컨테이너선과 달리 선적되는 화물의 톤(중량 혹은 용적)으로 표시하며 중량화물의 운임산정을 위한 톤수의 경우 국제적으로 세 가지 기준이 사용되고 있음을 유의하여야 한다.

(2) 부정기선 운임의 종류

① 선복운임(Lumpsum Freight) : 화물의 개수, 중량 혹은 용적과 관계없이 일항해(Trip or Voyage) 혹은 선복(Ship's Space)을 기준으로 하여 일괄 계산하는 운임

② 부적운임(Dead Freight : 선적하기로 계약했던 화물물량보다 실제 선 적량이 적은 경우 용선자(charterer)인 화주가 그 부족분에 대해서도 지불하는 운임

③ 장기운송계약운임(Long Term Contract Freight) : 원료 및 제품을 장기적, 반복적으로 수송하기 위한 장기운송계약 체결시의 운임

4. 항공운송

4.1 항공운송의 개요

1) 항공운송의 의의와 이점

(1) 항공운송의 의의

최근 무역구조가 중후장대형으로부터 경박단소형의 제품위주로 변화되고 있으며, 특히 전자공업의 발달로 소형경량의 고부가가치제품이 크게 증가하면서 시장전략과 경쟁력 증대방안 등의 이유로 수출입화물운송에 있어 항공운송의 점유율이 점차 높아가고 있다. 우리나라의 수출입에 있어 항공운송은 물량기준으로 1%에도 미치지 못하나 금액기준으로는 약 30%에 달하고 있다.

(2) 항공운송의 이점

항공운송은 해상운송에 비해 높은 안전도와 신속성 그리고 저렴한 포장비가 큰이점이다. 아울러 화물의 적기인도를 통한 재고비용과 자본비용의 절감이 가능하며 도난 및 손상방지에도 큰 효과가 있다.

2) 항공운송의 이용방법

(1) 포장

항공운송은 항공기의 특성상 포장이 매우 중요한데 쓸모 없는 공간을 최소화하여 코스트를 절감토록 하는 포장방법이 강구되어야 한다.

(2) 운송의뢰

구두의뢰는 송화주가 직접 항공화물대리점으로 화물을 전달할 경우 그 즉시 항공화물운송장(Air Way Bill : AWB) 작성 및 서명을 하므로 서면에 의한 위임의 필요가 없어진다. 그러나 대부분의 화물은 서면을 통하여 대리점으로 인도 된다. 서면의뢰시 위험품 화주신고서, 상업송장, 수출입국의 세관에 의하여 제출을 요하는 제반서류 등의 타 서류와 함께 제출할 수 있다.

(3) 품명에 의한 운송제한

화물의 정확한 명칭 및 화물에 수반되는 필요서류를 명시하는 것은 송하인의 책임사항이다. 이는 화물 접수 시 제한사항 여부를 결정하기 위해 필요한 것들이며 품명에 의하여 운송 제한되는 것들은 아래와 같은 것들이 있다. 생동물, 무기류, 시체, 기계류, 부패성 화물 등이다.

(4) 중량

접수 시 화물의 중량은 정확히 계량되어야 하며 중량측정은 항공사 또는 대리점 직원의 감독 하에 이루어진다. 중량이 정확치 않은 경우 안전비행, 정확한 요금산정 및 도난으로 인한 손해배상 청구시 문제가 발생할 수 있다.

(5) 착지불(collect) 금지

송하인은 운임지불이 송하인에 의해 선불(prepaid) 또는 수하인에 의해 착지불 될 것인지를 지정하여야 하며 선불의 경우는 문제가 없으나 다음과 같은 화물은 착지불 지급이 금지되어 있다.

- 수하인과 송하인이 동일인인 경우
- 수하인이 죄수나 혹은 자유가 제한된 자인 경우
- 소가 도착지 공항터미널 혹은 호텔 또는 기타 유동상태인 경우
- 그 화물을 판매하였을 때 화물의 가격이 운임보다 싼 경우
- 도착지 국가의 통화규정이 수하인으로부터 운임지불을 허용치 않는 경우
- 최종 인도항공사가 착지불화물 취급을 동의치 않는 경우
- 착지불화물로 접수가 불가한 품목(시체, 생동물, 부패성 화물, 개인용 또는 사용된 이사품)

(6) 운송신고 가격

송하인은 운송신고 가격란에 화물의 가격 또는 NVD(No Value Declared)를 꼭 기입하여야 한다. 이 내용은 화물에 적용되는 종가요금(Valuation Charges)을 계산하기 위한 것이며 AWB당 항공사별 특정가격을 초과하면 수송 전 항공사와 협의하여야 한다.

(7) 세관신고 가격

세관신고 가격란에 신고 된 금액에 대해 관세가 부과된다. 수입국의 규정에 세관 신고 가격의 기입이 의무적이 아닐 경우에는 NCD(No Customs Declared)로 기재하여도 무방하다.

(8) 서명 및 일자

운송의뢰서에 송화주가 서명한 경우에는 화물의 취급에 대한 권한을 대리점에 위임한다는 뜻이 된다. 또한 항공화물운송장(Air Way Bill : AWB)에 화주가 서명을 한 순간부터 그 운송계약은 약관의 지배를 받으므로 운송업자의 최대책임한도, 사고발생시 관련 항공사에 대한 사고발생 사실의 서면통보 기일이 기재되어 있는 이면약관을 숙지해야 한다.

4.2 항공화물 운임

1) 항공화물 운송요금의 종류

항공운송기업(항공사 및 포워드)의 항공화물운송요금은 일반적으로 요율 및 부대요금, 기타 수수료에 의해 결정한다. 요율이란 항공운송기업이 화물운송의 대가로 징수하는 운임을 중량단위당 또는 단위용기당 금액으로 나타내는 것인데 대개 노선별로 요율표(tariff)에 정해져 있으며 화물요율의 중량단위는 대부분 kg을 사용한다. 부대요금(charge)은 운송에 관련한 부수적인 업무에 관한 대가와 설비의 사용에 대한 대가를 의미 하는데 수출항공 화물 취급수수료(handling charge), 수입화물 항공화물운송장비용(AWB fee), 픽업서비스비(pick up service charge), 위험품 취급수수료, 결제수수료 등이 이에 해당된다.

2) 항공화물 운임 결정방법

요율은 항공운송기업이 독자적으로 결정할 수 있는 것이 아니라 대개 정부의 개입 하에 일정한 방식과 절차를 거쳐 유효한 요율이 결정되나 미국의 항공규제 완화 이후 항공운송기업의 자유로운 운임 및 요율결정이 점차 세계적인 추세로 구체화 되어 가고 있다.

국제선의 운임은 원칙적으로 관계 양 당사국의 허가로 발효되지만 세계의 수많은 국가와 도시들간에 수많은 항공사에 의해 항공로가 연결되어 있으므로 이들 간의 혼란조정과 지나친 운임경쟁방지의 목적 하에서 IATA운임조정회의의 집단적 토의결정이 이루어진다. 여기서 결정된 사항을 각 항공사들이 자국의 국내법에 따라 정부에 허가를 신청하게 된다. Non-IATA항공회사의 경우에는 강제성이 없으나 IATA운임을 채용하는 것이 일반적이다.

> **T/P** IATA((International Air Transport Association:국제 항공 운송 협회)
>
> IATA는 캐나다의 퀘벡주 몬트리올에 있는 국제적인 무역 기구이다. 이 기구를 통해 항공료를 합의한다. 이 기구는 카르텔을 운영하여 고발 당했으며, 수많은 저가 항공사들은 이 IATA의 정회원이 아니다.
>
> 운임 계산을 위해 IATA는 전 세계를 세 곳으로 구분해 놓고 있다:
>
> 1. 남아메리카, 중앙 아메리카, 북아메리카
> 2. 유럽, 중동과 아프리카, IATA 유럽 (지질학적으로 유럽인 곳과 모로코, 알제리, 튀니지를 포함)
> 3. 아시아, 오스트레일리아, 뉴질랜드, 태평양 섬
>
> IATA에서는 세 문자 IATA 공항 코드와 두 문자 IATA 항공사 코드를 할당하고, 전 세계적으로 사용한다. ICAO도 공항과 항공사 코드를 할당한다. Rail&Fly 시스템을 위해, IATA에서는 또한 IATA 철도역 코드를 할당한다. 항공기의 출발지연을 파악하기 위해 IATA 지연 코드도 지원하고 있다.
>
> IATA는 미국을 제외한 전 세계 여행사들에 대한 공인을 하는 역할도 하는데, 항공사 보고 조합에서 행해진다. IATA에 가입된 항공사를 대상으로 하는 항공권 판매에 대한 허가권은 국가 기구를 통해 이루어진다.
>
> IATA가 하는 일 중에는 위험물 분류에 대한 규정제한과 IATA 위험물 제한에 대한 매뉴얼을 출판하기도 한다.

4.3 항공화물의 운송절차

1) 수출화물에 대한 항공운송 절차

(1) 수입자와 매매계약이 체결되어 수출을 위한 준비단계가 완료되면 화물의 출고시간에 맞추어 운송수단을 선정하고 해당 항공사에 예약을 한다. 화주가 선사 및 그 대리점에 선적예약을 한다.

(2) 화물운송 예약 시에는 항공운송장 번호·출발지/도착지·포장개수·각 포 장상자의 중량·부피·상품명 등과 함께 지정 항공편에 예약을 의뢰한다.

(3) 수출서류를 준비하고 상품을 포장하여 수출통관 준비를 한다.

(4) 포장이 완료된 화물을 보세지역에 반입하고 상업송장, 포장명세서 등 서류와 함께 수출신고서에 첨부하여 관할세관에 제출한 후 수출면장을 교부 받는다.

(5) 항공사 또는 그 대리점에서 항공운송장을 발급 받고 화물의 내용에 따라 적절한 라벨을 붙인다.

(6) 탑재가 결정된 화물은 적하목록에 기재하고 작성된 적하목록의 세관제출용을 세관에 제출하여 화물의 반출허가를 받는다.

(7) 적하목록의 화물반출 체크용을 가지고 화물 장치장에서 탑재할 화물을 픽업하여 행선지별로 컨테이너, 팔레트 등에 적재한다(운송인의 업무).

(8) 탑재책임자는 항공기의 운항에 필요한 자료와 수하물, 기타 화물량에 따라 탑재계획을 작성, 탑재하여 출발한다(운송인의 업무).

2) 수입화물에 대한 항공운송 절차

(1) 항공기가 도착하면 기내검역이 행해지고 출발지에서 보내온 하기지시서(Unloading Instruction)에 따라 하기작업이 행해진다.

(2) 하기된 화물은 분류장에 운반되어 서류와 함께 점검하고 분류하며 서울 도착 화물은 김포세관, 서울세관, 남서울세관 화물로 분류한다.

(3) 도착화물은 항공사가 보관하지 않고 단지 탑재명세서에 의거 화물의 대조확인 및 파손유무를 점검한 후 보세창고에 보관되며 관련서류는 항공사가 보관한다. 김포세관을 제외한 서울세관, 남서울세관, 또는 부산, 대 구로 운송되는 화물은 세관의 감독 하에 보세운송면허를 득한 업자에 의해 운반된다.

(4) 목적지가 부산인 화물의 경우 항공운송장에 목적지를 부산으로 표기하게 되면 통과화물로 취급되어 항공사에 의해 항공기 혹은 보세운송트럭에 의해 부산까지 운송해 준다.

(5) 자가 보세 장치장을 가진 수하인은 김포공항 도착 즉시 현장에서 인수할 수 있도록 되어 있으며 항공운송장의 분류, 정리가 끝나면 수하인에게 전화나 우편으로 도착통지를 한다.

(6) 수입통관 업무는 수하인 또는 수하인으로부터 지정받은 통관업자가 행하며 항공

사로부터 항공운송장을 인수받은 수하인 또는 통관업자는 수입신고를 세관에 제출하고 수입허가를 득하여 통관, 인수하면 모든 절차가 끝나게 된다.

5. 복합운송

5.1 복합운송과 Containerization

복합운송의 구상은 화물의 일관수송시스템(unit load system : 화물을 수송할 때 기계하역이 가능한 단위로 모아서 하역하는 것) 방식에 의해서만 가능하고 이것은 유통코스트의 문제에서 발단된 것이다. 화물 유니트 로드의 실체화가 컨테이너로서 이는 운송의 분야에 타 산업계에서 진행되고 있던 대량생산과 오토메이션의 메커니즘을 채용한 것이라고 할 수 있다. 따라서 단위상호간에는 신속하고 효율적인 환적이 가능해짐으로써 노동생산성이 현저하게 향상되고, 자본생산성도 가동률의 향상으로 제품단위당 비용의 절감이 가능해지는 것이다. 컨테이너 수송은 안전성, 신속성, 경제성을 충족시켜 국제거래에서 재화의 시간적, 공간적 간격을 극복하여 해륙일관수송 곧 복합수송(multimodal transport)체계를 완성함으로써 경제적인 효율을 더욱 높여주게 된다.

5.2 Containerization과 복합운송의 장점

1) Containerization의 장점

 (1) 전천후 작업이 가능하고 조작의 최소화로 하역시간이 단축
 (2) 항내 정박시간의 단축을 통한 선박회전율의 제고와 선복가동률의 향상
 (3) 하역비·조작비·검수비·창고료·선원비 절감을 통한 비용의 감소
 (4) 컨테이너 그 자체가 포장용기로 사용됨으로써 포장비가 절약
 (5) 타 운송 수단과의 연결이 쉽고 신속한 인도가 가능하여 내륙수송비가 절약
 (6) 수송시간의 단축에 의한 금리의 감소
 (7) 선박의 운항스케줄의 안정에 의한 재고조정이 가능
 (8) 조작과정의 최소화로 사고예방과 화물손상의 감소

2) 복합운송의 장점

복합운송의 장점으로는

(1) 수송 분야에 있어서 에너지 절감을 할 수 있다.

(2) 항구에서 신속한 환적을 가능하게 하여 재래수단에 의한 것보다 화물프리미엄이 낮으며, 인건비의 절감을 가져다준다.

(3) 복합수송은 노동비와 자본비의 단계적인 인상에도 불구하고 그들의 하부구조와 수송수단의 좋은 이용에 도달하게 해준다.

(4) B/L 발급업무가 통과화물기록, 통과운임 및 합동 책임규약의 이용으로 간소화되었다.

(5) 신속한 통과는 특히 가격조건이 CIF인 경우 운임지불을 보다 먼저 하도록 촉진시켜 주며, 수입자로 하여금 창고저장을 최소로 하게 하여 과다한 운영 자본비 유통을 막게 한다.

(6) 복합수송의 낮은 비교비용은 세계자원의 최적이용을 촉진시킨다.

(7) 복합수송의 발달은 국제적인 규칙조약의 제정을 촉진시킨다.

(8) 국제규격화한 컨테이너의 이용으로 인한 합리화와 효율성 때문에 가용자본의 최적이용이 가능해진다.

(9) 복합운송에 의해 운반되는 상품은 재래식운송보다 더 안전한 상태로 수송된다.

6. 선하증권(Bill of Lading : B/L)

6.1 선하증권의 기본성격

1) 선하증권의 의의

화주와 선박회사간의 해상운송계약에 의하여 선사가 그 화물을 영수하였다는 것을 증명하는 한편, 도착항에서 일정한 조건하에 수하인 또는 그 지시인에게 화물을 인도할 것을 약정한 유가증권이다. 오늘날 국제무역의 결제수단은 통상 화환어음(documenatry bill)에 의하며 선하증권은 그 화환어음을 매입(negotiation)하기 위해 상업송장 및 보험증권과 함께 기본적으로 필요로 하는 서류이다.

2) 기능

(1) 증권의 소유자나 피배서인이 해당 상품의 인도를 주장할 수 있는 권리증권(entitled document)

(2) 선주와 화주간에 계약이 체결된 것을 증명하는 계약증서(evidence of contract)

(3) 상품이 선박에 인도되었음을 증명하는 영수증 등이 있다.

6.2 선하증권의 종류

1) 선적선하증권과 수취 선하증권

(1) 선적선하증권(Shipped or on Board B/L)

선박회사가 화주로부터 수령한 운송화물을 선적한 후에 발행하는 선하증권으로서 증권면에 선적완료 사실이 Shipped 또는 Shipped on Board로 표시된다. 오늘날 가장 많이 이용되고 있는 FOB 또는 CIF 같은 무역조건은 본선인도를 전제로 한 것이기 때문에 이 경우 당연히 Shipped B/L이 발행되어야 한다.

(2) 수취 선하증권(Received or Shipment B/L)

화물을 선적할 선박이 화물을 적재하기 위하여 항내에 정박 중이거나 아직 입항 되지는 아니하였으나 선박이 지정된 경우에 선박 회사가 화물을 수령하고 선적 전에 발행하는 선하증권이다. 이는 실제 선적한 후 선적일을 기입하고 선박 회사가 서명하면 선적선하증권과 동일한 효력을 가지게 되는데 현재 제4차 신용장통일규칙에 의하면 신용장이 특별한 선적운송서류를 요구하지 않는 한 Received B/L도 은행에서 수리를 하도록 하고 있다.

2) 무사고 선하증권과 사고 선하증권

(1) 무사고 선하증권(Clean B/L)

본선 상에 선적하는 화물의 포장상태나 수량 등과 관련 본선수취증 비고(remarks)란에 아무런 결함 또는 이상상태가 기재되어 있지 않은 경우에 발행되는 선하증권을 말하는데 증권면에 Shipped on board in apparent good order and condition이라고 표시되기도 한다.

(2) 사고 선하증권(Foul or Dirty B/L)

선적당시 화물의 포장상태나 수량 등에 어떤 결함 또는 이상이 있거나 이러한 사실이 표시된 선하증권을 은행에 제시하였을 경우 은행은 신용장통일규칙에 의해서 매입을 거절하게 되므로 수출자는 선적당시 화물에 대한 이상이 발견되면 즉시 이를 대체 또는 재포장하여야 하며 선박이 곧 출항한다든지 선적 기일이 임박하여 부득이 대체 또는 재포장이 곤란한 경우에는 선박회사에 파손 화물 보상장(L/I : Letter of Indemnity)을 제공하고 무사고 선하증권을 교부받을 수 있다. 따라서 선박회사는 이 보상장만 있으면 후에 파손화물에 대해 책임이 면제되며 보험회사도 파손화물에 대한 책임을 지지 않으므로 결국 최종 보상 책임은 수출자에 귀착된다.

3) 기명식 선하증권과 지시식 선하증권

(1) 기명식 선하증권(Straight B/L)

선하증권 상에 특정한 수화인이 기입된 선하증권을 말한다. 기명된 수화인이 양도하지 않는 한 다른 사람에게는 하등의 가치가 없다.

(2) 지시식 선하증권(Order B/L)

선하증권 상에 특정한 수취인을 기재하지 않고 단순히 To Order, Order of Shipper 또는 Order of XXX Bank로 기재되어 있는 것으로 이 경우 전자의 경우에는 수출자가, 후자의 경우에는 은행이 증권이면에 백지배서만 하면 이 증권의 소지인이 화물에 대한 소유권을 갖도록 양도할 수 있는 선하증권이다.

4) 제3자 선하증권(Third Party B/L)

B/L상에 표시되는 송화인(shipper)은 일반적으로 신용장의 수혜자가 되는 것이 보통이나 수출입 거래의 매매당사자가 아닌 제3자(third party)가 송화인이 되는 경우가 있는데 이를 제3자 선하증권(Third Party B/L, Neutral Party B/L)이라고 한다. 주로 중계무역 등에서 이용되는데 신용장에 별도의 명시가 없는 한 은행은 이를 수리하도록 신용장통일규칙에서 정하고 있다.

5) 통과선하증권(Through B/L)

통과선하증권이란 운송화물을 목적지까지 운송하는데 선주가 다른 선박을 이용하는 경우나 육운과 해운4을 이용하여 운송될 경우 등 복수의 운송인이 관여하고 최초의 운송업자가 다음 구간에 대하여 연결책임을 지는 운송증권을 말한다.

6) 복합운송선하증권(Multimodal Transport B/L)

복합운송선하증권이란 수출국의 화물인수장소로부터 수입국의 인도장소까지 육상·해상·항공중 적어도 두 가지 이상의 다른 운송방법에 의해 협동일관운송(multimodal transportation)되는 경우에 발행되는 운송증권이다. 그리고 이는 주로 문전에서 문전까지(door to door) 전통 운송되는 컨테이너화물에 사용된다.

7) 약식선하증권(Short Form B/L)

약식선하증권은 선하증권으로서의 필요기재사항을 갖추고 있지만 보통 선하증권(Long Form B/L)의 이면약관이 생략된 것으로서 미국을 위시한 여러 나라에서 널리 사용되고 있다. 이 약식선하증권에 관하여 어떤 분쟁이 생기면 일반적으로 Long Form B/L상의 화주의 권리와 의무에 따른다.

8) 진부선하증권(Stale B/L)

진부선하증권은 선하증권의 어떤 형태를 말하는 것이 아니고 선적 후 정당하다고 인정되는 기간이 경과한 후에 은행에 제시된 선하증권을 말한다. 신용장통일규칙은 선하증권 또는 기타 선적서류의 발행일로부터 지급·인수 또는 매입을 위하여 서류를 제시할 때까지의 일정기간을 명시하도록 하고 있다. 이러한 제시기간이 신용장상에 명시되어 있지 않은 경우 선하증권 또는 기타의 선적서류가 발행일로부터 은행에서 일반적으로 용인하는 허용기간이 경과한 후 매입은행에 제시되면 은행은 신용장상에 Stale B/L acceptable이란 조항이 있는 경우를 제외하고는 수리를 거절한다.

9) 환적선하증권(Transshipment B/L)

운송경로의 표시에 있어 도중의 환적을 증권면에 기재한 B/L을 말한다. 환적이 신용장 조건에 의해 금지되어 있지 않는 한 전 운송과정이 단일 및 동일 운송서류에 표시되어 있는 경우 화물이 환적 될 것이라고 표시되어 있는 운송서류는 수리한다.

10) 집단선하증권(Master B/L)과 혼재화물 선하증권(House B/L)

선박회사가 발주자의 혼재화물에 대해 발주자에게 1건으로 발행하는 선하증권을 Groupage B/L 또는 Master B/L이라고 하며 발주자가 소량화물(LCL화물)의 건마다 소량 화물 화주에게 개별적으로 발행하는 B/L을 House B/L이라고 한다.

6.3 선하증권의 기재사항

1) 필수기재사항

(1) 선하증권 및 운송인의 표시
(2) 선박의 국적, 명칭과 톤수
(3) 운송품의 종류, 중량과 용적, 포장의 종류, 개수와 기호
(4) 송하인·수하인의 성명 혹은 상호
(5) 선적항과 양륙항
(6) 운송기간 및 운임의 표시
(7) 선하증권의 작성지와 작성일자
(8) 선하증권의 발행부수
(9) 선하증권의 기명날인

2) 임의기재사항

(1) 본선 항해번호(voyage No.)

(2) 통지처(notify party) : Straight B/L에는 필요 없으나 Order B/L에 부기됨.

(3) 운임지불지, 운임지불조건 : 선불일 경우는 대개 생략(주로 Freight Prepaid로 표기) 되며 후불일 경우에 기재하는 것이 보통임.

(4) 선하증권 번호

(5) 컨테이너 번호 및 봉인 번호(Sealing No.)

(6) 선주 면책조항(general clause or exceptions)

6.4 선하증권(B/L)의 면책약관 해설

1) 위험의 제외에 관한 사항(면책위험)

(1) 천재 및 해난의 제외

선박회사 및 사용인이 통상 예견하고 방지할 수 없는 해난(폭풍, 좌초, 유빙 등) 및 순수한 자연력에 의한 천재(결빙, 낙뢰 등)에 의한 사고에 대하여는 선사가 중과실을 입증할 필요 없이 면책됨을 특약한다.

(2) 전쟁위험의 제외

전쟁위험(어뢰, 폭탄 등의 폭발, 나포, 봉쇄) 등에 기인한 손해는 선사의 책임이 없다.

(3) 제3자의 행위에 기인하는 위험의 제외

검역, 압류 등 규제에 기인하는 손해나 파업·폭동·절도 등 제3자의 행위로 발생되는 손해에 대하여는 선사에 책임이 없다.

(4) 화재의 면책

운송인 또는 사용인의 고의나 과실로 인하여 발생한 것이 아닌 한 선박에서의 화재는 원칙적으로 운송인의 면책으로 규정되어 있다.

2) 책임의 제외에 관한 사항(일반면책)

(1) 과실조항(negligence clause)

항해과실(선장, 선원, 도선사, 선박회사의 사용인에 의한 선박의 조종 및 안전항해를 위해 필요한 선박에 관한 일체의 기술상의 행위에 관한 과실)에 기인하는 손해는 면책되나 상업과실(화물의 선적, 적부, 보관, 하역, 인도 등에 관한 과실)에 기인하는 손해는 책임을 진다.

(2) 잠재하자조항

선박의 감항능력(seaworthiness)의 담보의무는 각국 법제상 운송인에게 상당한 책임을 부과하고 있으나 복잡한 선체, 기관 등에는 기술적 결함이 잠재하여 출항 전 충분한 주의를 하였음에도 발견할 수 없는 것도 있어 이로 인한 손해에 대해서는 면책된다.

(3) 이로조항(deviation clause)

인명이나 재산의 구조, 피난 및 기타 상당한 이유가 있는 경우에 예정항로 외의 운항이나 기항은 면책된다.

(4) 부지조항(Unknown Clause)

선적 시 화물의 내용까지는 검사하지 않으며 B/L에 외관에 양호한 상태로 선적하고 이것과 유사하게 양호한 상태로 인도한다고 기재하여 화물의 내용, 중량, 용적, 내용물의 수량·품질·종류 및 가격 등에 대하여는 선사의 책임 없음을 특약한다.

(5) 파손 및 누손조항(화물 고유의 성질)

동생물, 갑판적 화물, 어패류, 육류, 과실류, 부패성 화물, 도자기 등의 파손, 누손, 부패, 사망 등은 면책 된다.

(6) 고가품에 관한 조항

송화인이 선적 시에 화물의 종류·품질·가격 등을 명시하지 아니하였고 또한 운임이 종가율에 의하지 않았을 때는 혹 발생될지 모르는 손해에 대하여 일정금액 이상의 배상책임이 없다.

(7) 위험물에 관한 조항

송화인이 선적 시에 위험물을 신고하지 않았을 경우 동 화물로부터 위험을 느끼면 선장이 양륙, 투기 등 자의로 처분할 것을 특약한다. 수출입 금지품이나 전시 금지품 등도 동일하다.

(8) 손해배상에 관한 조항

클레임 제기방법, 손해배상의 시효 및 그 한도 등에 관해 규정한다.

T/P 적하품 선적시 유의사항

① 정기선에 적재시 되도록 창업된 지 오래된 선박회사를 이용한다.
② 국적선이 해당항로를 취항하지 않을 경우 선주협회로부터 국적선불취항 증명서(waiver)를 발급받아 외국선사에 선적한다.
③ 선박이나 항공기를 이용할 때 선적시 신용장상에 선박이나 항공편이 지정되었다면 필히 지정된 선박회사나 항공사를 통해 선적한다. 이러한 조치가 불가능시에는 신용장 조건변경을 요청한다.
④ 운송주선업자를 통해 선적시에는 운송주선업자가 해당 선박회사의 대리점인지를 확인한 후 이용한다.
⑤ 선박 용선시에는 선주가 누구이며 신용상태는 어떤지 조사한다.
⑥ 특수 냉동선에 상품을 선적시에는 해당 선박이 항해중 적정온도를 유지할 수 있는지 여부를 체크한다.
⑦ 살화물을 부정기선에 선적시 해당 선박이 당초 항해 일정대로 항해하는지 확인하고 부정기선의 선주나 용선자가 다소 의심스러울 경우 적하품에 대해서는 필히 전위험담보조건을 부보하도록 한다.
⑧ 상품을 본선에 적재한 후 선하증권을 교부받을 시에는 B/L이 신용장에서 요구하는 대로 발급되었는지 확인한다. B/L기재 내용에 오타로 정정표시가 된 것은 새로이 정정표시가 없는 B/L로 재작성하도록 요구한다. 일부 중동국가에서는 B/L에 정정표시가 있다 하여 이를 근거로 부도처리를 하는 경우도 있다.

Chapter 13

International Trade Practice

해상적하보험

1. 해상적하보험

1.1 해상보험의 의의

해상보험이란 해상위험, 즉 항해에 관한 사고로 인하여 발생한 손해를 보상해 주는 계약이다. 해상위험이란 선박의 항해와 관련하여 발생할 수 있는 제반위험을 말하며, 이에는 좌초·침몰·폭풍우·화재 등의 자연적인 위험과 해적·강도·투하·선원의 악행·전쟁 등의 인위적인 위험도 있다.

1.2 해상적하보험의 보험기간

1) 위험개시

해상적하보험의 위험은 화물이 보험증권에 기재된 지역의 창고 또는 보관장소를 떠날 때부터 개시된다.

2) 위험의 종료

해상적하보험의 위험의 다음의 세 가지 중 먼저 일어난 때에 위험이 종료된다. I첫째, 보험증권에 기재된 목적지의 수화인 또는 기타의 최종창고나 보관 장소에 화물이 인도된 때 둘째, 통상의 운송과정이 아닌 보관 또는 할당이나 분배의 목적에 사용하고자 택한 창고 또는 보관 장소에 인도된 때 셋째, 최종 양륙항에 외항선으로부터 화물을 하역한 후 60일(단, 우리나라에서 수입하는 화물은 30일)이 경과된 때

1.3 화물조건과 해상적하보험

무역조건상 화물의 소유권이 이전되는 시기와 적하보험계약상 담보구간이 상호 일치하지 않을 수가 있으므로 보험계약을 체결할 경우 담보구간상의 공백이 발생되지 않도록 유의하지 않으면 안된다.

무역조건별로 해상보험의 담보효력이 개시되는 시기에 대하여 설명하면 다음과 같다.

I) EXW(Ex Works : 공장인도조건) : 운송기관에 화물이 인도된 이후의 비용과 위험부담은 매수인이 부담하여야 하므로, 그때부터 적하보험계약상의 책임이 개시된다.

ii) FAS(Free Alongside Ship : 선측인도조건) : 본선측에 인도된 후 적하보험의 책임이 개시된다. 따라서 매도인은 선측 인도전까지의 위험에 대해서는 자기의 비용으로 별도의 위험대비책을 강구하여야 한다.

iii) FOB(Free on Board : 본선인도조건) : 보험계약은 본선적재시부터 개시되므로 본선에 적재하기 전까지의 위험은 매도인이 별도로 보험가입을 하여야 하며, 매수인의 보험증권으로는 이때의 위험이 담보되지 않는다.

iv) CFR(Cost and Freight : 운임포함조건) : 책임개시문제는 FOB와 같다.

v) CIF(Cost Insurance and Freight : 운임보험료 포함조건) : 매도인이 가입한 보험증권에 의하여 적하보험 책임개시는 매도인의 창고를 떠날 때부터 개시되고, 보험증권이 매수인에게 양도되므로 매수인의 최종목적지까지 공백없이 담보구간이 이어진다.

1.4 해상적하보험의 보험조건과 담보범위

적하보험의 보험조건은 크게 기본조건과 부가조건의 두 가지로 나눌 수 있다. 이를 요약설명하면 다음과 같다.

1) 기본조건

(1) 기본조건의 담보위험

적하보험에서 적용되는 보험조건은 1982년부터 시행된 신협회적하약관에 따른 ICC(A), ICC(B), ICC(C)와 구협회적하약관에 준한 FPA, WA, All Risks 이렇게 3가지가 있으며, 이외에 우리나라 실무에서 사용중인 TL(Total Loss)가 있다.

① 구약관의 종류와 내용

구약관 종류	내용
AR(전위험담보조건 (All Risks))	• 전위험을 담보하는 조건이나 모든 손해나 멸실을 담보하는 것은 아니며, 약관상 규정된 면책사항을 제외한 위험으로 인해 발생한 손해를 담보하는 조건으로 적하보험조건 중 가장 담보범위가 넓음 – 약관상 규정되어 있는 면책사항 – 보험계약자 또는 피보험자의 고의 또는 불법행위로 인한 일체의 손해 – 보험목적물의 고유의 하자 또는 성질에 기인한 손해 – 운송지연으로 인한 손해 – 전쟁, 폭동, 파업으로 인한 손해 – 위험요건을 구비하지 않은 사유에 의한 손해, 즉 통상적인 손해 상기 면책사항중 전쟁, 폭동, 파업으로 인한 손해는 전쟁 및 동맹파업 특별약관을 첨부해 담보할 수 있음.
WA(분손담보조건 (With Average))	WA는 해상고유의 위험 중 하나인 악천후(heavy weather)로 야기된 단독해손 또는 해상위험 중 투하나 강도로 인한 단독해손을 보상해주는 조건임
FPA(단독해손부담 보조건(Free from Particular Average))	– 현실전손 및 추정전손 – 본선 또는 부선의 침몰, 좌초, 대화재로 인한 단독해손(이 경우 면책비율과 인과관계를 불문하고 보상함) – 선적, 환적, 하역중의 매포장당 전부손해 – 화재, 폭발, 본선 및 부선의 물품 이외의 물체와의 충돌·접촉으로 인한 단독해손 – 피난항에서 적하의 양하에 정당하게 기인한 단독해손 – 공동해손 – 손해방지비용 – 중간 기항항이나 피난항에서 양하, 창고보관 및 계반을 위한 특별비용.

② 신약관의 종류와 내용

신약관 종류	내용
ICC(A)	• 약관상 규정된 면책사항을 제외한 위험으로 인해 발생한 손해를 담보하는 조건으로 적하보험조건 중 가장 담보범위가 넓음 　- 피보험자의 고의적 비행 　- 통상적인 누손, 부족손, 자연소모 　- 포장불완전 또는 부적합 　- 피보험 목적물의 고유의 하자 또는 성질 　- 지연 　- 선박소유자, 관리자, 용선자 또는 운항자의 채무불이행 　- 원자력, 핵무기의 사용 　- 선박, 부선의 불내항 　- 화물의 안전 운송을 위한 선박, 부선, 운송용구, 컨테이너 및 리프트밴의 부적합 　　(단, 피보험자 또는 그 사용인이 상기 사실을 알고 있을 경우에 한함) 　- 전쟁, 내란, 혁명, 모반, 반란 또는 이로 인해 발생한 국내 투쟁이나 교전국에 의해 또는 교전국에 대해 행해진 적대행위 　- 포획, 나포, 강류, 억지, 억류(해적행위 제외) 　- 유기된 기뢰, 어뢰, 폭탄 기타 유기된 전쟁병기 　- 동맹파업자, 직장폐쇄 또는 노동분쟁소요와 폭동에 가담한 자의 행위 　- 동맹파업, 직장폐쇄, 노동분쟁, 소요, 폭동의 결과, 테러리스트, 정치적 동기 행위
ICC(B)	• ICC(B)에서는 ICC(C)에서 담보하는 위험에 추가위험을 담보 　- ICC(C) 조건일체 　- 지진, 화산의 분화, 낙뢰 　- 투하 또는 갑판유실 　- 본선, 부선, 선창, 운송용구, 컨테이너, 지게자동차 또는 보관장소에 해수·호수·강물이 침입 　- 본선이나 부선으로의 선적 또는 하역작업중 바다에 떨어지거나 갑판에 추락한 화물의 포장당 전손
ICC(C)	- 화재 또는 폭발 　- 본선 또는 부선의 좌초, 교사, 침몰, 전복 　- 육상운송용구의 전복 또는 탈선 　- 본선·부선 또는 운송용구와 물 외의 다른 물체와의 충돌 또는 접촉 　- 피난항에서의 화물의 하역 　- 공동해손 희생손해 　- 투하 　- 쌍방과실 충돌약관에 의한 손해 　- 담보위험으로 인한 항해 종료시 양하·입고·제반비용 　- 공동해손, 구조비(단, 면책위험으로 인해 발생되는 것 제외)

③ 신약관과 구약관의 차이점

구분		차이점
신약관	구약관	
ICC(A)	A/R	A/R에서는 piracy가 면책위험이었으나 ICC(A)에서는 담보임
ICC(B)	WA	• WA에서는 지진, 화산의 분화, 낙뢰로 인한 손해가 부담보이지만 ICC(B)에서는 담보임 • WA에서는 heavy weather로 인한 손해는 담보되지만 ICC(C)에서는 heavy weather(악천후)가 발생해도 직접적인 물(해수·호수·강물)의 침입이 없는 경우는 부담보임. 또한 ICC(B)에서는 빗물(rain water)에 의한 손해는 부담보임
ICC(C)	FPA	선적이나 환적 또는 하역 작업중 화물의 포장당 전손은 FPA에서는 담보되나 ICC(C)에서는 부담보임

2) 부가조건

원칙적으로 전위험담보조건[A/R, ICC(A)]은 부가위험도 포함하고 있으므로 추가로 부가위험을 보험에 가입할 필요가 없다. 그러나 WA나 FPA또는 ICC(B)나 ICC(C) 등의 제한적 조건의 경우에는 화물의 특성상 부가위험이 필요할 때에는 이를 추가로 보험에 가입할 필요가 있다.

(1) TPND(Theft, Pilferage and Non-Delivery : 도난, 발하, 불착손위험) : 도난, 발하 및 타항에서의 양하 또는 분실을 원인으로 한 불착위험

(2) RFWD(Rain and/or Fresh Water Damage : 우담수 누손) : 해수침손(sea water damage)에 대응하는 것으로 비, 눈, 하천 기타 해수 이외의 물에 젖는 손해

(3) H/H(Hook & Hole : 구손) : 갈고리로 화물이 찍혀서 생기는 손해

(4) Breakage(파손위험) : 유리, 도자기, 기계류 등 깨지기 쉬운 화물에 추가담보되는 위험

(5) Bending and/or Denting(곡손위험) : 접촉이나 충격이 심해서 화물의 표면이나 내부가 구부러지는 손해

(6) Leakage/Shortage(누손, 중량부족 위험) : 분장화물 및 액장화물 파손으로 용기나 포장이 깨지고, 내용물이 새어나오는 손해

(7) S&H(Sweat & Heating : 가습손, 열손위험) : 선창내와 선박의 외부와의 기온차이로 천장 및 내벽에 응결하는 수분에 의해서 화물이 젖거나 화물 자체의 표면에 땀처럼 수분이 배어 생기는 손해

(8) Contamination(혼합위험) : 타물 또는 잡물 등의 혼입으로 인한 손해

(9) JWOB(Jettison and/or Washing Overboard : 투하, 갑판유실위험) : 갑판상에 적재된 화물의 투하 및 풍랑에 의한 화물의 유실위험

(10) COOC(Contact with Oil and/or Other Cargo : 유류, 타 화물과의 접촉위험) : 기름, 사토, 산 등 주로 선내의 청소 불충분으로 인한 오손 및 타 물질과의 접촉으로 인한 손해

(11) Rust(녹손위험) : 기계류, 금속류 등의 화물이 포장 재료의 건조 불충분으로 내부가 습해져서 녹이 슬거나 해수, 담수, 빗물 등으로 녹이 스는 손해

(12) W/SRCC(War, Strike, Riot, Civil Commotion : 전쟁, 파업, 폭동, 소요위험담보조건) : ICC(A)나 A/R를 부보하였다 하더라도 담보되지 아니하는 조건으로 이를 담보하기 위해서는 추가로 특약을 맺어야 한다. 한편, 영국보험업자협회에서 우리나라는 준전쟁국으로 분류되어 있어, 외국의 수입상이 우리나라에서 CIF조건으로 수입시에는 이 조건을 추가로 부보하고 있다는 점에 특히 유의

3) 면책위험

다음의 위험으로 인한 손해는 비록 전위험 담보조건인 ICC-A/R조건이나 ICC(A) 조건으로 보험에 가입하였다 하더라도 보험에서는 보상받을 수 없는 위험이다.

- 피보험자의 고의적 비행
- 통상의 손실, 자연소모
- 포장의 불완전 또는 부적합
- 보험목적의 고유의 하자 또는 성질
- 지연을 근인으로 하여 발생한 손해
- 본선의 소유자 등의 지불불능 또는 재정상의 채무불이행
- 어떠한 자의 불법행위에 의한 고의적 손해(A Clause의 면책위험에서는 제외됨)
- 원자력, 핵 또는 방사능무기의 사용으로 인한 손해
- 선박 등의 불내항 또는 부적합
- 전쟁위험(별도로 부보가능)
- 동맹파업위험(별도로 부보가능)

1.5 해상손해의 유형

항해사업(Marine Adventure)과 관련된 적하 및 선박 기타 보험의 목적물이 해상위험으로 인하여 피보험이익의 전부 또는 일부가 멸실 또는 손상되어 피보험자가 입는 재산상, 경제상의 불이익을 해상손해라고 한다. 해상손해의 유형은 크게 물적손해와 비용손해로 나누어 분류할 수 있다.

1) 물적 손해(physical loss)

손해(즉, 보험의 목적의 멸실, 손상)의 정도가 전부인지 일부인지에 따라 전손과 분손으로, 보험의 목적물 자체에 대한 직접적이고 실질적인 멸실 및 손상인지 혹은 직접적인 손해에 따라 지출이 따르는 간접적인 손해인지의 여부에 따라 전자를 물적손해, 후자를 비용손해라고 한다.

(1) 전손(total loss)

주로 해상보험에서 부보된 화물이 위험에 의해 전부 멸실되어 시장가격을 상실하였을 경우를 말한다. 일부만 손해를 입는 분손(partial loss)에 상대되는 개념으로 이를 보상하는 보험조건을 전손담보(TLO)라고 한다. 현실전손과 추정전손으로 구분된다. 현실전손(actual total loss)은 화물이 실제로 전체가 멸실되어 복구가 불가능할 때 선박이 해상에서 행방불명되었을 때 발생한 손해로 절대전손이라고도 한다. 이에 비해 추정전손(constructive total loss)은 화물이 현실적으로는 전체가 멸실되지 않더라도 손해의 정도가 본래의 효용을 상실하거나 복구비용이 오히려 시장가격을 초과하는 손해이다.

(2) 분손(partial loss)

보험계약의 담보위험으로 인하여 발생한 손해를 방지하거나 경감하기 위하여 지출한 비용이다.

2) 비용손해

(1) 구조료(salvage charge)

위험에 처한 선박 및 적하를 계약에 의하지 않고 자발적으로 구조한 자가 해상법에 의하여 받는 보수이다.

(2) 손해방지비용

보험계약의 담보위험으로 인하여 발생한 손해를 방지하거나 경감하기 위하여 지출한 비용이다.

(3) 특별비용

보험목적의 안전이나 보존을 위하여 피보험자가 지출한 비용으로서, 공동해손이나 구조료가 아닌 비용이다.

> **T/P 공동해손(general average loss)**
>
> 선박 및 적하 등의 사고로 인하여 공동의 위험에 직면하였을 경우, 이를 벗어나기 위하여 선장의 책임하에 선박이나 적하품의 일부를 희생시킨 물적손해 및 비용손해

2. 해상적하보험의 가입절차

2.1 보험계약의 청약

해상적하보험계약은 실무적으로 보험회사가 만든 정형화된 청약서양식을 기재하여 제출하고, 보험회사가 이를 승낙하면 성립하게 된다. 이를 간략하게 도해하면 다음과 같다.

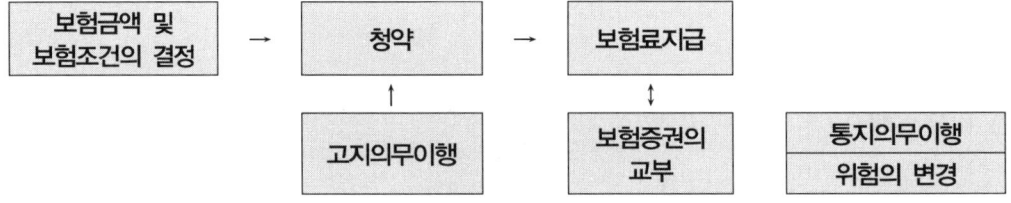

2.2 보험금액의 결정

원칙적으로 적하보험에 있어서의 보험금액은 화물의 가액한도내에서 보험자와 피보험자가 상호 협의하여 정하도록 되어 있다. 그러나 실무적으로는 INCOTERMS의 희망이익(송장가액의 10%)을 가산한 금액을 보험금액으로 정하고 있다. 따라서 FOB나 CFR의 경우에는 운임이나 보험료를 가산하여 보험금액을 정하는 것이 사고시에 충분한 보상을 받을 수가 있다. 한편, 화물의 사고시에 이미 지급한 관세(duty)도 보상받고자 할 때에는 관세에 해당하는 금액에 대하여 별도로 보험에 가입하여야 한다.

2.3 보험조건의 선택

해상운송 과정중에서 예측불허의 수많은 위험이 따르고 있다. 그러나 보험자는 보험에 가입된 조건이 약관에 명시된 위험만 담보하므로 보험조건을 선택하는 데 신중을 기하지 않으면 안 된다. 일반적으로 보험조건을 선택하는 데 고려할 사항으로는 상품의 성질, 포장상태, 적재선박 및 항구조건 등이 있다.

1) 상품의 성질

보험조건은 화물의 성질에 따라 적절한 조건을 선택해야 한다. 예컨대 깨어질 염려가 없고 도난의 우려가 거의 없는 철근류는 ICC(A)로 부보하여 보험료를 낭비하기 보다는 ICC(B)나 ICC(C)로 보험에 가입하는 것이 경제적이다.

2) 포장상태

화물의 포장은 사고와 밀접한 관계가 있다. 따라서 포장상태를 고려하여 보험조건을 택하는 것이 현명한 방법이다. 보험자도 포장의 종류에 따라 보험료를 달리하는 품목들이 있다.

3) 적재선박

적재선박의 상태는 위험과 비례한다고 볼 수 있다. 따라서 ICC에서는 적재선박이 15년 이상인 경우에 대해서는 할증료가 부가된다.

3. 보험사고의 처리

보험사고가 발생하였을 경우, 피보험자 혹은 그 대리인은 이 사실을 즉시 보험자에 통지하여야 하며 동시에 손해의 방지 및 경감을 위하여 합리적 조치를 취하고 손해를 야기한 제3자에 대한 권리를 확보하여야 한다. 이를 충분히 이행하지 않을 시에는 불이익을 받을 수가 있다. 보험사고시 피보험자 및 그 대리인은 어떤 경우에도 손해의 방지 및 경감을 위해 적절한 조치를 취하고, 운송인·수탁인 혹은 기타 제3자를 상대로 한 모든 권리를 보존, 행사하게끔 확보해 놓아야 한다.

3.1 손해발생시의 유의사항

1) 운송인, 항만당국 혹은 기타 수탁자에게 어떤 유실물에 대하여 즉시 보상청구를 해야 한다.

2) 해난보고서가 발급된 경우를 제외하고는 어느 경우에도 화물이 손상된 상태에 있으면 "무사고수령증"(Clean Receipt)을 교부해서는 안 된다.

3) 컨테이너에 의하여 화물이 인도된 경우, 피보험자 또는 대리인이나 책임 있는 직원이 즉시 컨테이너 및 봉인을 검사해야 한다. 컨테이너 자체가 손상되었거나 봉인이 파손이나 멸실 또는 운송서류에 기재된 내용과 다른 봉인으로 컨테이너가 인도된 경우, 그 사실을 화물수령증에 기재하고, 하자가 있거나 규격이 틀린 봉인은 이후 확인을 위하여 보관해야 한다.

4) 과실 및 손상이 명백할 경우, 운송인이나 기타 수탁자의 대리인들에게 검정을 의뢰하고, 동검정시 밝혀진 실질적인 과실 및 손상에 대하여 운송인이나 기타 수탁자에게 보상청구를 해야 한다.

5) 화물을 인수할 당시에 과실이나 손상이 명백히 나타나지 않았으면, 인수 후 3일 이내에 운송인이나 기타 수탁자에게 서면으로 통지해야 한다.

3.2 보험금 청구시 필요 서류

사고발생시 클레임을 신속하게 처리하기 위해서는 아래 서류를 구비하여 지체없이 보험회사에 제출하여야 한다.

- 보험금 청구 서한
- 보험증권 원본 또는 부본
- 상업송장(서명된 사본)
- 선하증권 사본(단, 전송인 경우에는 원본)
- 선박회사 또는 기타 수탁자에 대한 구상장(claim letter) 및 이에 대한 회신
- 검정보고서 또는 기타 손해입증서류(화물인도협정서, 입고확인서, 해난보고서 등)
- 기타 제비용을 증빙하는 서류

Chapter 14

International Trade Practice

수출통관

1. 수출통관 개념

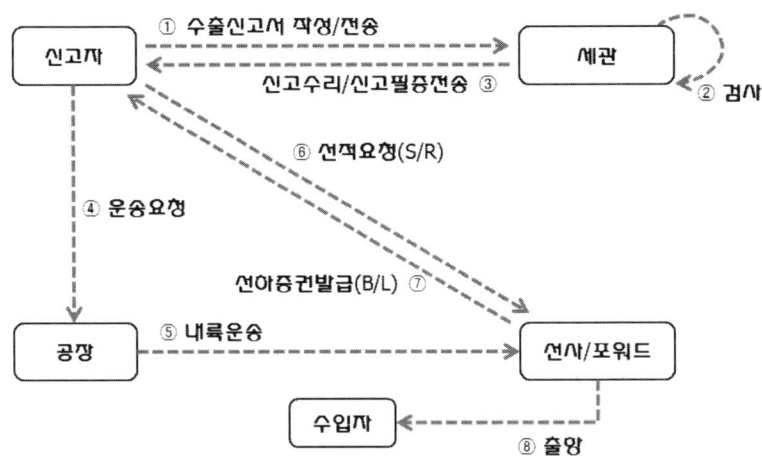

① 신고자(화주 또는 관세사)는 수출신고서를 작성해 관할지 세관에 전송한다.
② 수출신고서를 수신받은 해당 세관은 관세청 통관시스템에서 전송받은 수출신고서를 검사한다.
③ 관세청 통관시스템에서 검사 완료된 수출신고 건에 대해 수출신고필증을 다시 신고자에게 전송한다.
④ 수출신고필증을 받은 신고자는 수출물품이 있는 공장에 운송요청을 지시한다.
⑤ 공장에서 수출물품을 출고해 선사/포워드로 이동한다.
⑥ 신고자는 선적요청서(S/R : Shipping Request)를 선사/포워드(forward : 운송업자)에게 전송한다.
⑦ 선적요청서를 수신받은 선사/포워드는 수출물품을 선적하고 선하증권(B/L : Bill of Lading)을 발급한다.
⑧ 선사/포워더는 수입자 도착항으로 수출물품을 운송한다.

* 수출신고필증을 받은 수출자는 30일 이내에 수출물품을 선적해야 한다.

[그림 14.1] 수출신고 및 선적요청과 선하증권 발급에 대한 흐름도

수출통관은 수출하고자 하는 물품을 세관에 수출신고한 후 신고수리를 받아 물품을 외국무역선에 적재하기까지의 절차를 말한다. 수출하고자 하는 모든 물품은 세관의 수출통관절차를 밟아야 하는데, 당해 물품을 선적하기 전까지 당해 물품 소재지의 관할 세관장에게 수출 신고를 하고 수리를 받아야 한다. 일반적으로는 수출물품을 적재하기 전에 수출신고를 하는 것이 원칙이지만 물품의 특성을 고려해 적재 후에 수출신고를 할 수도 있다.

수출신고의 방법은 관세사에 의뢰해 진행하는 방법(관세사대행)과 화주직접신고(자가통관)로 하는 방법이 있다. 통관 건수가 많을수록 화주 직접신고를 하는 것이 비용 및 시간의 절감효과를 얻을 수 있다.

2. 수출통관절차

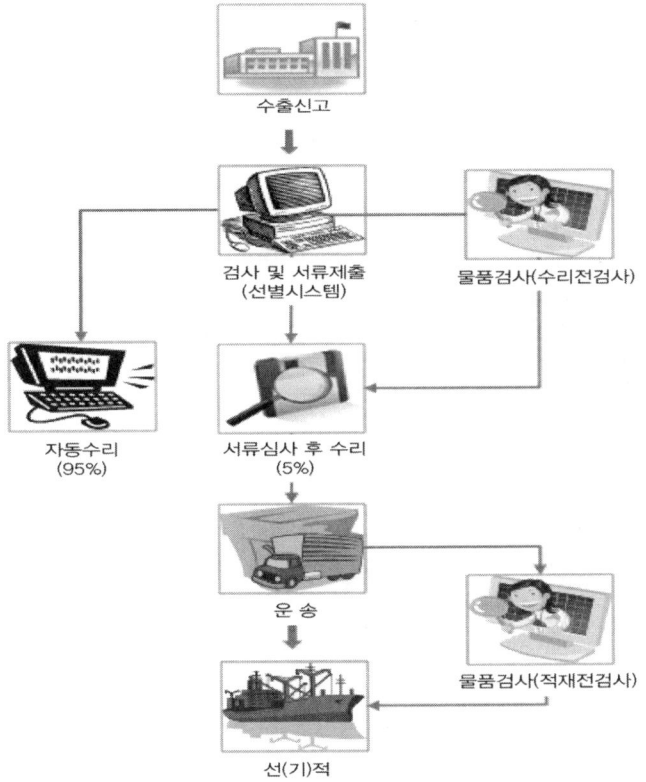

[그림 14.2] 수출통관절차

수출통관절차는 수출하고자 하는 물품을 세관에 신고를 한 후 필요한 경우 검사를 거쳐 수출신고수리 후 수출신고필증을 받은 후 물품을 보세구역에 반입하여 선박에 적재하기까지의 일련의 절차를 말한다. 이러한 통관절차를 통하여 세관은 당해 수출과 관련한 수출자의 제반의무사항이 이행되었는지의 여부를 최종적으로 확인하게 되는 바, 이러한 수출통관은 선적지 세관에서 할 수도 있고, 수출품 생산지에 있는 내륙지 세관에서 수출신고수리 후 내륙운송을 거쳐 선적항에서 선적할 수도 있다.

2.1 수출신고

수출물품을 장치할 때 일반물품인 경우에는 수출자의 제조공장이나 제품창고 등 세관검사를 받고자하는 장소에 놓고 수출 신고한다. 수출물품의 제조를 완료하기 전후 어느 때라도 수출신고를 할 수 있다. 선(기)상 신고물품의 경우 신속통관을 요하거나 물품의 성질상 수출신고수리 전에 선(기)적이 불가피한 물품에 대해서는 선(기)적지 세관장에게 신고수리전 선(기)적 승인을 받아 수출신고 전에 선(기)적 할 수 있다. 물품을 수출하고자 하는 자는 물품의 장치장소에서 관할 세관장에게 수출신고를 하고 수리를 받아야 한다. 수출신고는 화주·수출자·수출위탁자 및 원제품 공급자 등이 할 수 있다. 그러나 대부분이 관세사·관세사법인 및 통관취급법인에 위탁처리한다.

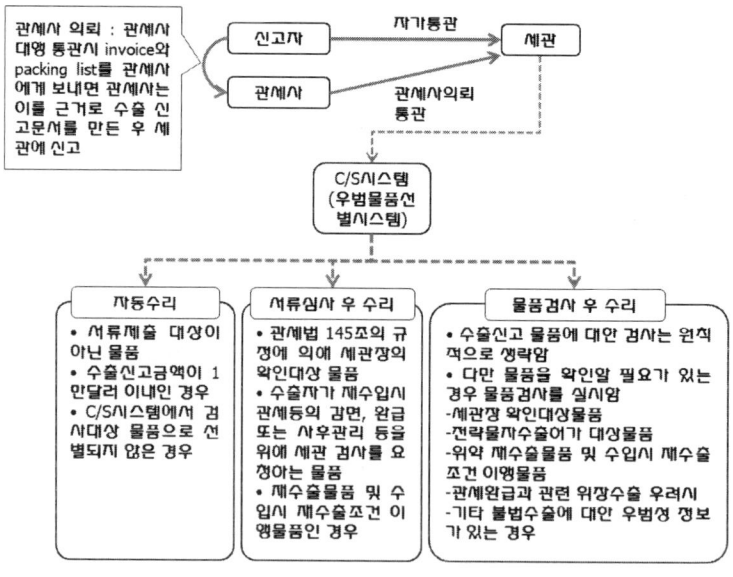

[그림 14.3] 수출신고의 흐름

수출신고는 원칙적으로 무서류(paperless)신고(수출통관 사무 처리에 관한 관세청고시 제96-28호, 제2조)인 EDI(Electronic Data Interchange : 전자문서교환)방식으로 수출신고를 하여야 한다. 다만 예외적인 경우에 한해 수출신고서 및 증빙서류를 세관장에게 제출하도록 하고 있다.

수출통관은 자가통관과 관세사 의뢰통관 방법이 있으며 관세청 수출입물품선별시스템(이하 "C/S시스템"이라 한다)을 통해 자동수리, 서류심사 후 수리, 물품검사 후 수리 등의 방법으로 신고수리 해주고 있다. 최근 관세청에서 오픈한 인터넷 통관으로 직접 수출신고를 처리할 수 있는 사이트는 관세사 및 화주직접신고를 하는 업체들이 많이 활용하고 있다. 이곳에서는 수출신고 외에도 관련 통관정보 등을 제공하고 있다.

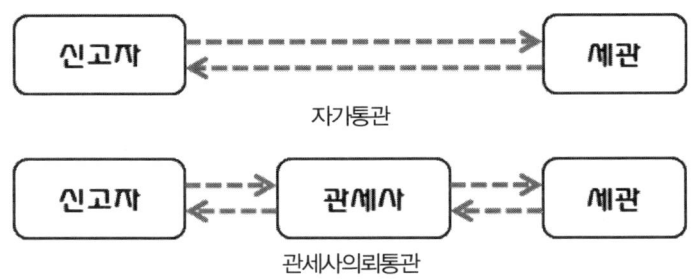

[그림 14.4] 자가통관과 관세사의뢰통관

<표 14.1> 관세사대행과 화주직접신고 비교

구분	관세사대행	화주직접신고
처리시간	관세사가 요청해 처리하므로 상대적으로 많은 시간이 소요됨	수출신고 후 5분 이내에 처리결과 확인
비용	수출신고 건당 약 1만 5천원	KTNET이용시 : 전송료 170원/1KB 1건 전송시 약 1천500원 통관포털사이트 : 전송료 없음
적용방법	기업에서 invoice, packingList를 팩스로 관세사에 보내면 관세사에서 수출신고 후 기업 수출 신고서 교부	기업에서 직접 입력한 후 수출신고를 신청해 수신받은 수출신고서를 출력해 사용함

2.2 수출검사

수출신고물품에 대한 검사는 원칙적으로 생략하나 다만 현품을 확인할 필요가 있는 경우 현품검사를 할 수 있다. 현품확인이 필요한 경우는 다음과 같다.

- 수출신고시 서류제출 대상물품
- 위조 상품 등 지적재산권 침해 우려가 있는 경우
- 관세환급과 관련 위장수출 우려가 있는 경우
- 기타 불법수출에 대한 우범성 정보가 있는 경우

2.3 수출신고수리

수출신고가 효력이 발생되는 시점은 관세청 통관시스템에서 신고번호가 부여된 시점이다. 통관시스템에 기록된 내용과 종이 신고서에 기록된 내용이 상이한 경우에는 통관시스템에 기록된 것을 기준으로 한다. 세관장은 전송 받은 신고자료에 대하여 그 내용이 수출신고서 작성요령에 적합하게 작성되었는지 여부를 검토한 후 신고를 수리한다. 다만, 현품확인이 필요한 경우에는 신고서 및 첨부서류를 제출받아 그 내용을 확인한 후 신고를 수리한다. 수출물품에 대하여는 검사생략이 원칙이나 수출시 현품의 확인이 필요한 경우와 우범물품으로 선별된 물품중 세관장의 검사가 필요하다고 판단한 물품에 대하여 수출물품을 실제로 검사하고 수출신고를 수리한다.

수출신고필증을 교부할 때 신고서류가 직접 제출된 경우 세관에서는 수출신고수리인과 신고서처리 담당자의 인장을 날인한 수출신고필증을 신고인에게 교부한다. 관세사가 EDI 방식의 수출신고를 하는 경우에는 세관장으로부터 신고수리의 사실을 전산통보 받아 수출화주에게 신고필증을 교부한다. 또한 수출신고필증의 세관기재란에 등록된 관세사인을 날인해야 한다. 화주 등이 직접 신고하는 경우에는 본 신고필증은 화주 직접신고에 의거 세관장으로부터 신고수리된 것이라는 문구를 기록한다. 수출신고는 취소하거나 취소될 수 있는데, 앞의 것을 수출신고의 취하라 하고 뒤의 것을 수출신고의 각하라 한다. 수출신고의 취하에는 수출신고 취하승인(신청)서, 사유서 및 그 사유를 증명하는 서류 등이 필요하며 신고한 물품을 수출할 수 없게 되었다고 세관장이 인정하는 경우에 한한다.

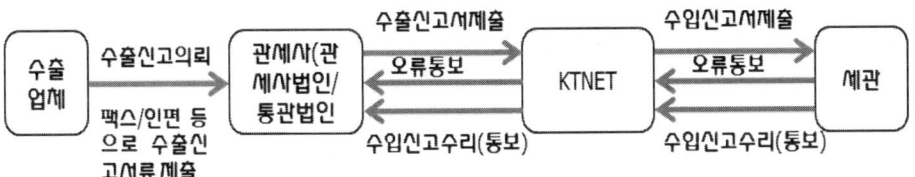

[그림 14.5] 관세사의 수출신고 절차

2.4 수출물품 선적

수출신고가 수리된 물품은 수리일로부터 30일내에 선적해야 한다. 그러나 부득이한 사유가 있는 경우 통관지 세관장에게 선적기간연장 승인(신청)서를 제출하여 1년 범위내에서 연장승인을 받는다.

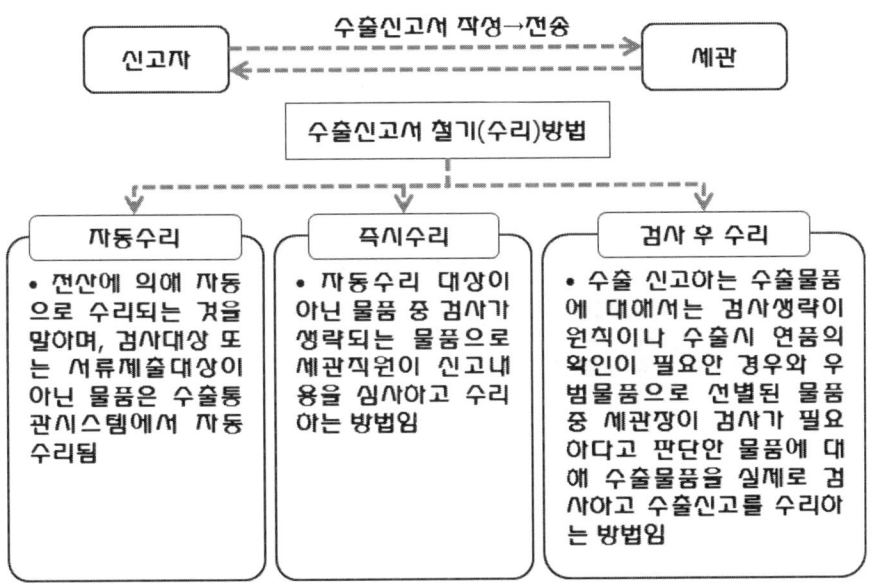

[그림 14.6] 수출신고된 물품에 대한 신고서 처리방법

3. 수출신고의 보완, 취하, 각하

수출신고의 보완은 수출신고서의 기재사항이나 제출서류가 미비한 경우, 세관장이 수리한 후 보완이 필요하다고 인정하는 경우에 가능하다. 수출신고 취하는 수출신고인이 스스로 신고를 철회하는 것이다. 수입자의 사정으로 인해 수출물품을 인수하기 어려운 상황 중 정당한 사유가 있을 경우에 한해 세관장의 승인을 받아야 한다. 또한 취하시점은 수출신고 이후부터 당해 물품의 선박이 출항하기 전까지이다. 수출신고 각하는 세관장이 직권으로 수출신고의 효력을 무효화시키는 것으로서 세관장으로부터 신고사항의 보완을 요구받고 지정된 기간내에 보완하지 않는 경우 등이 이에 해당한다. 물론 신고가 각하된 경우에는 수출이 불가능하다.

수출신고가 수리된 물품은 세관장의 보세구역 반입 연장승인을 받은 경우를 제외하고는 수출신고일로부터 30일 이내에 선적항의 보세구역에 반입해야 한다. 그렇지 않은 물품에 대해서는 수출신고의 수리가 취소된다. 수출 신고가 수리된 물품은 언제든지 외국으로 갈 선박에 선적시킬 수 있다.

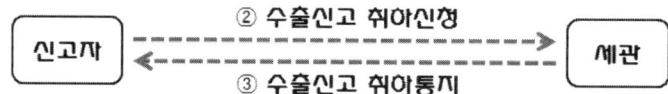

[그림 14.7] 수출신고 취하 과정

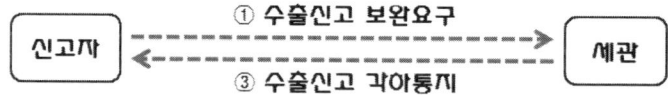

[그림 14.8] 수출신고의 보완 및 각하 과정

Chapter 15

International Trade Practice

관세환급

1. 관세환급의 성격

1.1 관세환급의 의의

물품이 수출될 경우 여러 가지의 조세가 환급될 수 있다. 우리나라의 경우 물품수출에 따른 조세의 환급은 수출물품 생산에 사용·소비될 원재료를 수입할 당시 부과·징수된 조세를 환급하는 경우와 상품이 국내 거래되는 단계에서 조세를 징수하였으나 국내에서 소비되지 아니하고 수출될 경우 이미 징수된 조세를 환급하는 경우의 두 가지가 있다. 이러한 두 가지 개념의 환급제도는 오늘날 선·후진국을 막론하고 대부분 국가들이 운용하고 있다. 국제무역의 WTO협정은 수출과 관련하여 국가 또는 공공기관에 의한 보조금의 지급을 공정한 무역질서를 해치는 것으로 보아 엄격하게 제한하고 있다. 그러나 WTO협정에도 수출에 따른 직접세의 환급은 금지하고 있지만 소비세의 환급은 원칙적으로 보조금에 해당하지 않는 것으로 보아 제한하지 않고 있다.

관세환급은 국내 산업보호 또는 재정수입 등을 위하여 설치된 관세장벽을 수출의 경우에는 제거하여 수출품의 가격경쟁력을 지원하기 위한 것이다. 그러나 현행 환급특례법에는 수입된 원재료로 생산한 물품이 국내에서 소비되는 경우라도 환급대상으로 인정하고 있는 것(예를 들면 국내 외화판매 또는 공사)도 있고, 외국으로 수출되는 경우일지라도 환급대상으로 인정되지 아니하는 것(예를 들면 무상수출)도 있으므로 관세환급은 주로 외화획득행위에 대한 지원에 중점을 두고 있다고 할 수 있다.

1.2 환급특례법의 성격

1) 특별법 우선의 원칙과 환급특례법

특정의 사람·식물·행위 또는 지역에 국한해서 적용되는 법을 특별법 또는 특례법이라 하고 그러한 제한 없이 일반적으로 적용되는 법을 일반법이라 한다. 특별법은 정의 또는 형평의 관념에 입각하여 일반법 중에서 특수한 사항을 추출하여 이것을 특별히 취급하고자 하는 취지에서 나오는 것이다. 환급특례법은 수출용 원재료에 부과된 각종 조세의 환급을 적정하게 하여 수출지원과 산업발전에 이바지하기 위해 물품 수출에 따른 환급과 관련된 상항만 특별히 규정하고 있는 특별법이다.

동일한 관계에 적용될 법으로서 일반법과 특별법이 경합하는 경우에 특별법이 일반법에 우선하여 적용되고 특별법에 규정이 없는 경우에 한하여 일반법이 보충적으로만 적용되는 원칙을 특별법 우선의 원칙이라 한다. 따라서 수출용 원재료에 대한 관세 등의 환급에 있어서는 환급특례법이 다른 어떤 세법보다 우선적으로 적용된다.

환급특례법에는 동법이 관세법, 임시수입부가세법, 특별소비세법, 주세법, 교육세법, 교통세법, 농어촌특별세법, 국세기본법, 국세징수법에 대한 특례를 정하고 있음을 명시하고 있다. 즉 수출용 원재료에 대한 환급에 있어 환급특례법은 이와 같은 법률에 우선적으로 적용되고 환급특례법에서 규정되고 있지 아니한 사항에 대하여는 당해 개별법의 규정이 보충적으로 적용되도록 하고 있는 것이다.

환급특례법은 특별법으로서의 성격을 갖고 있으므로 수출용 원재료에 대한 환급에 관하여 특히 필요한 사항만 정하고 있을 뿐 그 이외의 사항은 각 개별법의 규정이 그대로 적용 되어야 한다. 특히 수입물품에 대한 과세와 통관에 대한 내용을 규정하고 있는 관세법의 규정은 환급특례법에서 따로 규정된 바가 아닌 한 대부분의 규정이 환급업무에서도 그대로 적용됨을 유의하여야 한다.

2) 환급특례법령의 체계

환급특례법령은 수출용 원재료에 대한 관세의 환급을 위해 필요한 특례(수정)만을 정하고 있으므로 본문 24개 조항과 부칙 7개 조항으로 비교적 간단하게 구성된 국회제정법인 환급특례법과 33개 조항으로 구성된 대통령령인 동법 시행령 그리고 15개 조항으로 구성된 재정 경제부령인 동법 시행규칙이 기본을 이룬다. 이와 같은 기본법인 법령에서 위임하고 있는 사항이나 법령의 집행을 위해 필요한 사항은 관세청장이 여러 개의 고시 또는 훈령으로서 제정하여 운영하고 있다.

2. 원재료 수입 시의 조세징수와 환급

2.1 개요

관세의 환급액을 산출하는 방법에는 정액환급과 개별환급의 두 가지 방법이 있다. 정액환급이란 정부가 각종 자료를 활용하여 특정 수출물품별로 환급액을 미리 정하여 고시한 다음 해당 물품이 수출되었을 때 신청에 따라 정해진 금액을 환급하는 것을 말한다. 이에 비해 개별환급이란 수출물품 생산에 소요된 수입원재료의 량을 계산한 다음 이러한 원재료가 수입될 때 납부한 관세를 계산하여 결정된 금액을 환급하는 것을 말한다.

환급특례법에서 환급은 개별환급 방법을 중심으로 하고 있고 정액환급은 예외적인 경우에만 적용된다. 이러한 두 가지 환급액 산출방법 중 정액환급은 상품을 수출하였다는 사실만 확인되면 충분하고 환급의 원인이 되는 원재료의 수입 등과 관련하여 따로 확인되는 사항은 없다. 그러나 개별환급 방법에 의할 경우 관세환급을 받기 위해서는 물품을 수출하였다는 사실뿐만 아니라 당해 수출물품을 생산하는데 수입된 원재료가 사용되었다는 사실 그리고 그 수입원재료는 수입된 후 일정기간 이내에 수출되었다는 사실 등이 서류로서 입증 되어야 한다. 즉, 개별환급은 다음 세 가지의 요건을 갖추었음이 확인되어야 하는 것이다.

첫째, 수출용 원재료에 해당하여야 한다.

둘째, 외국으로부터 수입하는 때에 관세 등을 납부한 물품이어야 한다.

셋째, 수입신고 수리일로부터 일정한 기간 즉 수출이행기간 내에 수출 등에 제공하여야 한다.

따라서 수입된 원재료일지라도 수출 물품 생산에 사용되지 아니한 원재료나 무세·감면 규정의 적용 등으로 수입할 때 관세 등을 납부하지 아니하였거나 또는 원재료가 수입된 뒤 일정기간이 경과한 뒤에 수출된 경우는 환급대상에서 제외된다.

2.2 수출용 원재료

1) 수출용 원재료의 개념

관세환급을 받을 수 있는 원재료, 즉 수출용 원재료란 ①수출물품을 생산한 경우에는 생산 시의 물리적·화학적 변화과정에서 당해 수출물품에 물리적으로 결합되거나 화학적 반응 등으로 수출물품을 형성하는데 소요되는 원재료 ②수입한 상태 그대로 수출한 경우에는 수출물품 등을 말한다.

수출용 원재료에는 수출물품을 형성하는데 소요되는 원재료와 수입한 상태 그대로 수출하는 원상태 수출물품이 모두 포함된다. 수출물품의 생산이란 수출물품을 가공, 조립, 수리, 재생 또는 개조하는 것을 의미하므로 수입된 생물을 번식시켜 수출하는 것과 같은 동식물의 증식은 생산에 포함되지 아니한다. 또 원재료라 정의하고 있으므로 수출물품 생산에 사용되는 시설재 또는 소모성 기자재도 수출용 원재료에 포함될 수 없다. 원재료·시설재·소모성기자재의 구분은 대개 반복적인 사용가능성, 즉 내구성여부에 따라 원재료와 시설재를 구분하고 있으며 소모성 기자재는 시설재보다 내구성이 약하지만 시설재의 범위에 포함시키고 있다. 원재료는 생산과정에서 소비되어 사라지는 경우도 있고 수출물품으로 체화되어 남아 있을 수도 있는데 이 두 가지를 모두 합한 양이 환급대상이 되는 수출용 원재료가 된다.

2) 수출용 원재료의 확인

수출용 원재료에 해당하는지 여부는 수출물품의 품명·규격이 기재되어 있는 수출신고필증(관세법에 의한 수출신고가 수리된 것 이외의 수출에 대하여는 당해 사실이 증명되는 서류)과 수출물품 생산에 소요된 원재료의 종류와 그 수량이 기재되어 있는 소요량증명서로 확인한다.

수출신고필증에는 품명과 규격이 기재되는 난이 있는데 이 난에는 영문을 사용하여 상업송장상의 품명 및 규격이 기재된다. 관세청이 고시하고 있는 수출신고서 작성요령에 따르면 수출신고서에는 일반적인 품명을 먼저 기재한 후 고유품명과 규격을 기재한다. 이때 품명과 필수규격은 100자 이내로 요약하여 기재하고 기타 사항은 용지 여백 한도 내에서 기재토록 하고 있다.

소요량계산서는 수출물품을 생산하는 데 소요된 원재료의 양을 나타낸 증명서류로 소요량계산서에 명기된 원재료의 종류와 수량이 곧 수출용 원재료의 종류와 수량이 된다. 수출신고필증의 품명·규격과 소요량계산서의 품명·규격은 일치하는 것이 보통이다. 그러나 소요량 계산서의 그것이 보다 세분화되어 표기될 수도 있다.

2.3 수출용 원재료에 대한 납세와 환급

1) 원재료 수입시의 납세

물품이 수입될 때 부과·징수되는 조세는 관세 등과 부가가치세이다. 여기에서 관세 등에 해당되는 조세에는 특별소비세, 주세, 교통세, 교육세, 농어촌특별세이다.

외국으로부터 수입하는 때에 관세 등을 납부한 물품인지 여부는 수입신고필증 등에 의하여 확인한다. 수입신고필증 등이라 표현한 것은 수출물품 생산에 사용된 수입원재료의 획득방법은 여러 가지가 있고 그 방법에 따라 확인에 사용되는 증빙서류도 달라지기 때문이다. 이러한 증빙서류에는 수입신고필증 분할 증명서(약칭 수입분증), 기초원재료납세증명서(약칭 기납증), 기초원재료납세증명 분할증명서(약칭 기납분증), 평균세액증명서가 있다. 이와 같은 수입신고필증 등으로 관세 등을 납부함 물품임을 확인한다. 이상에서 수입신고필증 등의 서류가 관세납부 사실을 증명하는 서류로서 활용됨을 설명하였으나 수입신고필증 중에는 외국으로부터 수입하는 때에 관세를 납부한 물품이라는 사실을 증빙하는 서류로서 유효하지 못한, 즉 환급에 사용될 수 없는 수입신고필증이 있다. 환급에 갈음하여 인하한 세율(약칭 환특세율), 간이세율, 감면 또는 분할납부 대상으로 처리된 물품의 수입신고필증이 그것이다. 감면과 분할납부가 적용된 경우는 원재료를 수입할 때 관세를 납부한 사실이 없기 때문에 당연히 유효한 수입 신고필증으로 사용될 수 없다. 그렇지만 완전면세가 아닌 일부감면의 경우나 분할 납부를 이미 완료한 경우에는 관세를 납부한 사실이 있게 되므로 그 수입신고필증은 환급에 사용할 수 있을 것이다.

2) 수출 시의 환급대상 조세

물품을 수출한 다음 수출자가 환급받을 수 있는 조세는 수출물품 생산에 사용 소비된 원재료를 수입할 당시 부과·징수된 조세와 국내거래 단계에서 징수된 조세의 두 가지가 있다. 이 두 가지는 환급방법과 환급을 하는 기관이 다르다. 전자는 환급특례법에 의하여 세관장이 환급하고 후자는 세무서장이 환급한다. 내국세 중 부가가치세의 경우 양자가 혼합되어 원재료 수입 시 징수된 부가가치세와 국내거래 단계에서 징수된 부가가치세를 모두 세무서장이 환급하게 된다. 그러나 부가가치세를 제외한 나머지 내국세가 국내거래 단계에서 징수된 다음 수출을 이유로 실제 환급이 이루어지는 경우는 거의 없다.

대개 생산업체가 수출면세규정을 적용하여 직접 수출하기 때문이다. 물품수출에 따른 환급은 수출한 날로부터 2년 이내에 세관장에게 신청하여 환급을 받을 수 있다. 관세환급은 수출용 원재료가 수입된 날로부터 2년 이내에 즉 수출이행기간 내에 수출이 되거나 환급특례법에서 규정하고 있는 판매·공사 또는 공급이 이루어져야 한다. 그러나 물품이 수입될 때 부과·징수되는 것은 관세 등의 조세만이 아니다. 대표적인 것이 관세법상의 가산세와 가산금이다. 또한 행정벌 또는 행정형벌 성격의 벌금, 과태료, 과징금 등이 관세법이나 대외무역법 등에 의해 부과될 수 있다. 이러한 것들은 수입자가 이행하여 할 의무를 해태하거나 법령의 위반 등에 대한 제재로서 부과되는 것이므로 해당 물품을 수출하더라도 환급대상에서 제외된다.

2.4 수출 이행기간

개별환급 방법에 의한 관세환급에서 수입된 원재료는 수입일로부터 일정기간 이내에 수출이 이루어진 경우에만 환급이 가능하다. 이와 같이 원재료를 수입한 후 수출을 완료하여야 하는 기간을 수출이행기간이라 한다. 수출이행기간은 성격상 개별환급에서만 문제가 되고 정액환급과는 관련이 없다. 수출 이행 기간을 두는 이유는 수출을 촉진한다는 의미도 있겠으나 무엇보다 기간의 제한이 없을 경우 발생할 수 있는 과다환급을 어느 정도 방지한다는 의미도 담겨져 있다.

환급이 수출물품 생산에 소용된 원재료를 수입할 때 납부한 관세를 되돌려 준다는 개념이지만 수출물품 생산에 실제로 소요된 원재료와 동종 동질 원재료의 수입 사실이 나타나는 수입신고필증이면 어느 것이나 환급에 사용될 수 있다. 이는 바꾸어 말하면 환급신청인이 자신이 보유하고 있는 여러 수입신고필증 가운데 관세 납부세액이 가장 많은 수입신고필증을 우선적으로 환급에 사용하여 환급받을 수 있다는 것을 의미한다. 물론 이때 환급에 사용되는 수입신고필증에는 내수용 물품 생산에 사용된 원재료의 수입신고필증도 포함될 수 있다. 이는 실제보다 다소의 과다환급이 발생할 수도 있음을 의미하는 것이다.

현행 환급제도에서는 실제로 소요된 원재료를 서류에 의한 동일성 확인방법으로 확인토록 함으로써 이와 같은 성격의 과다환급을 제도적으로 허용하고 있다. 이는 수출을 지원한다는 일면이 고려되지 않은 것은 아니나 무엇보다 원재료의 실물관리에 의한 환급이 매우 어렵다는 현실을 수용하고 있기 때문이다. 이와 같은 여건에서 특히 세율변동·환율변동·가격변동이 큰 시기에는 관세액의 납부세액도 크게 달라져 과다환급의 소지도 그만큼 커지게 된다.

수출 이행 기간을 둔다고 하여 이러한 문제점이 완전히 해소되는 것은 아니지만 어느 정도까지 방지가 가능하다. 세율의 변동 등으로 현저히 과다 또는 과소환급이 발생할 우려가 있을 때 수출 이행 기간을 단축하여 운용하는 것도 이러한 이유 때문이다. 수출이행기간의 확인은 수출일자가 표기되어 있는 수출신고필증 등과 수입일자 또는 국내매입일자가 표시되어 있는 수입신고필증 등에 의한다. 수출이행기간은 대통령령으로 정하는 날로부터 소급하여 2년이다. 환급특례법에는 '세관장은 물품이 수출 등에 제공된 때에는 대통령이 정하는 날로부터 소급하여 2년 이내에 수입된 당해 물품의 수출용 원재료에 대한 관세 등을 환급'토록 규정하고 있다. 여기에서 수출 등에 제공된 날로 판단하는 대통령령이 정하는 날이란 다음 각 호의 1에 해당하는 날이 속하는 달의 말일을 말한다.

i) 외국으로 물품을 수출하는 경우에는 세관장이 수출신고를 수리한 날
ii) 국내에서 외화를 대가로 물품을 수출·판매·공사·공급을 한 경우에는 수출·판매·공사 또는 공급을 완료한 날

수출 등에 제공된 날을 수출신고가 수리된 날이나 수출·판매·공사 또는 공급이 완료된 날이 아니라 그 날이 속하는 달의 말일로 보도록 한 것은 전산에 의한 수출이행기간의 조회 등 환급업무를 효율적으로 하기 위해서이다. 수출 이행 기간 계산에서 수입이라 함은 수출용 원재료의 수입신고가 수리된 것을 말한다. 이때 수출용 원재료가 내국신용장 등에 의하여 거래된 경우에는 최후의 거래가 있은 것을 말한다. 따라서 수출신고 또는 수출·판매·공사 또는 공급이 완료된 날이 속하는 달의 말일을 기산일로 하여 2년 이내에 수입신고가 수리되거나 내국신용장 등에 의해 거래가 된 수입신고필증 등이 환급에 사용될 수 있다.

3. 평균세액증명제도

3.1 평균세액증명제도의 의의

평균세액증명서란 수출용원재료를 수입하는 자의 신청에 의하여 그가 매월 수입한 수출용원재료의 품목별 물량과 단위당 평균세액을 하나의 서류로서 증명하는 서류를 말한다. 이때의 수입개념에는 내국신용장 등에 의한 매입을 포함한다. 동 제도는 관세를 납부한 사실을 증명하는 수입신고필증 등을 통합하여 간소화함으로써 개별환급에 있어 환급액 산출의 편의를 위하여 운용하고 있는 제도이다. 또한 동 제도는 원재료의 동일성 확인을 용이하게 하는 효과가 있다.

3.2 평균세액증명서 발급대상의 지정

1) 대상 업체 및 물품의 지정

평균세액증명서제도를 이용하고자 하는 자는 관할지세관장으로부터 평균세액증명서 발급 대상물품을 지정 받아야 한다. 이 경우 HS 10단위나 소요량이 달라지는 등 평균세액의 결정이 곤란하다고 인정하여 관세청장이 정하는 다음의 경우를 제외하고 업체별로 세관장이 지정한다. 이때 사업장이 둘 이상인 업체로서 사업장별로 수출입하는 경우에는 사업장별로 지정한다.

i) 수출용원재료의 품목번호(HSK 10단위)가 관세율표상 '기타의 기타'로 분류되는 물품

ii) 수출용원재료의 규격에 따라 소요량이 달라지는 것으로서 그 규격을 통 합할 경우 평균세액 결정이 곤란한 물품

iii) 환급특례법 제17조의 규정에 의하여 환급 제한 대상이 되는 물품(그 대상은 덤핑방지관세가 부과된 물품, 보복관세가 부과된 물품, 상계관세가 부과된 물품임.)

iv) 수출물품의 생산과정에서 부산물이 발생되는 원재료와 발생되지 아니하는 원재료가 동일한 품목번호(HSK 10단위)에 분류되는 물품

평균세액증명서 발급대상물품의 지정을 신청하고자 하는 자는 평균세액증명서 발급대상물품 지정신청서에 필요한 서류를 첨부하여 관할지세관장에게 제출하여야 한다. 신청을 받은 세관장은 심사 후 요건이 적합하면 지정을 하고 신청인에게 평균세액증명서 발급대상물품지정서를 교부한다. 관할지세관장으로부터 일단 평균세액증명서 발급대상물품으로 지정을 받은 물품에 대하여는 지정을 취소하지 아니하는 한 계속하여 평균세액증명서의 발급을 신청하여야 한다. 이것은 납부세액에 변동이 있을 때 과다환급을 위하여 평균세액증명서의 발급을 기피하는 것을 방지하기 위한 것이다.

2) 지정의 취소

세관장은 평균세액증명서에 의하여 환급 또는 기초원재료 납세증명서 등을 발급하는 것이 수출용 원재료에 대한 관세 등의 세액과 현저한 차이가 있다고 인정하는 경우에는 평균 세액증명서 발급대상물품의 지정을 취소한다. 한편, 세관장은 평균세액증명서 발급대상물품으로 적합하지 아니한 경우와 지정을 받은자의 요청이 있는 경우 세관장은 발급대상물품의 전부 또는 일부에 대하여 그 지정을 취소한다.

3.3 평균세액증명서의 발급

1) 일괄발급의 원칙적용

관할지세관장으로부터 지정받은 물품에 대하여 평균세액증명서를 발급받고자 하는 자는 수출용원재료를 수입한 날 또는 내국신용장 등에 의하여 매입한 날이 속하는 달의 다음달 1일 이후에 HSK 10단위를 기준으로 매월 수입하거나 내국신용장 등에 의하여 매입한 수출용원 재료 전량에 대하여 일괄하여 관할지세 관장에게 신청하여야 한다. 즉, 평균세액증명서의 발급은 월별 순서에 따라 당해 월에 수입하거나 내국신용장 등에 의하여 구매한 수출용원재료 전량에 대하여 HSK 10단위별로 일괄 발급하는 것을 원칙으로 하고 있다.

2) 평균세액증명서의 발급

관할지세관장으로부터 지정받은 물품에 대해 평균세액증명서를 발급받고자 하는 자는 평균세액증명서 작성요령에 따라 작성한 전자문서를 세관장에게 관세환급 전산시스템으로 전송하여야 한다. 신청서 전송 후 접수통지를 받으면 접수번호가 기재된 평균세액증명서와 관세청장이 정한 첨부서류를 접수통지를 받은 날부터 3일 이내에 세관장에게 제출하여야 한다. 세관장은 전송된 전자문서내용과 제출된 서류를 대조, 확인한 다음 평균세액증명서를 발급한다. 발급신청 시 구비하여야 하는 서류는 다음 각 호와 같다.

    ⅰ) 평균세액증명서

    ⅱ) 소요원재료에 대한 납부세액 확인서류

    ⅲ) 내국신용장에 의하여 수출용원재료를 공급받은 경우에는 수출용원재료의 국내거래 인정서류

평균세액증명서는 세관장만이 발급할 수 있는 것이 아니다. 해당업체의 신청 또는 세관장의 직권에 의해 해당기업이나 특정 관세사가 자율발급업체 또는 자율발급관세사로 지정되어 평균세액증명서를 자율적으로 발급할 수 있다. 자율발급업체 또는 자율발급관세사로 지정받은 자가 평균세액증명서를 자율발급 하고자 할 때는 평균세액증명서 작성요령에 따라 작성한 전자문서를 관세환급 전산시스템에 전송하고 동 시스템이 통지하는 바에 따라 평균세액증명서를 발급하여야 한다.

3.4 평균세액증명서의 사용

1) 평균세액증명서 사용의 원칙

평균세액증명서에 기재된 수출용원재료는 당해물품을 수입한 날이 속하는 달의 초일에 수입된 것으로 본다. 동일 품목번호(HSK 10단위)에 대한 평균세액증명서는 월별 순서에 따라 환급 등에 사용하여야 한다. 다만, 추가로 평균세액증명서를 발급받은 물량을 제외하고는 선 순서 달의 평균세액증명서를 전부 사용하지 않고 후 순서 달의 평균세액증명서를 사용한 경우에는 선 순서 달의 평균세액증명서를 사용할 수 없다.

평균세액증명서를 발급 받은 자가 평균 세액증명서에 기재된 수출용원재료와 관세율표상 10단위 품목분류가 동일한 물품으로서 수출 등에 제공할 목적 이외의 목적으로 수입한 물품(즉 내수용 물품)에 대하여는 평균세액증명서에 기재된 수출용원재료에 대한 관세환급이 끝난 경우에 한하여 관세환급을 할 수 있다. 이 경우 물품별 환급액은 당해물품이

수입된 달의 평균세액증명서에 기재된 수출용원재료의 평균세액을 초과할 수 없다. 만일 수입된 달의 평균세액증명서에 기재된 수출용원재료가 없는 경우에는 당해물품이 수입된 달부터 소급하여 최초로 당해물품과 품명이 같은 수출용 원재료가 수입된 달의 평균세액증명서에 기재된 수출용원재료의 평균세액을 초과할 수 없다. 한편, 평균세액증명서의 발급을 받아야 할 수출용원재료에 대한 수입신고필증 또는 기초원재료납세증명서 등은 관세환급 신청 또는 다음 국내 거래단계에 따른 기초원재료납세증명서 등의 발급 신청 자료로 사용할 수 없다.

2) 환급금 계산

내수용 수입신고필증 사용 평균세액증명서 발급대상 업체가 내수용 수입신고필증을 환급에 사용하고자 할 때에는 당해 수입신고필증에 의한 환급신청 전에 이미 발급된 평균세액증명서를 세관장에게 제출하여 환급에 전부 사용되었음을 확인받아야 한다. 이때 제출하여야 할 평균세액증명서는 확인 신청일로부터 소급하여 1년 이내에 발급받은 해당 품목번호의 평균세액증명서 전부를 말한다. 내수용 수입신고필증을 환급에 사용할 때에는 다음에 정하는 순서에 의한 세액으로 환급금을 계산하여야 한다.

ⅰ) 당해 수입신고필증에 의한 단위당 세액이 해당되는 달의 평균세액증명서 상 평균세액보다 적은 경우에는 그대로 적용하고 많은 경우에는 해당되는 달의 평균세액을 적용한다.

ⅱ) 해당되는 달에 대한 평균세액증명서가 추가 발급되어 평균세액증명서가 2건 이상인 경우에는 평균세액이 적은 것을 기준으로 하여 제1호의 규정을 적용한다.

ⅲ) 해당되는 달에 발급된 평균세액증명서가 없는 경우에는 해당되는 달로부터 소급하여 가장 가까운 달의 평균세액증명서 중에서 평균세액이 적은 것을 기준으로 하여 제1호의 기준을 적용한다.

ⅳ) 소급하여 적용할 평균세액증명서가 없는 경우에는 당해 수입신고필증에 의한 세액을 그대로 적용한다.

4. 양도세액의 증명

4.1 기초원재료납세증명

1) 기초원재료납세증명의 의의

기초원재료납세증명서(기납증)는 수입된 원재료로 생산된 물품을 다음 단계의 중간원재료 생산업체 또는 수출물품 생산업체에 공급하는 경우, 당해 물품을 수입할 때 납부한 관세액을 증명하는 서류이다. 이러한 기초 원재료납세증명서는 수출용원재료를 공급한 자의 신청에 의하여 세관장이 발급하거나 관세사 또는 물품의 공급자가 자율적으로 발급한다. 이 증명서는 수출용원재료를 공급받은 자가 물품을 수출한 다음 개별환급방법에 의하여 관세환급을 받거나 다음 단계의 수출용원재료 중간생산업체 혹은 수출물품 생산업체에 공급하고 기초원재료납세증명서를 발급받고자 할 때 사용된다. 즉, 기납증의 용도는 수입신고필증과 동일하다.

2) 기초원재료납세증명서의 발급요건

기초원재료납세증명서가 발급되기 위해서는 공급업체가 수입된 원재료로 생산한 물품을 수출용원재료로 공급하여야 한다. 즉, 기납증은 다음과 같은 세가지 요건이 구비되었을 때 발급될 수 있다. 첫째, 물품의 공급업체가 원재료가 수입된 날 또는 내국신용장장 등에 의하여 물품을 공급받은 날로부터 1년 이내에 국내에서 생산한 물품이어야 한다. 둘째, 거래된 물품 생산에 사용된 원재료는 당초 수입을 할 때 관세를 납부한 수입원재료이어야 한다. 셋째, 수출용원재료로 공급하여야 한다.

3) 양도세액의 계산

통상 수출용원재료로 국내 거래되는 물품의 가격에 포함되어 있는 양도세액을 계산하는 방법은 물품을 수출하였을 때의 환급액 산출방법과 동일하다. 즉, 양도세액의 계산은 정액환급방법을 적용하여 산출할 수도 있고 개별환급방법을 적용하여 산출할 수도 있는 것이다.

정액환급방법에 의한 양도세액의 계산은 특수공정물품에 대하여 적용하는 특수공정물품 정액환급율표와 중소기업에 대하여 적용하는 간이정액환급율표에 의하여 고시된 금액을 양도세액으로 결정하는 것이다. 그러나 현재 특수공정물품 정액환급율표는 고시되고 있지 않기 때문에 실제로 적용할 수 있는 것은 간이정액환급율표이다. 개별환급방법에 의한 양도세액산출은 공급물품에 대한 소요량계산서와 수입신고필증 등 관세를 납부한 사실을 입증하는 증빙서류로서 양도세액을 파악하는 것이다. 양도세액은 소요량계산서에 있는 소요원재료별로 수입할 때 납부한 관세를 산출하여 결정하므로 수출에 따른 개별환급금의 산출방법과 동일하다. 다만, 수출이행기간의 적용은 수출의 경우 수출신고를 수리한 날이 속하는 달의 말일 또는 우리나라 안에서 물품의 판매·공급·공사로서 수출로 인정되는 것은 당해 판매·공급 또는 공사를 완료한 날이 속하는 달의 말일부터 소급하여 2년 이내에 수입된 원재료가 환급의 대상이 되나 기초원재료납세 증명서의 경우에는 수출용원재료로 공급한 날로부터 소급하여 1년 이내에 수입 또는 공급받은 원재료에 한하여 양도세액 산출의 대상이 된다.

4) 기초원재료납세증명서의 발급

(1) 발급대상

기초원재료납세증명서를 발급할 수 있는 대상은 다음과 같다.

ⅰ) 수입원재료를 사용하여 생산한 물품을 당해 수입원재료의 수입신고수리 일로부터 1년 이내에 수출물품을 생산하는 자에게 양도하거나 수출물품 의 중간원재료를 생산하는 자에게 양도하는 경우

ⅱ) 수입원재료와 중간원재료를 사용하여 생산한 물품을 수입신고수리일(중간 원재료의 경우에는 구매일)로부터 1년 이내에 수출물품을 생산하는 자에게 양도하거나 수출물품의 중간원재료를 생산하는 자에게 양도하는 경우

ⅲ) 수출물품의 중간원재료를 사용하여 생산한 물품을 그 중간원재료의 구매일로부터 1년 이내에 수출물품을 생산하는 자에게 양도하거나 수출물품의 중간원재료를 생산하는 자에게 양도하는 경우

ⅳ) 수입원재료 또는 중간원재료를 사용하여 생산한 물품을 수입신고수리일(중간원재료의 경우에는 구매일)로부터 1년 이내에 수출하는 자에게 양도 하는 것으로서 수출자가 환급받고자 하는 경우(완제품공급 수출)

(2) 발급절차

기초원재료납세증명서는 수출용원재료를 공급하는 자 즉 양도자가 세관장에게 발급을 신청하여야 한다. 기초원재료 납세증명서를 발급받고자 하는 자는 기납증 작성요령에 따라 작성한 전자문서를 세관장에게 전송하고 접수번호가 기재된 기납증에 구비서류를 첨부하여 접수통지를 받은 날로부터 3일 이내에 관할지세관장에게 제출하여야 한다.

(3) 기초원재료납세증명서의 작성

기초원재료납세증명서는 (갑), (을), (병)지로 구성된다. (갑)지는 원자재 내국신용장 또는 구매확인서에 의거 양도하는 물품의 내역 및 총 양도세액을 기재하는 서식이고 (을)지는 양도 물품의 소요원재료별로 산출한 세액 및 수입신고필증 등의 원재료에 대한 잔량을 기재하는 서식이며 (병)지는 부산물에 대한 내역을 기재하는 서식이다. 기납증신청서는 품목별(HSK 10단위)로 구분하여 작성한다.

4.2 분할증명

수출용원재료의 국내거래에서 수입된 상태 또는 매입된 상태 그대로 거래된 물품에 대하여 세관장이 관세납부액을 증명하는 서류로 발급하는 것이 분할증명서이다. 분할증명은 하나의 수입신고필증 또는 기초원재료납세증명서로 둘 이상의 환급기관에서 동시에 환급을 받거나 기납증을 발급받기 위한 경우와 수입 또는 국내거래로 공급받은 원재료의 전부 또는 일부를 추가적인 가공 없이 원상태 그대로 수출용원재료로 공급하는 경우에 필요하다. 분할증명서에는 수입신고필증분할증명서, 기초원재료납세증명분할증명서 및 평균세액증명분할 증명서의 세 가지가 있다.

4.3 양도세액증명서의 자율발급

기초원재료납세증명서와 분할증명서 그리고 평균세액증명서는 세관장만 발급할 수 있는 것이 아니라 관세사나 내국신용장 등에 의하여 물품을 공급한자 또는 평균세액증명제도 적용업체도 자율적으로 발급('자율발급업체')할 수가 있다. 자율발급업체는 i) 관세 등에 대한 담보제공과 정산제도 운영에 관한 고시의 규정에 의한 신용담보업체 지정요건을 갖춘 자, ii) 외국인투자기업, iii) 환급업체에 대한 성실도와 위험도를 평가한 결과 전체 환급업체 상위 30% 이내에 해당하는 업체 등이다.

5. 환급대상이 되는 수출

5.1 환급대상 수출의 범위

1) 환급대상 수출의 개요

환급의 대상이 되는 수출 등의 범위를 어디까지로 할 것인가 하는 것은 지원의 범위를 어디까지로 할 것인가 하는 정부의 정책에 따라 달라질 수 있다. 현행법상 관세환급이 가능한 수출(또는 국내에서의 판매·공사·공급)은 다음과 같다.

- 관세법상 수출신고가 수리된 물품 중 유상수출 전체와 무상 수출 가운데 기획재정부장관이 정한 수출
- 환급특례법에서 따로 규정하고 있는 국내에서 외화판매·공사 또는 물품의 공급
- 원양어선에 대한 선수품 공급 등 기타 기획재정부장관이 정한 수출
- 북한으로의 물품 반출

2) 관세법상 수출신고가 수리된 수출

(1) 유상수출

내국물품을 외국으로 반출하는 관세법상의 수출은 대개 영리를 목적으로 하여 국경을 넘어서 물품을 판매하는 것이므로 특수한 경우를 제외하고는 유상으로 행하여진다. 이러한 유상수출은 수출의 형태, 대가의 회수방법·회수형태·회수시기에 관계없이 원칙적으로 모두 환급대상이 될 수 있다. 유상수출이기는 하지만 수출품의 대가가 수출용원재료의 수입 가격에도 미치지 못하는 적자수출도 환급대상 수출에 포함된다. 그러나 관세법상의 유상수출일지라도 국내에서 사용·소비하다가 수출하는 중고품의 경우는 환급대상이 되지 아니한다.

관세법상 수출신고 및 수출신고 수리가 이루어지지 아니하는 중계무역에 의한 수출이나 대외무역법에서 특정거래형태로서 관리되고 있는 현지 인도수출 등은 성격상 관세환급의 대상이 될 수 없다.

(2) 무상수출

내국물품을 외국으로 반출하는 수출에서 대가의 영수가 없는 무상수출은 소액물품이 대부분으로 그 무상수출의 원인과 목적은 매우 다양하다. 무상수출일지라도 물품을 외국으로 반출하기 위하여 원칙적으로 관세법의 규정에 따라 수출신고를 하고 그 신고가 수리되어야 한다. 이와 같이 세관장에 의해 수출신고가 수리되었다 할지라도 환급이 가능한 경우는 기획재정부장관이 시행규칙에서 정하고 있는 다음 경우에 국한된다.

i) **박람회 등에 출품 후 매각된 물품** : 외국에서 개최되는 박람회·전시회·견본시장·영화제 등에 출품하기 위하여 무상으로 반출한 것으로서 수출 후 외국에서 외화를 받고 판매된 것은 환급대상 수출이다. 외국에서 개최되는 박람회 등에 출품된 물품은 전시 등의 행사기간이 종료되면 재수입되는 것이 일반적이나 가끔 현지에서 외화를 받고 판매되기도 한다. 이와 같이 박람회 등에 출품된 후 현지에서 외화를 대가로 판매된 물품은 환급대상이 된다.

ii) **해외투자·건설용 기자재 등의 수출** : 해외에서 투자·건설·용역·산업설비수출 기타 이에 준하는 사업에 종사하고 있는 우리나라의 국민에게 무상으로 송부하기 위하여 반출하는 기계·시설 자재 및 근로자용 생활필수품, 기타 그 사업과 관련하여 사용하는 물품으로서 주무부장관이 지정한 기관의 장(산업설비의 경우 산업설비 수출협회장)이 확인한 물품은 환급대상 수출이다. 해외에서 투자사업, 건설사업, 용역사업, 산업설비 수출사업 등을 행하는 데는 많은 기계나 시설자재가 필요하고 이러한 사업에 참여하는 노동자들의 생활필수품도 다수가 소요된다. 이들 물품의 수출은 모두 관세환급의 대상이 된다.

iii) **대체물품의 수출** : 수출된 물품이 계약조건과 서로 달라서 반품된 물품에 대체하기 위한 물품의 수출은 환급대상 수출이다. 만일 수출된 물품이 계약조건과 달라 클레임이 제기 되었으나 당해 물품이 국내로 반품되지 아니하고 가격인하조치에 의해 타결되었을 때는 당해 물품은 일반적인 유상수출로서 환급이 이루어질 수 있다. 또한 클레임이 제기된 물품을 반품 받아 수리하여 재수출하는 경우에는 최초 수출 물품에 대하여는 일반적인 유상수출로서 환급이 가능하고 반품되는 당해 물품은 수입을 할 때 관세법상 재수출조건부로 면세 수입한 다음 수리하여 재수출할 수 있다. 한편, 클레임 제기로 인해 완전히 국내로 반품되는 물품은 국내반입을 할 때 수입통관을 하여야 한다. 이때 당해 물품이 수출된 날로부터 2년 이내에 수입되는 경우에는 관세법 제99조의 규정에 의하여 재수입면세를 받을 수 있다. 그러나 수출한 날로부터 2년이 초과되어 수입되거나 2년 이내일지라도 당해 물품을 당초 수출한 다음 이미 관세를 환급받았을 때는 해당 관세를 납부하여야 한다.

iv) **견본품의 수출** : 해외 구매자와의 수출계약을 위해 무상으로 송부하는 견본용 물품의 수출은 환급대상 수출이다.

v) **수탁가공물품 수출** : 외국으로부터 가공임을 받고 국내에서 가공할 목적으로 반입된 수입원재료를 가공한 물품의 수출은 환급대상이 된다. 다만 관세법의 규정에 따라 원재료를 수입할 때 재수출면세로 조치된 것은 환급대상에서 제외된다.

vi) **위탁가공물품 수출** : 외국에서 위탁가공할 목적으로 반출하는 물품의 수출은 환급대상이 된다. 이러한 해외 위탁가공은 수출입이 연계되어 발생하므로 관세환급 또는 재수입면세 등을 동시에 고려할 필요가 있다.

vii) **위탁판매 수출** : 위탁판매를 위하여 무상으로 반출하는 물품의 수출은 환급 대상이 된다. 다만, 이 경우 외국에서 외화를 받고 판매된 경우에 한한다. 위탁판매 수출에 대한 관세 등의 환급도 무역형태의 다양화에 따른 수출지원 강화 차원에서 허용하고 있는 것이다. 위탁판매를 목적으로 수출하였다가 판매되지 아니한 물품으로 재수입되는 물품에 대하여는 재수입면세규정이 적용될 수 있다.

3) 국내에서의 외화판매 또는 공사

(1) 국내 판매 또는 공사에 대한 환급의 의의

물품이 외국으로 반출되지 아니하고 국내에 거주하는 자에게 외화를 받고 판매되거나 외화를 대가로 공사를 한 때는 당해 판매물품 또는 공사에 사용·소비된 원재료를 수입할 때 납부한 관세가 환급될 수 있다. 국내에서의 판매 또는 공사로서 환급대상으로 인정되는 것은 물품을 공급받거나 공사를 발주하는 기관이 외국으로부터 그 물품을 직접 수입하는 경우 관세가 감면된다는 점과 물품의 판매 또는 공사에 대한 대가는 외화로 영수된다는 두 가지 특징을 가지고 있다.

그러므로 국내에서의 외화판매 또는 외화공사 등에 대하여 관세를 환급하는 것은 국내의 판매자 또는 공급자가 외국 경쟁자에 비해 불리하지 않도록 지원하는 역할을 하는 것이다. 국내에서 판매 또는 공사를 한 다음 환급을 받은 물품은 반드시 당해 용도에만 사용되어야 한다. 만일 당해 용도에 제공된 날로부터 2년 이내에 그 용도 외에 사용된 경우에는 용도 외에 사용한자로부터 환급받은 관세 등을 즉시 징수한다. 그러나 재해 등 부득이한 사유로 멸실되었거나 미리 세관장의 승인을 얻어 멸각한 때는 환급받은 관세 등을 추징하지 아니한다.

(2) 환급대상이 되는 외화판매 또는 공사

① 주한미군에 대한 물품의 판매

주한미군에 대한 물품의 판매 중 대가를 외화로 받는 판매는 환급대상이 된다. 주한미군의 범위는 SOFA 협정이 적용되는 우리나라에 주둔하는 미국의 육·해·공군이다. 이에는 주한미군의 초청계약자와 주한미군 영내의 PX·사교클럽·극장·신문 등 비세출기관(non-appropriated fund organization)이 포함된다.

② 대가를 외화로 받는 공사

주한미군 또는 관세법 제88조의 규정에 의해 인정되는 주한 외교기관이 시행하는 공사 중 대가를 외화로 받는 공사는 환급대상이다. 관세법의 규정에 의한 주한 외교기관이란 우리나라에 있는 외국의 대사관·공사관·영사관과 기타 이에 준하는 기관이 시행하는 공사 중 대가가 외화로 지급되는 공사에 사용·소비된 원재료를 수입할 때 납부한 관세는 이 조항에 의해 환급의 대상이 된다.

③ 국산 승용자동차의 외화판매

관세법과 SOFA 협정에 의하여 수입하는 승용자동차에 대하여 관세 등의 면제를 받을 수 있는 자에 대한 국산 승용자동차의 판매 중 대가를 외화로 받는 판매는 환급대상이 된다. 다만, 주무부장관의 면세추천서를 제출하는 경우 한한다.

관세법에 의하여 수입하는 승용자동차에 대해 면세를 받을 수 있는 자란 구한 외국대사관·공사관·영사관이나 주한 외국대사·공사 기타 이에 준하는 외국사절 및 그 가족 등이고 SOFA 협정에 의하여 면세를 받을 수 있는 자는 주한 미군이다.

④ 외국인투자기업 자본재의 외화판매

외국인투자촉진법의 규정에 의하여 외국인 투자 또는 출자의 신고를 한 자에 대한 자본재의 판매 중 대가를 외화로 받는 판매는 환급대상이 된다. 다만, 당해 자본재는 우리나라에서 생산된 것이어야 하며 그 자본재가 수입되는 경우외 조세특례제한

법 제121조의 3의 규정에 의하여 관세가 감면되는 경우이어야 한다. 자본재가 수입될 때 관세가 감면 되는 경우는 다음 각 호의 자본재 중 해당 사업에 직접 사용되는 것으로서 외국인투자 또는 출자의 신고를 한 날로부터 3년 이내에 관세법에 의한 수입신고가 완료된 것에 한한다. i) 외국인투자기업이 외국투자가로부터 출자 받은 대외지급수단 또는 내국 지급수단으로 도입하는 자본재, ii) 외국투자가가 출자의 목적물로 도입하는 자본재

⑤ 차관자금 낙찰물품의 외화판매

국제금융기구로부터 제공되는 차관자금에 의한 국제경쟁 입찰에서 낙찰된 물품(이 때의 낙찰에는 낙찰 받은 자로부터 도급을 받는 경우를 포함한다)의 판매 중 대가를 외화로 받는 판매는 환급대상이 된다. 다만, 당해 물품은 우리나라에서 생산된 것이어야 하며 수입되는 경우 관세법에 의하여 관세가 감면되는 경우에 한한다.

4) 보세공장 등에 대한 물품의 공급

(1) 국내 공급물품에 대한 환급의 의의

보세구역에는 여러 사유로 내국물품이 반입될 수 있다. 이와 같은 내국물품의 공급을 환급특례법상 수출로 인정하는 것은 보세창고, 보세공장, 보세판매장에 대한 공급과 종합보세구역, 자유무역지역 입주기업체에 대한 물품의 공급이다. 보세구역 등에 물품을 공급하는 것 자체가 직접적으로 외화를 획득하는 것은 아니다. 그러나 이들 구역에서 보관, 생산 또는 판매된 상품은 궁극적으로 수출을 하게 되거나 수출한 것과 같은 효과를 주게 되므로 결과적으로 외화 획득에 공해지는 것으로 간주하고 있는 것이다. 이들 지역에 대한 물품의 공급은 유·무상을 불문하고 관세환급의 대상이 된다. 한편, 이들 구역에 공급된 물품으로 환급을 받은 물품은 관세법 등의 적용에 있어 이를 외국물품으로 본다. 따라서 이러한 물품은 당해 보세구역에서 국내로 반입하고자 할 때는 관세법의 규정에 따라 수입통관 절차를 거쳐야 하며 이를 위반하면 관세법으로 처벌의 대상이 된다.

(2) 환급대상이 되는 물품의 공급

① 보세창고에 대한 물품의 공급

관세법의 규정에 의해 보세창고에 물품을 반입할 경우 환급 대상이 된다. 다만, 수출한 물품에 대한 수리·보수 또는 해외 조립생산을 위하여 부품 등을 반입하는 경

우만 그 대상이 된다. 해외조립용 수출용원재료 및 이미 수출한 물품의 하자보수용 물품의 보세창고 반입을 수출로 인정하면 그 비축기간만큼 조기 환급효과를 가져오며 특히 자동차 등 해외조립용 물품의 수출지원이 보다 효율적으로 이루어질 수 있다. 또한 장기간 비축 후 수출됨에 따라 2년으로 제한된 수출이행기간의 경과로 환급을 받지 못하는 사례를 방지할 수 있다.

② 보세공장에 대한 물품의 공급

보세공장에 대한 물품의 공급은 환급대상이 된다. 다만, 수출용원재료로 사용될 목적으로 공급되는 경우에 한한다. 보세공장에 대한 물품의 공급을 수출로 보아 환급대상이 되도록 한 것은 이들 공장에 대한 수출용원재료의 공급에 있어 국내 공급자가 외국의 공급자에 비해 불리한 입장에 서지 않도록 함으로써 원재료의 국산화를 촉진하기 위해서이다. 보세공장에 대한 물품의 공급은 수출물품의 제조를 목적으로 하는 경우만 환급대상이 될 수 있다. 즉, 최종 제품이 외국으로 수출되지 않고 오로지 국내에 판매될 것을 목적으로 하는 내수용 보세공장에 반입하는 물품은 관세환급 대상이 될 수 없다. 보세공장에서 생산된 물품도 외국물품으로 반송의 절차를 거쳐 수출된다.

③ 보세판매장에 대한 물품의 공급

관세법의 규정에 의한 보세판매장에 대한 물품의 공급은 환급대상이 된다. 보세판매장에서는 외국인 또는 출국하는 내국인을 상대로 물품을 판매하고 판매된 물품은 출국 시 반출하게 하거나 외국물품 수입 시 관세를 면제받을 수 있는 외교관 등에게 판매하는 특징이 있다. 이러한 특징을 고려하여 보세 판매장에 대한 물품의 공급을 환급대상 수출로 인정하고 있는 것이다.

④ 종합보세구역 입주업체에 대한 물품의 공급

관세법의 규정에 의한 종합보세구역 입주기업체에 대한 물품의 공급은 환급대상이 된다. 다만, 수출용원재료로 공급하거나 수출한 물품에 대한 수리, 보수, 또는 해외조립생산을 위하여 부품을 반입하는 경우 또는 보세구역에서 판매하기 위하여 반입하는 경우에 한한다. 종합보세구역 입주기업체에 대한 물품의 공급은 보세공장의 경우와 유사한 이유에서 환급대상이 되고 있다.

⑤ 자유무역지역에 대한 물품의 공급

자유무역지역 입주기업체에 대한 물품의 공급은 환급대상이 된다. 자유무역지역은 그 목적에 다소 차이는 있으나 무역을 진흥하고 국제물류를 촉진시킨다는 점 등에서는 큰 차이가 없다. 이들 지역에 대한 물품의 공급을 환급의 대상으로 하고 있는 이유는 보세공장의 경우와 같다.

5) 기타 환급대상 수출

위에서 열거한 것 외에 기획재정부장관이 환급대상 수출로 정하고 있는 것으로서 선(기)용품의 공급과 원양어선에 대한 물품의 무상공급이 있다. 한편, 남북교류협력에 관한 법률에서는 북한지역으로의 물품공급을 반출이라고 하고 북한지역으로부터의 남한에 대한 물품공급을 반입이라 하는데 동법 시행령에는 '남북교류협력에 관한 법률에 의한 북한지역으로의 물품의 반출은 환급특례법의 규정에 의한 수출로 본다'고 규정하여 환급대상 수출로 인정하고 있다. 그러나 북한에서 반입되는 물품에 대하여는 관세법상 수입이 아니므로 관세가 부과·징수되지 아니한다. 그러나 내국소비세는 국내거래의 경우에도 부과·징수하는 것이므로 북한에서 반입되는 물품에도 부과·징수하고 있다.

6. 환급액의 산출

6.1 간이정액환급방법

1) 간이정액환급제도의 개요

간이정액환급제도는 환급업무에 대한 전문 인력의 부족 등으로 개별환급방법에 의한 환급에 애로가 많은 중소기업을 지원하기 위하여 운영하는 제도이다. 즉, 관세청장이 간이정액환급율표를 고시하고 중소제조업체가 수출한 물품에 대해 희망할 경우 간이정액환급율표에 고시된 금액을 환급액으로 지급하는 것이다. 간이정액환급제도는 소요량의 계산이나 관세납부와 관련한 복잡한 서류의 구비 없이 수출사실만 입증하면 즉시 환급액이 확증되므로 중소기업에게는 상당히 편리한 제도이다. 그러나 그동안의 운용경과를 보면 동일품목에 대해서 개별 환급에 의해 확정되는 환급액보다 간이정액환급으로 책정 고시되는 금액이 대체로 낮았기 때문에 경우에 따라서는 과소 환급을 감수해야 한다는 점과

간이정액환급율표로 고시되지 아니한 품목에 대하여는 같은 중소기업일지라도 개별환급에 의해 환급액을 결정하여야 한다는 점이 단점이다.

2) 간이정액환급율표의 적용대상

간이정액환급율표는 중소기업기본법 제2조의 규정에 의한 중소기업자로 환급신청일이 속하는 연도의 직전 2년간 매년도 환급실적이 4억 원 이하인 자가 제조, 가공한 물품에 대한 관세 등의 환급과 내국신용장 등에 의하여 공급된 수출용원 재료에 대한 기초원재료 납세증명서 발급 시에 적용한다. 환급실적 기준의 4억원은 기초원재료납세증명서 발급실적도 포함되며 동일업체로서 제조장별로 환급을 신청(기납증 발급 포함)하는 경우에는 제조장별 환급금액(기납증 발급액 포함)을 모두 합한 실적이다.

간이정액환급율표는 관세 등의 환급액 결정과 수출용원재료의 국내 가공거래에 따른 기초원재료 납세증명서 발급에 적용할 수 있다. 그러나 다음 각 호의 1의 물품에 대하여는 간이정액환급율표를 적용할 수 없다.

  i) 수입물품을 수입한 상태 그대로 수출하거나 내국신용장 등에 의해 공급한 물품(원상태 수출)

  ii) 간이정액환급 비적용승인을 받은 업체가 제조, 가공한 수출물품 또는 내국신용장 등에 의해 공급한 물품

  iii) 수탁가공 수출물품

  iv) 수출신고필증에 제조자가 '미상' 또는 '완제품공급자'로 기재된 수출

3) 간이정액환급율표 책정의 기준

관세청장이 간이정액환급율표를 정할 때에는 관세청장이 입수하고 있는 환급율표를 고시한 날로부터 소급하여 최근 6개월 이상 기간 동안의 수출 물품의 품목번호(HSK 10단위)별 전체 평균 환급액 또는 평균납부세액 등을 기초로 하여 적정한 환급액을 정한다. 고시되는 간이정액환급액은 수출 금액 원화 10,000원 당 환급액이며 단위는 원이다.

4) 환급액의 산출

간이정액환급율표는 환급의 경우는 수출신고수리일, 기초원재료납세증명서 발급의 경우에는 국내거래일이 적용 기준일이다. 환급신청일이나 기초원재료납세증명서 발급 신청일을 적용 기준일로 하지 않는 것은 간이정액환급율표가 개정되었을 경우 신청일에 따라 환급액이 달라질 수 있는 문제점을 고려한 것이다. 간이정액환급율표에 의한 환급액 또는 양도세액의 계산은 다음 계산방식에 의하여 결정한다.

> 환급액(양도세액) = FOB 원화 금액 * 간이정액환급율표의 당금액/10,000

이때 수출신고필증 등의 금액은 수출금액을 기준으로 하고 기초원재료납세증명서를 발급할 때는 양도세액이 포함되지 아니한 물품대금만을 기준으로 한다. 만일 수출신고필증 등의 수출금액 또는 내국신용장 등의 공급금액이 FOB 조건이 아니거나 내국신용장 등에 양도세액과 물품대금이 구분하여 기재되어 있지 않아 물품대금을 확인할 수 없는 때에는 다음 산식에 의하여 산출되 금액을 FOB 기준금액(물품대금)으로 결정한다.

> FOB 기준금액 = 원화표시 거래금액/(1+적용할 간이정액금액/10,000)

여기에서 적용할 간이정액금액/10,000)은 소수점 넷째 자리에서 사사오입하여 계산한다. 간이정액환급율표를 적용할 때에는 별도로 환급금 지급 제한이나 부산물 공제를 하지 아니한다.

5) 정액환급율표의 고시요청

간이정액환급을 받을 수 있는 중소기업자는 자신이 수출하는 물품의 품목을 간이정액환급율표로 고시해 주도록 관세청장에게 요청할 수 있다. 이때 다음 서류를 첨부한 신청서(수출용원재료에 대한 관세 등 환급사무처리에 관한 고시 별지 제8-2호 서식)를 매년 10월말까지 관세청장에게 제출하여야 한다.

i) 고시요청 사유서
ii) 수출물품의 품목번호별 소요원재료의 내역
iii) 원재료별 최근 1년 동안 관세 등의 납부내역
iv) 기타 간이정액환급율표 고시요청의 필요성을 입증하는 서류

6) 중소기업에 대한 자동환급제도

다음 각 호의 요건을 갖춘 업체가 관할지 세관장으로부터 '자동환급업체'로 지정을 받으면 지정된 날 이후에 간이정액환급대상품목을 수출하는 경우 매월 2일(공휴일인 경우 그 익일) 전월에 선(기)적된 수출물품에 대하여 관세환급시스템이 업체별, 수출물품, HS 10단위별로 자동으로 환급신청서를 작성, 신청, 접수, 환급금 결정을 한 다음 지급한다.

ⅰ) 환급특례법시행규칙 제12조의 규정에 해당하는 업체(간이정액환급율표의 적용대상업체)
ⅱ) 최근 2년간 환급특례법시행령 제7조에서 규정한 처벌을 받은 사실이 없는 업체
ⅲ) 제조시설을 보유한 업체로 간이정액환급품목을 수출하는 제조업체
ⅳ) 전년도 수출실적이 1백만 불 이상인 업체

자동환급업체로 지정받고자 하는 자는 자동환급업체 지정신청서를 관할지 세관장에게 제출하여야 한다. 자동환급업체의 지정은 2년간으로 하나 갱신될 수 있다.

6.2 개별환급방법

1) 개별환급의 개요

개별환급이란 용어는 정부가 환급금액을 책정하여 고시하는 정액환급에 대비하여 환급을 신청하는 자가 원재료별로 납부세액을 계산하여 환급액을 산출한다는 의미에서 불려지는 것이다. 현행 관세환급제도는 이러한 개별환급을 기본으로 한다.

개별환급방법은 수출물품 생산에 어떤 원재료가 얼마만큼 소요되었는지를 먼저 파악한 다음 이들 중 수입된 원재료에 대해 그 원재료가 수입될 때 납부한 관세가 얼마인가를 계산하는 방법으로 환급액을 산출하는 것이다. 그런데 물품의 생산에는 대개 수많은 종류의 원재료가 사용되고 기업마다 그리고 같은 기업일지라도 생산시기마다 원재료의 소요량과 수입된 원재료에 대해 납부한 관세액도 달라진다.

기업마다 그리고 생산시기마다 소요량이 달라지는 것은 제조공법과 기술수준 기타 여러 가지 환경적 요인의 차이에서 비롯되는 것이고 수입원재료에 대한 납부세액이 달라지는 것은 관세액 결정의 3요소 즉 수입물품의 단가, 과세환율, 그리고 관세율의 전부 또는 일부가 변동되는 데서 기인한다. 따라서 개별환급방법에 의해 환급액을 산출하는 데는 소

요량의 파악과 수출물품과 소요원재료의 동일성 확인에 정확성을 기하여야 하며 그렇지 못할 경우 과다환급 또는 과소환급이 발생하게 된다.

개별환급방법에 의한 환급액의 산출은 정액환급방법에 의한 경우와 마찬가지로 물품수출에 따른 환급 또는 국내거래물품에 대한 기초원재료납세증명서의 발급에 적용된다.

2) 수출물품과 수출용원재료의 동일성 인정

개별환급에서 수출신고사실을 확인하는 서류(수출신고필증 등)에 기재된 수출물품의 생산에 소요된 원재료와 환급신청을 할 때 첨부된 수입 또는 국내거래사실 증명서류(수입신고필증 등)에 기재된 원재료가 일치하는 것을 원재료의 동일성이라 한다. 만일 동일성이 없음에도 불구하고 관세환급을 허용할 경우 부당환급 또는 부정환급이 발생할 수 있기 때문이다. 환급에서는 이러한 원재료의 동일성 여부를 서류로서 확인하는데 수출신고필증 등에 있는 상품의 품명, 규격과 수입신고필증 등의 품명, 규격이 서로 일치하면 수입신고필증 등의 원재료로서 당해 수출물품을 생산한 것으로 동일성을 인정하고 있다.

실제로 세관의 심사과정에서 이들 서류들에 기재된 품명, 규격에 따라 동일성이 인정되기도 하고 인정되지 않기도 한다. 수출신고필증 등과 소요량계산서류 그리고 수입신고필증 등 환급관련 서류상 각종 규격이 누락될 경우 원재료의 동일성 여부는 판단할 수가 없게 된다. 따라서 관련서류의 품명, 규격은 유사한 다른 물품과 구별이 될 수 있도록 가급적 상세히 기재되어야 한다. 그러나 정확한 환급을 강조하여 규격을 지나치게 자세하게 표시하게 되면 환급신청서류가 너무 복잡하게 되어 환급액의 계산이 어려워지고 규격상이로 환급이 불가능한 사례도 발생한다는 점을 유의할 필요가 있다.

3) 환급액의 산출방법

개별환급방법에 의해 환급액을 산출하기 위해서는 수출사실 확인, 소요원재료 확인, 납부세액 확인과 같은 세 가지 기본적인 사실의 대조확인을 통하여 원재료의 동일성과 납부세액을 확인하여야 한다. 수출사실 확인은 환급대상이 되는 물품과 그 수량을 확인하는 것이다. 수출사실 확인과정에서 확인되는 수출물품의 품명, 규격, 수량이 개별 수출신고필증 등과 반드시 일치하는 것은 아니다. 그 이유는 수출신고와 환급신청의 다음과 같은 차이 때문이다.

먼저 관세법에 의한 수출신고는 원칙적으로 선박 또는 항공기의 물품 적재단위로 이루어진다. 그런데 하나의 적재단위에도 HSK 10단위를 기준으로 할 때 여러 개의 품목이 포함될 수 있다. 그에 따라 수출신고서는 품명, 규격의 기재란을 여러 개두어 이들을 하나의 서류로서 신고할 수 있도록 하고 있다. 그러나 관세환급은 선박 또는 항공기의 물품 적재단위나 수출신고 건 단위로 이루어지는 것이 아니다. 환급신청은 환급신청인별, 환급방법별, 수출 형태별, 수출신고수리월별, 그리고 HSK 10단위별로 하여야 한다. 그러므로 같은 달에 수출신고가 수리된 동일품목이라면 여러 건의 수출신고필증을 묶어 하나의 건으로 환급신청을 할 수 있다. 예를 들어 5월에 HSK 10단위의 물품을 100건 수출하였을 때 100건의 수출에 대해 1건으로 환급을 신청할 수도 있고 20건씩의 수출에 대해 5건의 환급을 신청할 수도 있는 것이다.

소요원재료 확인은 수출물품 생산에 소요된 원재료의 종류와 그 양을 확인하는 것이다. 소요량계산서류에 나타나는 품명, 규격, 수량은 수출사실 확인과정에서의 확인된 품명, 규격, 수량과 일치해야 한다. 소요량계산은 일괄환급신청의 원칙에 따라 환급신청건별로 1건으로 작성되기 때문이다. 소요원재료의 품명, 규격, 수량은 환급대상인 수출물품 생산에 소요된 원재료의 품명, 규격, 수량이다. 따라서 그 품목 수는 수출된 상품에 따라 하나에서 수천 또는 수만 개까지 될 수 있다. 수만 개의 부품이 투입되는 자동차의 예를 상기하면 쉽게 이해가 될 것이다. 어떤 품목이 얼마만큼 소요량계산에서 원재료로 나타날 것인가 하는 것은 소요량 산정 결과에 따라 결정될 문제이다.

납부세액 확인과정은 소요량계산서에 나타난 수출용원재료의 품명, 규격에 일치하는 원재료를 수입하였다는 사실과 관세를 납부하였다는 사실을 확인하기 위한 것이다. 수입물품의 품명, 규격과 소요원재료의 품명, 규격은 동일성의 인정원칙에 합당하도록 상호 일치하여야 한다. 그러나 그 수량은 소요량계산서의 수량과 같거나 그보다 적게 된다. 왜냐하면, 소요량계산서에 나타난 원재료 가운데는 유효한 수입신고필증 등을 제시할 수 없는 것도 포함되는 경우가 있으며 소요원재료상의 수량이 될 수 있도록 여러 건의 수입신고필증 등이 사용될 경우도 있고 하나의 수입신고필증 등이 여러 번의 환급에 사용될 수도 있다. 하나의 수입신고필증 등이 여러 건의 환급에 분할되어 사용될 때는 환급에 사용되고 남은 수량에 대하여는 관세환급 전산시스템에 의하여 잔량으로 관리되고 있다.

납부세액 확인과정에서 수출용원재료의 수량이 확정되면 그 수출용원재료를 수입할 때 납부한 관세액이 계산될 수 있다. 수입신고필증 등에 의해 확인되는 단위당 관세액을 확정된 수량에 곱하면 된다. 그러나 이와 같이 계산된 관세납부액이 곧 개별환급방법에 의해 산출되는 환급액이 되는 것은 아니다. 수출물품의 생산과정에서 부산물이 발생하였다면 부산물에 해당하는 세액만큼이나 부산물공제제도에 의해 공제되어야 하고 그 외에 환급금지급제한 대상물품이나 농림축산물로서 환급제한 대상품목의 경우에는 환급자체가 제한될 수 있다. 따라서 이러한 요인을 고려한 다음 최종적으로 환급액이 결정된다.

4) 부산물에 대한 환급액의 공제

수출용원재료를 사용하여 생산되는 물품이 둘 이상인 경우에는 생산되는 물품의 가격을 기준으로 관세청장이 정하는 바에 따라 관세 등을 환급한다. 동일한 원재료로서 생산되는 물품이 둘 이상일 경우는 연산품의 경우와 부산물이 발생하는 경우이다. 연산품이란 동일 원재료에 의해 생산된 물품으로서 개별적인 기능과 경제적인 가치를 가진 주산물과 부산물로 구별할 수 없을 경우에 이 제품들을 총칭하는 것이다. 이에 대해 부산물이란 수출물품 생산공정 중에 수출물품이외에 부수적으로 발생하는 경제적인 가치를 가진 물품으로서 판매되거나 자가 사용되는 물품을 말한다.

수출물품을 생산하는 과정에서 발생하는 부산물이 있음에도 소요된 원재료의 납부세액 전액에 대하여 관세 등을 환급하게 되면 형평의 원칙에 맞지 않는다. 또한 수출되지 아니하는 물품에 대하여도 환급하는 부당환급이란 결과가 초래될 것이다. 따라서 부산물이 발생하는 원재료에 대하여는 원재료를 수입할 때 납부한 관세액에서 부산물의 가치에 해당하는 관세액을 공제한 다음 그 잔액을 환급하는 것이다.

Part 03

수입절차

Chapter 16. 수입절차
Chapter 17. 수입계약 체결
Chapter 18. 수입승인
Chapter 19. 수입신용장
Chapter 20. 수입대금결제와 운송서류 인도
Chapter 21. 수입통관
Chapter 22. 무역분쟁과 상사중재

Chapter 16

International Trade Practice

수입절차

1. 수입절차의 개요

수입절차라 함은 수입상이 해외로부터 물품을 수입하기 위하여 수입대상품목의 거래처를 선정하여 수입계약을 체결한 후 수입승인(승인대상품목에 한함)을 받은 다음 수입신용장을 개설한 후에 해외의 수출상으로부터 물품선적 관련 서류 및 수입어음이 도착되면 수입대금을 지급하고 서류를 인도받아 수입통관절차를 거쳐 물품을 수령하는 일련의 절차를 말한다.

수입은 크게 일반물품 수입과 수출용 원자재수입으로 나눌 수 있다. 수입계약을 체결하고자 할 때는 국외에서 직접 청약을 받거나 국내의 등록된 무역 대리업자, 즉 오퍼상으로부터 청약을 받아 이에 대해 승낙하면 된다. 수입승인이 필요한 물품인 경우 수입자는 소정의 서류를 첨부해 위임받은 해당 기관에 수입 승인을 신청하면 수입 허가 또는 승인서를 획득하게 된다. 수입자는 계약에 따라 수출자를 수익자로 하는 수입신용장을 개설해주어야 한다. 신용장을 받은 수출자가 신용장의 조건대로 물품을 선적하고 선적서류를 담보로 발행한 환어음(어음작성자(발행인)가 제3자(지급인)에게 어음에 기재된 금액을 일정한 기일에 어음상의 권리자(수취인 또는 지시인)에게 지급할 것을 무조건적으로 위탁하는 증권을 말한다.)을 자신의 거래은행에 매입하면, 매입은행은 환어음 및 선적서류를 신용장개설은행으로 송부한다. 서류를 받은 개설은행은 신용장의 조건과 서류가 상호 일치하는지 심사한 다음 개설의뢰인인 수입자에게 수입어음결제와 선적서류를 수령하도록 통지한다. 선적서류 수령 통지에 대해 수입자는 일람불어음일 경우에는 선적서류와 상환으로 어음 대금을 지급하고, 기한부어음일 경우에는 어음 인수를 한 다음 실제 대금은 어음 만기일에 지급한다.

수입화물이 도착하면 화물을 양륙하고 수입통관을 밟기 위해 보세구역에 반입한다. 수입신고를 하기 위해서는 보세구역에 장치하고 장치 확인을 받아야 한다. 수입물품의 신속한 통관을 위해 선박이나 항공기가 입항하기 전에 미리 수입신고를 할 수 있는데 이를 입항 전 수입신고라 한다. 선적서류 원본이나 수입화물 선취보증서(수입화물이 수입지에 도착했으나 운송 서류가 도착하지 않아 수입자가 화물을 인수할 수 없을 때 운송서류의 원본을 제시하지 않고서도 화물을 인수하는 것과 이와 관련된 모든 책임을 은행이 진다는 내용의 보증서를 말한다.)를 수취한 수입자는 직접 또는 관세사나 통관법인, 관세사법인에게 위임해 수입신고를 하고 수입 면허를 받아야 한다. 수입신고를 받은 세관은 수입화물을 검사/확인한 후 관세 등을 납부 고지한다. 수입자가 관세 등을 납부하면 세관장은 수입면허를 발급해주고, 그 증거로 수입자에게 수입신고필증을 교부해주며, 이후 보세구역에서 물품을 반출해 최종 목적지로 운송하면 모든 수입절차가 종료된다.

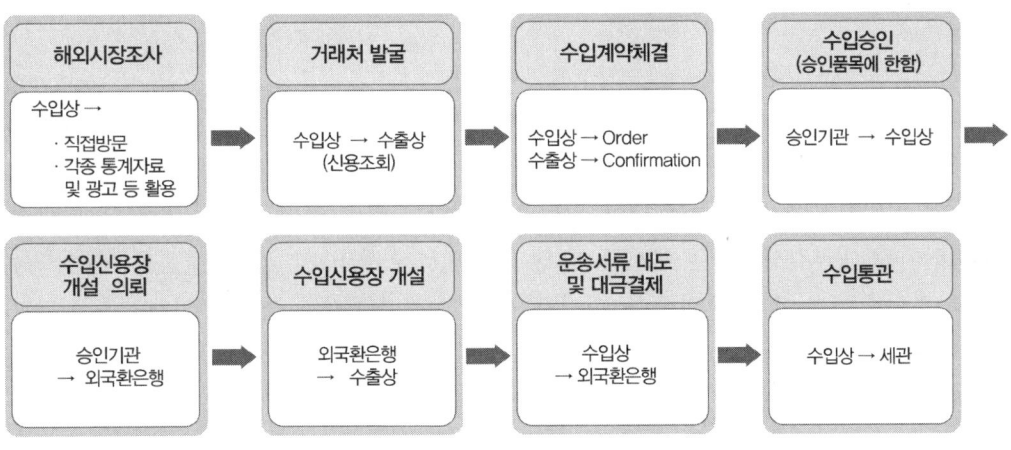

[그림 16.1] 수입절차

2. 수입계약 체결

수입상은 해외 거래처로부터 직접 청약(offer)을 받거나 또는 국내에서 통상 오퍼상이라고 불리는 업자의 청약에 대하여 승낙(acceptance)함으로써 물품매도확약서(offer sheet)를 발급받아 계약이 체결된다. 한편, 기본적인 계약체결은 일반적인 약정조건에 대해서만 물품매도확약서상에 명시되지만 이것만으로는 전체적인 계약내용을 완전히 약정했다고는 볼 수 없으므로 물품매도확약서만으로 수입계약을 대신하지 말고 별도의 거래조건에 대하여 상세히 수입계약을 체결하여 두는 것이 사후에 발생될 수 있는 분쟁을 막을 수 있다.

3. 수입승인

수입승인이란 수출입공고, 별도공고에 의해 수입이 제한되는 물품을 수입이 가능하도록 만드는 절차를 말한다. 대외무역법에서는 수입승인시 대금결제에 대한 사항은 외국환거래법에 일임하고 오직 물품에 대한 관리만 수행하는 것을 원칙으로 하고 있다. 따라서 수입승인이란 대금결제사항은 배제한 채 단지 국내로 이동이 제한되는 물품을 이동 가능하도록 승인해 주는 절차를 말한다. 다시 말해서 해외 수출자와 물품 수입계약을 체결하기 전에 수입자는 수출의 경우와 마찬가지로 자신이 수입하고자 하는 물품이 수입 제한 품목에 해당하는지 확인한 후 만약 이에 해당되면 지식경제부장관으로부터 수입승인을 받아야 한다. 이때 수입하고자 하는 물품이 수출입공고나 통합 공고상 수입이 제한되는 품목에 해당될 경우에는 제한 조치에 따라 관련 조합/협회/주무부터의 수입요건 확인 또는 승인을 받아야 한다. 수입승인절차의 세부내용을 살펴보면 다음과 같다. 승인기관은 각 품목별 공고에 의해 고시되어 있는 협회나 조합 등의 단체이며, 승인요건은 품목별로 승인기관에서 정한다. 구비해야 할 서류로는 수입승인신청서 4부(업체용·승인기관용·세관용·사본), 수입계약서 또는 물품 매도 확약서, 수입대행계약서(실수요자와 수입자가 다른 경우에 한함), 수출입공고 등에서 규정한 요건을 충족하는 서류 등이 있다.

승인유효기간은 승인일로부터 1년이다. 단, 물가안정 및 수급조절 등의 사유로 승인기관이 별도로 정하는 경우에는 1년 이내의 기간을 부여할 수도 있으며, 1년을 초과하거나 물품의 도착기일을 감안해 1년 이내에 물품이 도착하기 어려울 것으로 인정되는 경우에는 1년을 초과해 20년 범위 내에서 인정하고 있다. 한편, 수입이 승인된 물품을 제외한 수입승인 사항에 대한 변경 승인 및 변경 신고도 가능하다. 변경 승인 대상으로는 수량, 가격, 승인 유효기간, 당사자의 변경이 있으며, 변경 신고 대상으로는 원산지·규격·용도·승인조건 등이 있다.

4. 수입신용장 개설

승인기관의 수입승인을 받은 수입상은 수입승인서 및 물품매도확약서(offer sheet) 또는 구매계약서(order sheet)를 참조하여 신용장개설 은행의 소정의 양식인 화환신용장 발행 신청서(application for issuance of documentary letter of credit)에 신용장 조건 등을 기재하여 신용장 개설은행에 수입신용장 발행을 의뢰한다. 신용장 발행 신청시에 신청서상에 기재되는 내용은 곧 신용장의 조건이 되므로 모든 사항을 간단명료하고 정확하게 기재해야 한다. 신용장 개설은행은 신용장 발행수수료 등을 징수하고 수익자(beneficiary), 즉 수출상이 소재하고 있는 수출지의 통지은행(advising bank) 앞으로 신용장을 전신(cable), 우편(mail) 또는 EDI를 이용하여 발송하게 되고 이를 받은 통지은행은 수출상에게 신용장 도착을 통지하게 된다.

수입자는 물품매도 확약서의 대금결제조건에 따라 외국환은행을 통하여 수입신용장을 개설하여야 한다. 수입신용장은 물품매도확약서와 동일한 내용으로 개설되어야 한다. 신용장금액은 물품매도확약서 금액을 초과할 수 없고 표시통화는 물품매도확약서에 기재된 통화와 같은 통화이어야 한다. 외국환은행이 인터넷으로 수입신용장을 개설할 수 있는 시스템을 구축하고 서비스를 제공하고 있다. 수입자는 은행을 방문하지 않고도 인터넷에 접속하여 수입신용장을 개설할 수 있는 시스템을 구축하고 서비스를 제공하고 있다. 수입자는 은행을 방문하지 않고도 인터넷에 접속하여 수입신용장 개설을 신청할 수 있다. KTNET은 수입신용장 개설업무를 eXedi 방식으로 서비스하고 있다.

5. 운송, 보험계약체결 및 수입대금결제

　　FOB 및 CFR 조건으로 수입하는 경우 수입자가 운송 및 보험계약을 체결한다. 수입자가 취소불능화환신용장의 개설을 일람출급 또한 기한부(usance)방식으로 신청하는 경우 개설은행은 신용장개설수수료 및 전신료를 징수하고 지급보증을 하게 되고 수입자에게는 계산서 및 신용장을 발행하게 된다. EDI로 결제하는 경우는 수입자와 신용장 개설은행간에 약정된 결제구좌에서 신용장개설 관련 경비가 자동 인출되며 개설은행이 서류로 발행되는 계산서를 EDI로 송부하여 줌으로써 신속한 업무처리가 이루어진다. 추심결제 방식에 의한 대금결제 및 송금결제방식도 많이 이용되고 있다.

6. 수입통관

　　수입대금을 결제하고 운송서류를 수취하거나 또는 수입화물선취보증서(L/G)를 받은 수입상은 수입물품을 보세구역에 반입한 다음 관세법 또는 기타 법령이 정하는 바에 의하여 세관에 수입신고를 하게 된다. 그러나 예외적으로 수입물품이 우리나라에 도착하기 전에도 수입신고를 할 수 있는데, 부두에서 직접 통관하는 화물은 사전수입신고가 가능하다. 수입신고를 받은 세관에서는 수입신고한 물품과 수입승인서 상의 물품이 일치하는지 여부를 확인하고 수입신고사항이 수입승인 사항과 일치하는지의 여부에 대하여 심사한 후 수입신고필증을 교부한다. 수입신고필증을 교부받으면 보세구역에서 당해 물품을 반출할 수 있다. 한편, 관세의 납부는 물품의 수입화주가 관세의 납세의무자가 되며, 수입신고수리전에 납부하는 사전납부와 신고후에 납부하는 사후납부로 구분된다.

　　사후 납부는 담보제공이 면제된 경우와 담보를 제공한 경우에 수입신고 수리후에 관세 등 제세를 납부케 하는 것이다. 사후납부는 수입신고 수리 후 15일 이내에 관세를 국고수납은행이나 우체국에 납부하여야 한다.

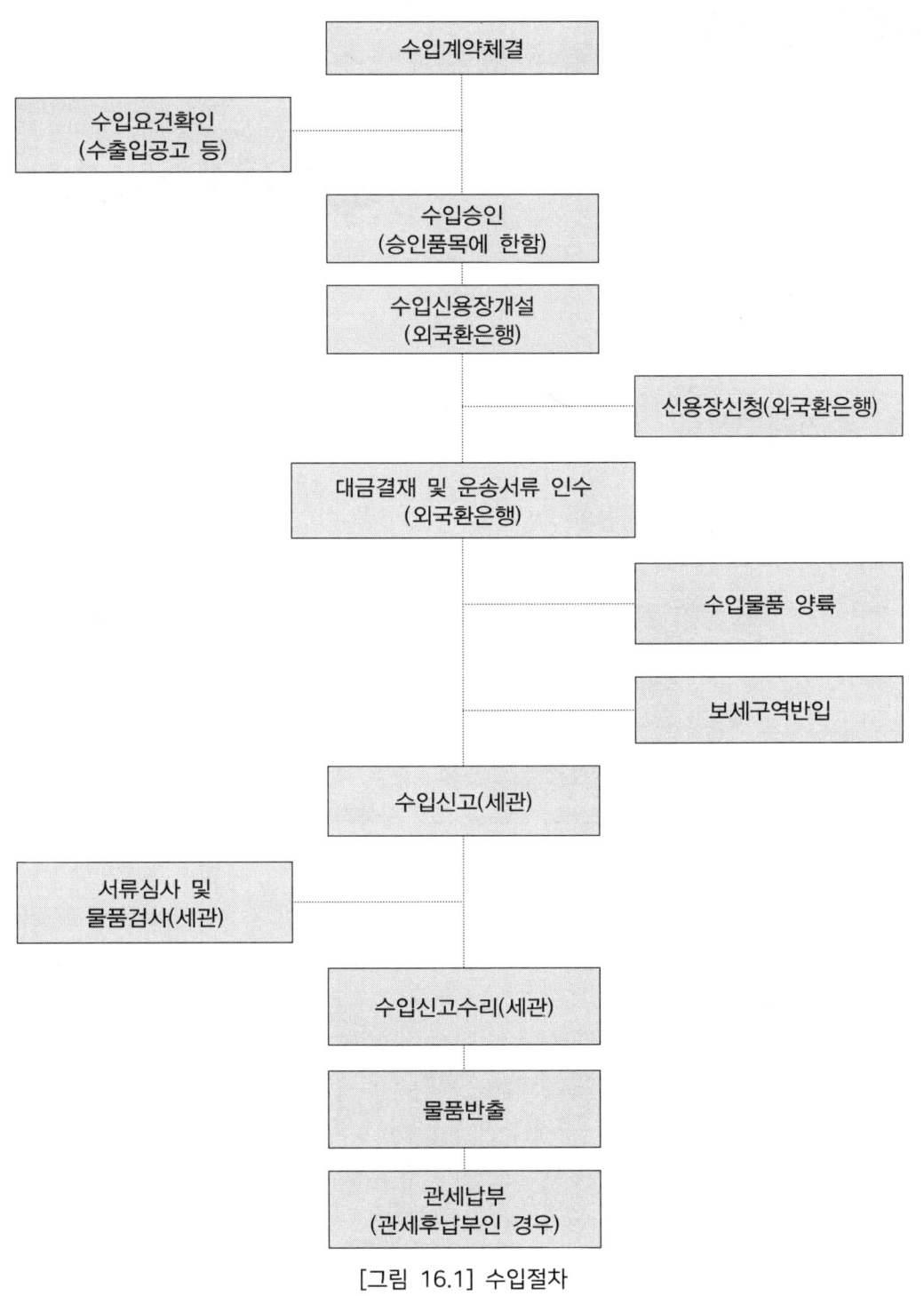

[그림 16.1] 수입절차

Chapter 17
International Trade Practice

수입계약체결

1. 수입계약성립

온라인(인터넷) 수입계약성립은 수입업체가 해외공급처의 홈페이지에 게재된 제품정보(offer to sell)이나 전자카탈로그이나 가격표를 보고 보다 더 자세한 거래조건 및 자료를 보내달라는 e메일 조회를 보낸다. 해외공급업체는 e메일로 조회에 대한 회답을 보내면서 구체적인 거래조건을 명시한 판매오퍼를 보낸다. 수입업체가 이 오퍼를 승낙하면 무역계약이 성립되는 것이다. 또한 수입업체가 해외공급처의 홈페이지(웹사이트)나 인터넷 쇼핑몰에 올려 있는 제품정보 또는 전자카탈로그를 보고 e메일로 주문을 한다. 해외공급처가 이 e메일 오더를 승낙하면 무역계약이 성립된다. 이와 반대로 해외공급처가 수입업체의 웹사이트에 게재된 판매정보(offer to buy)를 보고 구체적인 거래조건을 제시한 판매오퍼를 보내오는 경우도 있다. 수입업체가 이 오퍼를 승낙하면 무역계약이 성립된다.

오프라인 수입계약성립은 수입하고자 하는 상품을 선정하고 그 상품의 공급처(거래자)도 선정되었으면 그 공급처에 거래제의를 한다. 거래제의 통신문에서 거래처 후보자(해외의 제조업자 또는 수출자)에게 카탈로그(상품목록), 가격표, 상품을 설명한 자료의 발송을 의뢰하고 거래조건(품질·수량·가격·운송·결제·보험)에 대하여 문의한다. 이와 같이 수입자가 수출자에게 상품목록 등의 발송을 의뢰하고 거래조건을 문의하는 것을 조회라고 한다. 조회통신문은 자료발송을 의뢰하는 이유, 자사의 입장, 장래의 구상이나 발전성, 방문예정, 자사의 의도를 충분히 전하는 설득력이 있는 글로 작성되어야 한다. 상품목록이나 설명서만으로 실제의 상품이 어떻게 되어 있는지를 알 수 없는 경우에는 무상으로 견본 요청을 청구한다. 경우에 따라서는 유상으로 견본을 입수하여야 한다.

수입자는 상품목록이나 가격표를 받은 다음 그 상품을 수입하고자 하면 수입교섭을 시작한다. 이밖에도 수입자는 수입마케팅 조사중에 알아낸 다른 회사제품의 최종 판매가격으로부터 자기회사 취급예정상품의 판매 가능한 소매가격을 추정하고, 각 단계에 있어서 희망이익, 코스트 등을 감안하여 역산방식으로 자기 회사의 매입가격(수출자의 수출가격)을 산출하거나 또는 다른 회사제품의 수출자의 수출가격을 조사하여 이것을 기초로 해외의 수출자와 가격교섭을 시작한다. 경우에 따라서는 수입마케팅 조사중에 해외거래처 후보자로부터 시험적으로 소규모의 수입을 해서 이것을 국내의 특정시장에 시험적으로 판매하여 수요자의 반응을 조사할 필요가 있다. 이를 위해서는 수출자에게 오퍼의 발행을 요구하여야 한다. 이미 수출가격표를 받은 경우에도 그 가격표는 가격표의 일람표이고 특정 품목의 특정 수량에 대한 합계 가격 등을 표시하는데 지나지 않는다. 이 밖에도 해상화물로 출하시키느냐 항공화물로 출하시키느냐 등의 조건을 상대방에게 알리고 오퍼발행을 요구한다. 수출자가 우리나라에 총대리점을 설치하고 있지 않으면 조회에 응해서 오퍼를 보내주는 것이 보통이다. 수출자의 오퍼를 수입자가 승낙하면 무역계약이 성립된다. 이와 반대로 수입자가 수출자에 보낸 주문을 승낙하면 무역계약이 성립되는 것이다.

2. 수입계약서 작성

2.1 수입계약서의 종류

수입계약이 성립되면 그 증거로서 수입계약서(purchase contract)를 교환한다. 국가간의 무역거래는 거래를 원만하게 이행하기 위해서도 오해나 분쟁을 방지하기 위해서도 서면으로 계약내용을 명확하게 해 둘 필요가 있다.

수입계약서는 2통 작성하고 수입자 및 수출자가 각각 서명하여 1통씩 보관한다. 수입계약서는 수입자가 작성하는 경우 매입계약서 또는 주문서라고 부르고 수출자가 작성하는 경우 판매계약서 또는 주문승낙서라고 부른다. 수입계약서는 통상 합의 내용을 삽입한 표면약관인 기본적 거래조건과 거래전반에 공통되는 이면약관인 일반거래조건으로 구성되어 있다. 이면약관인 일반적 거래조건은 인쇄되어 있는 것이 일반적이므로 적성자에게 유리하게 작성된 것이 적지 않다. 따라서 상대방의 계약서를 사용하는 경우에는 사전에 송부받아 내용을 잘 검토하여 불리한 조항이 있으면 반경을 의뢰하여야 한다.

2.2 수입계약서의 내용

① Seller(매도인) : 매도인(수출자)의 이름 및 주소를 기입한다.

② Description of Goods(상품의 표시) : 상품명을 정확하게 기입한다. 기재할 수 없는 경우에는 as per attached sheet라고 기재하고 별지를 첨부한다.

③ Quantity, Unit Price & Amount(수량, 단가 및 총액) : 수량은 중량, 용적, 길이 등의 단위로 표시한다. 단가는 @US $30.00 per set와 같이 수량의 단위와의 관계를 표시한다.

④ TIME OF SHIPMENT(선적시기) : 선적시기를 기재한다. 선하증권(Bill of Lading) 및 항공화물운송장(Air Waybill)의 일자가 선적일이 된다.

⑤ DESTINATION(도착항) : Inchen Korea처럼 국명과 항명을 기재한다.

⑥ PACKING(포장조건) : 운송하는 상품에 적합하고 코스트가 싸고 튼튼한 포장방법을 골라서 기재한다.

⑦ INSURANCE(보험조건) : 매도인측이 부보하는 경우에는 그 조건을 기재한다. 매수인측이 부보하는 경우에는 To be effected by buyer라고 기재한다.

⑧ TRADE TERMS(무역조건) : CIF Inchen, FOB OOO처럼 기재한다.

⑨ TERMS OF PAYMENT(지급조건) : 송금방법, 신용장(L/C) 및 추심결제(D/P, D/A) 중에서 골라서 기재한다.

⑩ SHIPPING MARKS(하인) : 매수인 및 매도인이 서명하는 난이다.

OOO CORPORATION
회사 주소를 넣는다.

Home Page :   e-mail :
Tel :   Fax :

PURCHASE CONTRACT(수입계약서)

① Seller(매도인) :   Date : _____
                                      Order NO : _____

We as Byer are pleased to confirm this day our purchase from you as Seller, subject to all of the TERMS AND CONDITIONS ON THE FACE AND REVERSE SIDE HEREOF. If you find herein anything not in order, please let us know immediately. Otherwise, these terms and conditions shall be considered as expressly accepted by you, and constitute the ENTIRE AGREEMENT between the parties herto.

② Description of Goods(상품의 표시) :
③ Quantity, Unit Price & Amount(수량, 단가 및 총액) :

        500 cases CIF Inchen, Korea   US $

REMARKS :
④ TIME OF SHIPMENT(선적시기) : Within 35 days after receipt of our L/C
⑤ DESTINATION(도착항) : Inchen Korea
⑥ PACKING(포장조건) : Standard export packing
⑦ INSURANCE(보험조건): ICC(A) including war risks & SRCC for 110% of invoice value
⑧ TRADE TERMS(무역조건) : CIF Inchen, Korea by sea-going vessel.
⑨ TERMS OF PAYMENT(지급조건) : By an irrevocable L/C at 90d/s in your favor.
⑩ SHIPPING MARKS(하인) :

```
        ┌─────────────┐
        │    WSL      │
        │   INCHEN    │
        │   KOREA     │
        │   C/NO,     │
        │ MADE IN OOO │
        └─────────────┘
```

ATTACHED SHEETS ARE ANNEXED/OR NOT ANNEXED

ON _____ 2011
Accepted and Confirmed by :
(SELLER)_____ ⑪ (BUYER)_____(signed)_____
(Please sign and return the Duplicate)

[그림 17-1] 수입계약서예제

Chapter 18

International Trade Practice

수입승인

1. 수입품의 승인여부확인

수입품의 수입승인 여부는 수출입공고에서 확인한다. 수입업체는 먼저 자사가 수입하고자 하는 품목이 대외무역법에 의거한 수출입공고에 의하여 규제를 받고 있는지와 어떠한 요건을 갖추어야 수입승인을 받을 수 있는지를 확인하여야 한다. 수출입공고는 대외무역법 제14조 제5항의 규정에 의하여 지식경제부장관이 국제법규에 의한 이해, 생물자원보호, 수출입의 균형 등을 위하여 승인대상품목의 품목별 수량, 금액 및 수출 또는 수입지역 등을 제한하고 그 절차를 공고한 것을 말한다. 수입제한 품목만 HS번호를 기준으로 열거되고 있다. 별도의 수입요령이 게기되어 있으면 수입승인 품목이고, 게기되어 있지 않으면 수입승인대상에서 제외되는 품목이다.

수입품은 품목에 따라 수입이 제한될 수도 있으며 이런 품목을 수입할 경우 수출입공고에 고시되어 있는 협회나 조합 등의 단체로부터 수입승인을 받아야 한다. 아이템별 수출입요령은 한국무역협회(http://www.kita.net/) 홈페이지에서 확인 할 수 있다. 또한 한국무역협회 무역상담실에 문의하면 할 수 있다.

TIP HS 번호와 품목별 HS번호의 검색방법

HS번호란 Harmonized Commodity Description and Coding System(신국제통일상품분류체계)의 약자로 무역서류와 통계자료의 통일성을 기하기 위해 관세협력이사회가 제정한 상품분류체계이다. 우리나라에서는 세계 공통으로 사용하는 품목별 고유번호 6자리에 우리나라에서 사용하는 고유번호 4자리를 합해 10자리의 한국통일상품분류(HSK)를 사용하고 있다. HS 번호는 해당 품목의 수출입규제사항을 적용할 때뿐만 아니라 수입품목의 경우 관세율을 부과하는 기준으로도 활용된다. HS품목분류검색 서비스에서는 우리나라 및 주요 수출 대상국의 관세율 표가 수록되어 있으며, WCO(세계관세기구)에서 제정한 품목분류에 관한 공식지침서, 상품 index, 품목분류사례, WCO에서 결정된 품목분류의견서 등의 서비스를 제공한다.

(1) 관세청(http://www.customs.go.kr/) 홈페이지에 접속한다.
(2) 카테고리 상단의 [품목분류] 메뉴에 접속하면 우측 상단 [품목분류검색] 메뉴를 클릭하면 검색범위(관세율표, 해설서, 분류사례, 상품인덱스, WCO의견서, 분석회보서)를 선택한다.
(3) 검색결과를 확인한 후 찾고자 하는 품명을 클릭하면 검색된 결과의 내용을 확인할 수 있다.

대외무역법상 수입승인대상은 다음의 공고품목을 외화획득용 원료·기재로 수입하는 물품이다.

- 수출입공고 대상물품
- 수출입별도공고 대상물품
- 수입선다변화품목공고 대상물품

<표 18.1> 수입승인기관과 수입승인대상품목

수입승인기관명	대상품목
농림수산식품부 http://www.mifaff.go.kr	완제동물약품, 양곡류, 비료, 주요 농산물 종자, 종축, 과수묘목
농수산물유통공사 http://www.at.or.kr	외화획득용 쌀, 기타 곡분, 초코렛 코코아 제품
한국유가공협회 http://www.koreadia.or.kr/	외화획득용 유장, 맥아엑스, 변성유장
축산물유통사업단 http://www.lpmo.co.kr	쇠고기
축산업협동조합중앙회	소
시/도지사	외화획득용 쇠고기
식품의약품안전청 http://www.kfda.go.kr	쇠고기고추장
한국동물약품협회 http://www.kahpa.or.kr/	동물용 의약품 등
한국의약품수출입협회 http://www.kpta.or.kr/	북한산 한약재, 의약품
통일부 http://www.unikorea.go.kr	북한산 한약재
문화체육관광부 http://www.mcst.go.kr	영화, 외국간행물, 음반, 비디오물

　수입승인이란 수출입공고에 의하여 수입이 제한되는 물품을 수입이 가능하게 하는 절차를 말한다. 대외무역법에서는 대금결제사항을 외국환거래법에 일임하고 오직 물품에 대한 관리만을 하는 것을 원칙으로 하고 있다. 따라서 수입승인이란 대금결제사항이 배제된 상태로 단지 국내로의 이동이 제한되는 물품을 이동될 수 있도록 승인해 주는 절차를 말한다. 수입승인의 세부절차내용은 다음과 같다.

<표 18.2> 수입승인의 세부내용

항목	세부내용
승인기관	각 품목별로 공고에 의해 고시되어 있는 협회나 조합 등의 단체
승인요건	물품별 승인기관에서 정함
구비서류	• 수입승인신청서 4부(업체용, 승인기관용, 세관용, 사본) • 수입계약서 또는 물품매도확약서 • 수입대행계약서(실수요자와 수입자가 다른 경우에 한함) • 수출입공고 등에서 규정한 요건을 충족하는 서류 ※ 다만, 승인기관에서 제한요건을 충족하는지를 확인할 수 있는 경우는 제외
승인유효기간	승인일로부터 1년 (단, 물가안정 및 수급조절 등의 사유로 인해 승인기관이 별도로 정하는 경우에는 1년 이내의 기간을 부여할 수도 있으며, 1년을 초과하는 경우 등 물품의 도착기일을 감안하여 1년이내에 물품의 도착이 어려울 것으로 인정하는 경우에는 1년을 초과하여 20년의 범위내에서 인정)

수입승인은 수출입공고에서 수입을 제한하는 품목을 예외적으로 허용하는 것을 말한다. 따라서 물품의 변경은 승인의 대상이지 변경승인의 대상이 아니다. 그러나 물품을 제외한 수입승인사항은 변경승인대상과 신고대상으로 나누어 각각 수입승인의 변경승인이나 신고를 하여야 한다.

2. 수입승인 신청

수입승인을 얻고자 하는 자는 다음의 서류를 갖추어 수입승인기관에 신청하여야 한다.

2.1 수입승인 신청서류

- 수입승인신청서[은행용(통상산업부용), 업체용, 세관용, 무역협회용, 추천기관용(수입추천이 필요한 경우) 사본]

- 수입계약서 또는 물품매도확약서
- 수입대행계약서(수입자와 실수요자가 다른 경우)
- 수출입공고 등에서 규정한 요건을 충족하는 서류
- 통합공고에서 허가, 승인, 화인, 인증, 추천, 등록 또는 신고 등을 요하는 경우 그 허가 등을 받은 사실을 증명하는 서류
- 한국무역협회가 징수하는 수입부담금 납입확인서(외화획득용 원료 수입의 경우는 해당없음)
- 전략물자의 경우에는 전략물자 수입증명서
- 폐기물 회수, 처리예치금 또는 부담금 납부영수증(대외무역관리 규정 별표3-7에 게기된 물품의 경우)

2.2 수입승인의 요건

수입승인 기관에서는 수입승인시 다음의 요건을 확인하여 수입승인을 해주고 있다.
- 신청인이 무역업등록 등 수입자격을 가지고 있을 것
- 수입물품이 수출입공고 등과 대외무역관리규정에 의하여 허용되는 품목일 것
- 통합공고에 의하여 허가등을 요하는 경우에는 당해 허가등을 받았을 것
- 수입대금의 결제방법이 외국환관리법령에 의거 인정된 거래일 것
- 수입지역이 관계법령에 의하여 금지 또는 제한된 지역이 아닐 것
- 수입물품의 품목분류 번호(HS)의 적용이 적정할 것
- 한국무역협회가 징수하는 수입부담금을 납부하였을 것(외화획득용 원료는 제외)
- 기타 대외무역법령에서 정하는 요건 또는 절차에 해당할 것

3. 수입승인신청서 작성

다음 수입승인신청서 참조.

별지 제3-2호 서식

수입승인(신청)서
Import License(Application)

처리기간 : 1일
Handling Time : 1Day

① 수입자 (Importer) 무역업신고번호 (Notification No.) 상호, 주소, 성명 (Name of Firm, Address, Name of Representative) (서명 또는 인) (Signature)	⑤ 송화인(Consignor) 상호, 주소, 성명 (Name of Firm, Address, Name of Representative)
② 위탁자 (Requester) 사업자등록번호 (Business No.) 상호, 주소, 성명 (Name of Firm, Address, Name of Representative) (서명 또는 인) (Signature)	⑥ 금액(Total Amount)
	⑦ 결제기간(period of Payment)
	⑧ 가격조건(Terms of Payment)
③ 원산지(Origin)	④ 선적항(Port of Loading)

⑨ HS부호 (HS Code)	⑩ 품명 및 규격 (Description/Size)	⑪ 단위 및 수량 (Unit/Quantity)	⑫ 단가 (Unit Price)	⑬ 금액 (Amount)

⑭ 승인조건(Condition of Approval)

⑮ 유효기간(Period of Approval)

⑯ 승인번호(Approval No.)

⑰ 위의 신청사항을 대외무역법 제14조 제2항 및 동법시행령 제26조 제1항의 규정에 의하여 승인합니다.(The undersigned hereby approves the above-mentioned goods in accordance with Article 14(2) of the Foreign Trade Act and Article 26(1) of the Enforcement Decree of the said Act)

　　　　　　　　　　　　　　　　　　　　　　　년　　월　　일
　　　　　　　　　　　　　　　　　　승인권자　　　　　　　　(인)

※ 승인기관이 2이상인 경우 ⑭~⑰의 기재사항은 이면에 기재하도록 합니다.
※ 이 서식에 의한 승인과는 별도로 대금결제에 관한 사항에 대하여는 외국환관리법령이 정하는 바에 따라서 합니다.

2812-281-01711민　　　　　　　　210mm×297mm
'97.2.26.승인　　　　　　　　　　일반용지 60g/m^2

[그림 18.1] 수입승인신청서

① **수입자(상호, 주소, 성명), 무역업고유번호**
수입자는 한국무역협회장으로부터 무역업 고유번호를 받은 자이어야 한다. 무역업자는 관할세무서에 사업자등록을 해야 한다.

② **위탁자(상호, 주소, 성명), 사업자등록번호**
무역업고유번호가 없는 자가 수입하는 때에는 무역업고유번호, 소지자와 수입대행계약을 체결하여 수입을 위탁하여야 한다. 이 경우 수입대행계약서상의 수입위탁자를 기재하고 사업자등록번호를 기재한다. 무역업고유번호 소지자도 다른 무역업고유번호 소지자에게 수입을 위탁할 수 있다.

③ **원산지** : 당해 수입물품의 원산국을 기재한다.

④ **선적항** : 계약서나 offer sheet상의 선적항을 기재한다.

⑤ **송화인** : 수입승인신청의 근거서류인 물품매도확약서(offer sheet)나 계약서 상의 물품공급자인 수출자를 기재한다. 신용장으로 거래하는 때에는 수익자(beneficiary)가 송화인(shipper)이 된다.

⑥ **금액** : 수입금액을 기재한다.

⑦ **결제기간** : 다음과 같이 결제한다. i) 화환 수입신용장에 의한 거래 중 일람불인 경우에는 at sight ii) 화환수입신용장에 의한 거래중 연불(unsance)거래인 경우에는 at days after sight(or date of B/L) iii) 추심결재방식에 의한 거래 중 지급인도조건(D/P : Documents Against Payment)인 경우에는 At sight iv) 추심결재방식에 의한 거래 중 인수인도조건(D/A : Documents Against Acceptance)인 경우에는 at days after sight(또는 date of B/L) v) 송금방식에 의한 수출입거래중 사전송금방식인 경우에는 (Payment) In Advance vi) 송금방식에 의한 거래 중 현금교환도방식인 경우에는 COD vii) 송금방식에 의한 거래 중 서류상환도방식인 경우에는 CAD viii) 기타의 경우에는 계약서 또는 신용장상의 대금결제방식에 의거 결제기간 및 금액을 각각 기재한다.

⑧ **가격조건** : 수입물품의 인도장소와 제비용 및 위험부담의 한계를 규정하고 있는 것이 가격조건이도, 가격조건에 따라 요구되는 선적서류가 달라지기도 한다. Incoterms 1990의 13개 조건중 가장 많이 쓰이는 것이 FOB와 CIF 조건이다.

⑨ **HS부호** : 수입물품의 HS부호를 기재한다. 수입품목의 HS분류는 HS상품분류상의 분류(10단위)와 일치하여야 한다.

⑩ **품명 및 규격** : 수입신용장 또는 수입계약서상의 품명, 규격과 일치되게 기재한다. 품명과 규격의 기재요령은 다음과 같다. 품명은 당해물품을 나타내는 보통명사를 말한다. 규격은 상표, 모델, 성분, 가공정도, 포장방법, 사용기술 등으로서 세 번분류, 수출입공고심사, 해당법령심사, 관세환급심사, 감면심사, 과세가격심사 등에 영향을 미치는 사항을 말한다. 품명, 규격은 영어와 아라비아 숫자로 기재하여야 하며, 영어가 아닌 경우에는 영어로 번역하여 기재하여야 한다. i) 품명을 먼저 기재하고 줄을 바꾸어 규격을 기재한다. ii) 품명이 관세율표상에 게재된 경우에는 그 품명을 먼저 기재하고 성분, 가공정도, 용도 등의 규격도 관세율표상의 표현방법을 우선적으로 사용하여야 한다. iii) 국제표준기구 등에서 정한 품명, 규격은 가급적 그대로 기재하여야 한다. iv) 규격은 일반적인 사항 또는 범위가 큰 사항을 먼저 기대하고 개별적인 사항 또는 범위가 작은 사항은 나중에 기재한다. v) 품명, 규격란에 더 이상 기재할 사항이 없을 때에는 그 다음란에 이하여백 또는 BLANK로 기재하여야 한다.

⑪ **단위 및 수량** : 수입계약서나 수입신용장에 명시된 단위 및 수량을 기재한다.

⑫ ⑬ **단가 및 금액** : 수입계약서나 수입신용장에 명시된 단가 및 금액을 기재한다.

⑭ **승인조건** : 승인기관에서 승인한 조건을 기재한다. 예를 들면 대외무역관리규정상 거래형태별 수입승인조건 등을 기재한다.

⑮ **유효기간** : 수출입승인 유효기간은 원칙적으로 1년이내 또는 20년의 범위내에서 유효기간을 단축 또는 초과하여 승인할 수 있다.

⑯ **승인번호** : 수입승인기관에서 부여한다.

4. 수입거래 형태

4.1 수입대행

　수입대행은 수입자가 자신의 명의로 수입하지 않고 다른 수입자 명의로 수입하는 것을 말한다. 담보 등의 문제로 거래은행에서 외환거래 한도를 부여받지 못하거나 한도가 부족한 경우에 이용된다. 특수한 지역 또는 상품을 수입하고자 할 때에는 무역업자도 전문적인 무역업자에게 수입 대행을 의뢰할 수 있다. 수입대행을 해주는 수탁자는 위탁자를 대신하여 자기명의로 신용장만 개설해 주고 대행수수료를 받으며 주문, 선적, 수입통관 등은 대행위탁자가 직접 처리한다. 수입대행업체 중에는 선적 및 통관까지 일괄 서비스하는 업체도 있다. 이러한 전문업체를 이용하면 무역실무에 대해 잘 이해하지 못해도 수입을 할 수 있다.

1) 수입대행의 유형

　수입대행에는 수출용 원자재의 수입대행과 내수용물품의 수입대행 두가지가 있다. 전자(수출용 원자재의 수입대행)는 무역업 고유번호를 받지 않은 자가 내국신용장을 받는 경우 또는 무역업 고유번호를 받은 자라도 수입대행자가 외국의 물품공급업자의 독점수입권을 가지고 있는 경우 수입대행이 이용된다. 수입대행위탁자도 수출용 원자재 수입에 따른 무역금융 및 관세환급 등의 혜택을 받을 수 있다. 후자(내수용물품의 수입대행)는 수입대행위탁자는 자기수요 또는 단순 판매용으로 수입 대행자에게 수입대행을 위탁한다. 수입대행에는 수입대행위탁자가 납세의무자인 단순수입대행과 수입대행자가 납세의무자인 실수입대행(직수입대행)이 있다.

2) 수입대행위탁자의 사업자등록

　관세, 부가가치세 등의 수입관련 세금 및 수입한 물품의 판매에 따른 소득세 납부는 대행위탁자에게 귀속되므로 자기명의로 수입을 하지 않더라도 반드시 사업자등록을 관할 세무서에 하여야 한다.

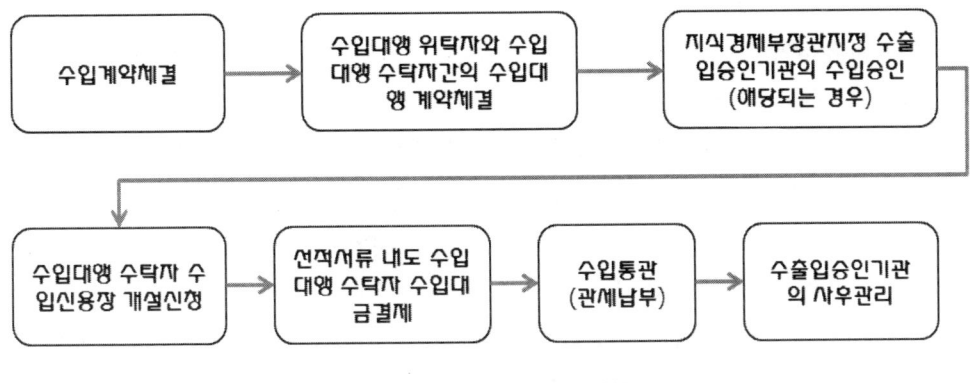

[그림 18.2] 수입대행절차

3) 수입대행시 유의사항

관세 및 부가가치세의 납부의무자는 수입대행계약서에 의거하여 수입대행자 또는 수입대행 위탁자중 수입신고서에 표시된 자이다. 수출용 원자재를 수입하여 제조·가공한 물품을 수출하고 부가가치세를 환급받고자 하는 자는 수입대행위탁자를 납세의무자로 해야 한다. 무역금융의 채무자는 수입대행자 또는 수입대행위탁자로 할 수 있으며, 수입분에 대한 융자한도 및 수출 의무액은 수입대행위탁자에게 계상된다. 수입신용장개설은행은 수입대행위탁자(실수요자)의 주거래 외국환은행으로부터 융자한도를 받은 후 신용장을 개설한다. 수출용 원자재를 수입대행할 때 외화획득용 원자재의 사후관리 의무자는 수입대행 위탁자이다. 내수용물품을 수입대행할 때 수입승인사후관리 의무자는 수입대행자이다.

4.2 병행수입

해외의 유명브랜드 상품은 우리나라의 총판매대리점을 통하여 수입되고 있다. 이러한 수입은 수입품의 가격을 안정시키고 수입품의 판매이익을 확보하기 위하여 수입총대리권을 가진 수입자 이외에는 그 상품을 수입하지 못하게 하는 배타적(독점적) 특권을 확립시킨다. 반면에 독점적인 수입 및 국내에서의 수입품의 판매에 의한 독점적 이익의 취득에 의하여 일반소비자는 보다 싼 상품을 살 수 없게 된다.

수입상품의 명성이나 신용이나 상표권을 침해하지 않는 것을 전제로 하여 독점적인 수입총대리권을 갖고 있는 수입자 이외의 수입자가 제조국 이외의 제3국이나 홍콩이나 마카오 등의 자유무역항 등의 판매업자를 경유하여 상품을 수입하는 것을 허가한 제도를 병행수입이라 한다. 병행수입에 의하여 소비자는 총대리점에서 판매하는 브랜드상품을 보다 싸게 구입할 수 있다. 우리나라에서도 수입판매총대리점(독점수입자)을 두고 있는 외국제조업자로부터 직접 수입할 수 없는 경우에 제3자가 다른 유통경로로 동일상품을 국내 독점 수입자의 허락없이 수입하는 병행수입을 허용하고 있다. 모조품이 아닌 진품의 경우 대부분 병행수입이 가능하나 일부 상표의 지정품목은 병행수입이 불가능하므로 수시로 관세청(http://www.customs.go.kr) 홈페이지에 접속하여 [통관정보의문]→[통관진행정보]→[상표권등록정보]순으로 접속해 수입이 가능한지를 확인해야 한다.

Chapter 19
International Trade Practice

수입신용장

1. 수입신용장 작성

1.1 수입신용장 개설 신청 서류

1) 신용장발행신청서

신용장발행신청서에 기재된 내용은 곧 신용장의 조건이 되는 것이므로 모든 사항은 간결/명료하고 정확하게 기재하여야 한다. 신용장발행신청서에 기재된 모든 사항은 무역계약서 또는 물품매도확약서와 일치해야 한다.

2) 신용장거래약정서 또는 수입거래약정서

(1) 신용장거래약정서

개설은행은 발행의뢰인으로부터 신용장발행에 따른 채권, 채무관계가 포함되어 있는 신용장거래약정서를 접수한다. 이 약정서는 신용장발행신청서의 이면에 담보차입증과 함께 인쇄되어 있다. 이 거래약정서 중 중요한 것은 발행의뢰인이 신용장거래에 따른 모든 채무와 비용을 부담하고 그 신용장에 의거하여 발행되는 어음이 지급될 때까지 신용장관계 상품은 개설은행의 담보로서 소유권이 개설은행에 속한다는 약정이다.

(2) 수입거래약정서

수입거래약정서는 신용장발행에 관계되는 개설은행 및 발행의뢰인의 권리, 의무, 면책을 포함한 계약서이다. 이 약정서는 신용장거래 이외의 추심결제방식(D/P, D/A)에 의한 거래에도 이용된다.

(3) 수입승인서

외국에서 수입하는 경우 대외무역법상 수입승인품목은 지식경제부장관이 지정한 수입승인기관으로부터 수입승인서를 받아야 된다.

대금결제조건을 신용장조건으로 수입승인을 받는 경우 수입승인서대로 신용장을 개설해야 한다. 신용장발행신청서의 내용은 수입승인서의 내용과 일치해야 한다.

1.2 수입신용장 개설신청서 작성

수입신용장개설신청서 작성은 다음과 같다.

취소불능 화환신용장신청서
(APPLICATION FOR IRREVOCABLE DOCUMENTARY CREDIT)

전문사본 요청합니다.	FAX : 1234567
선적서류 도착시 연락전화번호/FAX번호	TEL : 1234567 FAX : 1234567

1. Transfer(양도방법) : 2 (1:Allowed(양도가능) / 2:Not-Allowed(양도불능)
2. Credit Number(신용장번호) : M08-520
   : 신용장번호는 은행에서 부여한다.
3. Advising Bank(통지은행) :
   : 신용장을 수출자에게 통지해주는 은행명을 기입한다.
        Korea Exchange Bank,
        OSAKA, Japan
4. Expiry Date(신용장의 유효기일)(년/월/일) : 2010/00/00 place : in your country
   : 신용장의 유효 기일 및 장소를 기입한다.
5. Applicant(신청자) :
   : 신용장발행 의뢰인인 수입상사명을 기입한다.
   SS Moolsan. Co., Ltd.
   C.P.O. Box 9288
   SEOUL, KOREA
6. Beneficiary(수익자) : 수출상사명과 주소를 기입한다.
   TT Co, Ltd.
   Osaka, Japan
7. Amount(금액) : USD 12,800(+   / -   %)
   : 신용장금액과 통화단위를 기입한다.
8. Drafts at(어음의 기한) : (1. Sight / 2. Usance)
   -Usance인 경우 (   ) (1 : Bankers / 2 : Shippers / 3 : Domestic)
   -Settling Bank
   : 어음의 기한을 기입한다. 일람출급(Sight)인 경우 1 이라고 기입하고, 기한부(Usance)인 경우 2라고 기입한다. Settling Bank(결제은행) 다음에 결제은행명을 기입한다.
9. Partial Shipment(분할선적) : (1) (1 : Allowed / 2 : Not-Allowed)
   : 분할선적의 경우 1. 분할선적금지의 경우 2라고 기입한다.
10. Transshipment(환적) : (2) (1 : Allowed / 2 : Not-Allowed)
    : 환적 허용의 경우 1. 환적금지의 경우 2라고 기입한다.
11. Loading Port / Airport(적재항/공항) : Osaka, Japan
    : 상품의 적재(발)송의 항 및 공항명을 기입한다.
12. Discharging Port / Airport(양하항/양하공항) : BUSAN, KOREA
    : 양하항(공항)명을 기입한다.
13. Latest Shipment Date(최종선적일자) (년   / 월   / 일) : 2011 / 3 / 2
    : 상품의 적재, 발송의 최종일자를 기입한다.
14. Documents Required(첨부서류) :

14. Documents Required(첨부서류) :
   1) Signed / Original / Commercial Invoice in (3) Fold
   2) Packing List in (3) Fold
   3) FULL SET of Clean on Board Ocean Bills of Lading made out to the order of KOREA EXCHANGE BANK marked Freight (1) (1 : Collect / 2 : Prepaid) and notify (1) (1 : Applicant / 2 : Other)
   4) Air Waybill consigned to KOREA EXCHANGE BANK marked Freight (　) (1 : Collect / 2 : Prepaid) and notify (　) (1 : Applicant / 2 : Other)
   5) Full Set of Insurance Policies/Certificates, endorsed in blank for 110% of the invoice value, expressly stipulating that claims are payable in Korea and it must include (　) (1:All Risk /2:Other)
   6) Certificate of Origin in (　) Fold
   7) Other Document(s) Required :
   : 신용장에 의거하여 발행되는 어음에 첨부해야 되는 선적서류와 그 부수를 기입한다.
15. Additional Conditions(추가조건) : 선적서류의 추가수리조건을 기입한다.
    Hanjin Shipping Co., LTD's B/L ACCEPTABLE
16. Description of Goods / Services(상품/서비스의 명세) :
    1) Price Terms : FOB OSAKA
    2) country of Origin : JAPAN
    3) HS Code :
    4) Commodity Description :
       55 Percent Silk 45 Percent Acrylic Mixed
       Fancy Yarn 2/12 mm Raw White in Hank
    : 상품명, 수량, 단가, 총금액 등을 기입한다. 상품내역이 많은 경우 Details are as per the proforma invoice No.5769 dated May 7, 2009 등과 같이 기입한다.
17. All banking charges outside Korea and reimbursement charges are for account of (1) (1 : Beneficiary / 2 : Applicant)
    : (한국 이외에서의 모든 은행 수수료 및 상환비용의 부담자) : 수익자가 부담하는 경우 1, 발행신청자가 부담하는 경우 2라고 기입한다.
18. Documents to be presented within (21) days after the date of shipment but within the validity of the credit.
    : (선적일 후 단 신용장 유효기한 이내에 제시해야 하는 서류의 제시일자) : 선적일 후 제시해야 될 일자를 기입한다.
19. Confirmation(확인) : (2) (1 : With / 2 : Without) at the expense of (　)
    (1 : Beneficiary / 2 : Applicant)
    : 신용장의 확인 여부나 수익자 및 신청자 중 누가 비용을 부담하는지를 기입한다. 수익자가 부담하는 경우 1, 신청자가 부담하는 경우 2를 기입한다.

[그림 19.1] 취소불능 화환신용장 신청서

2. 수입신용장 개설방법

수입자는 수출자와의 매매계약서상 약정된 내용을 근거로 거래외국환은행과 신용장거래약정을 체결한 후 수입신용장 개설신청서를 제출해 신용장을 개설한다. 이때 수입자의 거래외국환은행은 대외적으로 신용장상 금액의 지급을 확약하는 여신행위이므로 은행은 수입자에게 대회보증채무 부담에 상응하는 담보 등을 확보하게 된다.

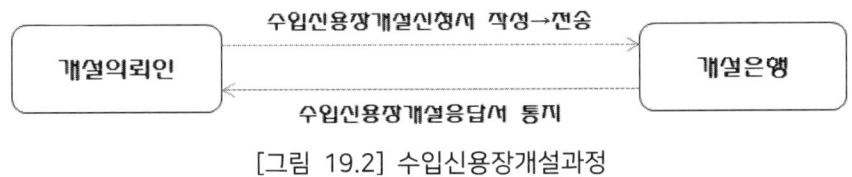

[그림 19.2] 수입신용장개설과정

2.1 수입신용장 개설시 주의 사항

수입신용장을 개설할 때는 수익자(수출자)와 개설의뢰인(수입자)의 회사명, 주소 등의 정보를 약식으로 사용하지 않는 것이 좋다. 또한 신용장의 한도액을 표시하며, 그 금액 이상으로 환어음을 발행할 수 없게 되어 있는 신용장 금액은 숫자와 문자를 병기한다. 금액 앞에 about, circa 또는 이와 유사한 표현이 있는 경우에는 10% 이내에서 과부족을 인정하므로 유의해야 한다.

선적기일, 유효기일 및 제시기일을 표기할 때는 해석상 오해의 소지가 없도록 월 표시는 문자로 하는 것이 좋다. 날짜 앞에 to, until 등의 표현이 있을 경우에는 그날이 포함되나 after는 그날이 포함되지 않는다는 사실을 기억해야 한다. 또한 신용장 양도(transfer)에 대한 아무런 언급이 없으면 양도가 불가능하다는 사실도 유의해야 한다.

2.2 수입신용장 개설하기

수입신용장은 수입자의 개설은행이 수입자를 대신해 약정된 금액과 조건 등에 따라 수출자가 발행한 어음을 인수 또는 지급에 대해 확약하는 증서이다. 최근에는 신용장방식보다 D/A, D/P, T/T 방식을 더 선호하는데 이러한 방식이 수수료가 더 절감되기 때문이다.

또한 오랫동안 거래한 거래처의 경우에는 상호 신용을 가지고 거래하기 때문에 신용장방식을 사용하지 않는 경우가 많다. 수입자가 외국의 수출자를 수익자로 하는 신용장을 개설할 때는 자기의 거래은행에 신용장 개설신청서를 제출해야 한다. 이 신청서에는 신용장에 기재될 모든 요건을 기입해야 하며, 매매계약에 약정된 내용 및 수입승인서(I/L)상 승인된 내용과 일치해야 한다. 신용장 개설신청서에 기입해야 할 사항은 다음과 같다.

1) 신용장 자체에 관한 사항

(1) 수익자(수출자 : Beneficiary)의 성명 및 주소

수익자는 신용장에 의해 이익을 누리는 자이므로, 이 난에는 물품공급업자인 수익자의 상호, 이름 이외에 주소도 정확하게 표시해야 하며 회사명 등을 기입할 때 약호는 사용하지 않는 것이 좋다.

(2) 의뢰인(수입자 : Applicant)의 성명 및 주소

신용장 개설을 의뢰한 사람으로 수입자를 말한다. 따라서 수입자의 성명과 주소를 명기한다.

(3) 신용장의 금액

신용장 한도금액(Available Amount if Credit)을 표시하며 이 금액 이상으로 환어음을 발행할 수 없게 되어 있다. 금액은 숫자와 문자를 병기해서 기재한다.

(4) 신용장 유효기간

개설은행은 신용장 개설일로부터 명시된 유효기일까지를 포함하는 기일까지 수익자에 대하여 지급확약을 하고 있는 것이므로 이 난에는 유효기간을 완전하게 명시해야 하며 장소까지 표시할 수도 있다.

2) 환어음에 관한 사항

어음의 종류(Sight 또는 Usance) 및 어음의 지급기일(Tenor of Draft), 환어음의 지급기일(Tenor)을 표시하는 데 일람불 어음(Sight Draft)인 경우에는 at 다음에 sight를 표시하면 되고 기한부어음(Usance Draft)인 경우에는 약정된 기간, 예를 들면 90 days after sight, 90 days sight 혹은 90 days after B/L date 등으로 표시하면 된다.

3) 운송서류에 관한 사항

<표 19.1> 운송서류에 관한 사항

선하증권 (Bill of Landing)	하증권에 수화인(order party)은 일반적으로 개설은행이 되며 운임지급 여부 표시는 상품의 가격조건이 CFE, CIF 등에는 'Freight Prepaid', FAS, FOB 등의 경우에는 'Freight Collect' 또는 이와 유사한 문언을 기재한다.
보험증권 (Insurance Policy)	가격조건이 CIP, CIF가 아닌 경우에는 이 보험증권난을 삭제하고 여백에 Buyer Insurance, 또는 'Insurance to be covered by buyer' 등과 같은 문언을 기재한다. 가격조건이 CIP, 또는 ICF인 경우에는 보험증권의 제시가 필수적이므로 All Risks, W.A, 또는 W.A. 3% 등과 같이 매매계약에서 약정한 보험의 부보조건을 표시한다.
상업송장 (Invoice)	상업송장은 당해상품의 명세서인 동시에 대금청구의 구실도 겸하고 있다. 이 난에는 수출자가 필요한 통수를 표시하면 된다.
포장명세서 (Packging List)	포장명세서 난에는 필요한 통수를 표시하고, 특별한 포장방법을 요구할 때는 별도 지시사항으로 표시하기도 한다.
기타서류	영사송장, 검사증명서(inspection certificate), 원산지 증명 등 기타 거래상에 있어서 특별히 요구되는 서류가 있을 때 이 난에 표시한다.

4) 상품선적에 관한 사항

(1) 상품의 명세(Commodity Description)

상품명 및 명세, 수량, 단가, 가격조건, 금액 등을 기재한다. 주의할 것은 선적서류에 명시될 상품의 명세는 신용장조건으로 규정할 수도 있으나, 신용장 통일규칙에는 과도한 명세를 신용장에 삽입하려는 시도를 규제하고 있으므로 상품의 명세도 거래상 불가피한 것만 간단하게 기재하는 것이 요망된다.

(2) 선적 지시사항

선적항, 도착항 및 상품의 최종 선적일을 기재한다. 분할선적을 허용할 경우에는 Permitted 또는 Allowed 등으로 표시하고 금지할 경우에는 Prohibited 등으로 표시한다. 환적 가부도 표시한다.

(3) 신용장 발행일자 및 장소

발행일자의 표시는 오해의 소지를 없애기 위하여 월 표시는 반드시 문자로 하여야 하며, 발행 장소의 표시는 실무상 필요한 것으로 도시명(또는 국가명)을 기입한다.

(4) 매입은행 지정 또는 자유매입의 표시

모든 신용장에는 지정신용장인가 자유매입신용장인가를 표시하여야 한다. 지급신용장은 본래 지정신용장이나 매입신용장의 경우에는 지정신용장으로 사용될 수도 있고 자유매입신용장으로도 사용될 수 있다.

T/P 신용장의 조건변경

① 신용장의 조건변경
신용장의 조건변경이란 이미 개설된 신용장에 의거, 상거래를 진행하는 도중에 그 신용장의 조건을 다른 조건으로 변경하고자 할 때 그 원 신용장의 내용을 수정·변경하는 것을 말하며, 신용장의 취소란 이미 개설된 신용장을 철회하여 무효화시키는 것을 말한다.

② 신용장 조건변경의 신청절차
신용장의 조건을 변경하기 위해서는 먼저 수입승인(I/L) 사항변경을 신청하여 수입승인 사항변경 승인을 받은 후 이 승인서와 함께 신용장 개설의 경우와 같이 개설의뢰인이 개설은행에 신용장 조건변경의뢰서를 제출함으로써 이루어진다. 신용장 조건변경의 통지도 신용장 개설에 준한다.

③ 신용장 조건변경 신청서의 접수
신용장 조건변경을 신청할 때는 다음과 같은 서류를 제출한다. i) 수입신용장 조건변경 신청서 ii) 수입승인사항 변경신청서(단, 대외무역법상의 변경을 받을 필요가 없는 경우에는 불필요) iii) 그 외의 증빙서류 등이다.

---

5) 신용장의 유효기일 및 유효기일 종료장소

(1) 매입은행 지정신용장인 경우

신용장 유효기일을 표시할 때 월 표시는 반드시 문자로 하여야 하며, 유효기일 종료장소의 표시는 신용장의 지급, 연 지급, 인수 및 매입이 이루어지는 소재지를 기재하는 것으로 일반적으로 at the counters of(통지은행명 및 소재지, 개설은행명 및 소재지 또는 기타 특정은행명 및 소재지)로 표시한다.

(2) 자유매입신용장인 경우

매입신용장은 매입은행 제한 문언이 없으면 어느 은행에서나 매입이 가능하므로 유효기일 및 장소의 표시는 유효기일과 어떤 특정 지역명 또는 국가명 등을 표시하면 된다.

(3) 신용장 유효기일에 대한 유의사항

신용장의 유효기일은 선적 후 서류의 작성을 위한 여유기간을 감안하여 선적기일로부터 10일 뒤로 설정하는 것이 일반적인 관례이다. 신용장의 유효기일은 반드시 수입승인서의 유효기일 이내이어야 한다. 은행은 천재지변, 폭동, 내란, 전쟁 또는 기타 불가항력적 사유 또는 동맹파업 또는 직장폐쇄로 인한 은행의 업무중단으로부터 발생하는 결과에 대하여 어떠한 의무나 책임도 부담하지 않는다. 신용장의 유효기일은 통일규칙 제17조의 사유 이외로 은행의 정상적인 휴업일에 해당되는 경우 해당 신용장의 유효기일은 휴업일 뒤의 최초의 영업일까지 자동적으로 연장된다.

6) 해외은행신용장의 개설

(1) 해외은행인수란 개설은행의 해외에 있는 환거래은행이 신용을 공여하는 것을 말한다. 신용을 공여한다고 하는 것은 개설의뢰인에게 지급을 일정기간 유예하여 주는 것을 뜻한다. 은행이 외국환은행 업무를 수행하기 위해서는 해외은행의 서비스를 받지 않으면 안 되고 거래에 따른 자금의 수수를 위하여 예치금계정을 개설하여야 한다. 이러한 예칙금 계정을 보유하고 있는 해외은행은 몇 가지 신용편의를 제공하는 바 그 중의 하나가 인수편의(Acceptance Facility)이다.

(2) 국내은행 인수신용장의 개설

국내은행 인수신용장은 내국수입유전스 신용장(Domestic Import Usance Credit)이라고도 부르며, 극동 아시아지역에서 주로 사용되므로 극동유전스(Far Eastern Usance)라고도 부른다. 이 신용장에서는 수입국의 은행 즉 신용장 개설은행이 신용을 공여한다. 따라서 수입상의 입장에서는 수입대금의 지급이 일정기간 유예되면서 수입상품을 인도받아 동 상품을 판매하여 수입대금을 마련할 수 있다.

해외 매입은행의 입장에서는 환어음이 표면적으로는 기한부어음이나 개설은행으로부터 일람출급으로 즉시 결제 받게 되므로 사실상 일람출급 조건의 환어음을 매입하는 것과 동일하게 된다. 어음을 인수한 개설은행은 자금조달을 위하여 인수어음을 한국은행이나 다른 외국환은행 또는 비거주자(해외지점 포함)나 거주자계정을 가진 거주자에게 매각 또는 기타 처분할 수 있도록 허용하고 있다.

(3) 무역인수 신용장의 개설

무역인수 신용장은 선적인 유전스신용장(Shipper's Usance Credit)이라고도 한다. 예를 들면 일람 후 60일 조건으로 매매계약을 체결한 경우 수입상이 환어음과 서류를 인수한 일자로부터 60일 내에 대금을 지급하면 된다. 수출상은 원래 만기에 대금을 지급받게 되는 것이나 자신이 발행한 기한부어음을 매입은행으로부터 할인 받아 즉시 대금을 회수하는 사례가 많다.

7) 신용장의 표시

(1) 이자에 관한 표시

수출상이 일정기간 신용을 공여하므로 수입상은 그에 대한 이자를 지급하여야 하며 이에는 두 가지 방법이 있다. 하나는 이자가 신용장금액에 포함되어 있어 만기에 이 금액을 수입상이 지급하면 되는 경우이며, 다른 하나는 이자가 신용장금액에 포함되어 있지 않아 어음의 만기에 수입상이 원금과 이자를 수출상에게 지급하여야 되는 경우이다. 여기서의 이자는 매입은행이 계산하여 개설은행에 알려주는 것이 일반적이다.

(2) 매입지시

해외은행 인수신용장과 국내은행 인수신용장은 은행이 수입상에게 신용을 공여할 뿐 수출상은 전혀 관계가 없으므로 개설은행은 매입은행에 일람출급 매입을 지시한다. 반면에 무역인수신용장은 수출상이 신용을 공여하는 것이므로 개설은행은 매입은행에 만기에 대금을 지급할 것을 지시한다.

(3) 신용장 유효기일에 대한 유의사항

신용장의 유효기일은 선적 후 서류의 작성을 위한 여유기간을 감안하여 선적기일로부터 10일 뒤로 설정하는 것이 일반적인 관례이다. 신용장의 유효기일은 반드시 수입승인서의 유효기일 이내이어야 한다. 은행은 천재지변, 폭동, 내란, 전쟁 또는 기타 불가항력적 사유 또는 동맹파업 또는 직장폐쇄로 인한 은행의 업무중단으로부터 발생하는 결과에 대하여 어떠한 의무나 책임도 부담하지 않는다. 신용장의 유효기일은 통일규칙 제17조의 사유 이외로 은행의 정상적인 휴업일에 해당되는 경우 해당 신용장의 유효기일은 휴업일 뒤의 최초의 영업일까지 자동적으로 연장된다.

8) 신용장의 변경사항과 승인절차

(1) 신용장 금액의 증감

신용장 금액의 감액의 경우는 감액변경으로 충분하다. 그러나 증액의 경우에는 수입승인의 변경이 선행되어야 하며 추가담보 및 지급보증의 추가 확보가 요청된다. 개설은행으로서는 증액변경 의뢰를 받았을 때 추가수수료를 개설에 준해서 징수한다.

(2) 선적 지시사항

선적항, 도착항 및 상품의 최종 선적일을 기재한다. 분할선적을 허용할 경우에는 Permitted 또는 Allowed 등으로 표시하고 금지할 경우에는 Prohibited 등으로 표시한다. 환적 가부도 표시한다.

(3) 신용장 개설일자 및 장소

개설일자의 표시는 오해의 소지를 없애기 위하여 월 표시는 반드시 문자로 하여야 하며, 개설 장소의 표시는 실무상 필요한 것으로 도시명(또는 국가명)을 기입한다.

(4) 매입은행 지정 또는 자유매입의 표시

모든 신용장에는 지정신용장인가 자유매입신용장인가를 표시하여야 한다. 지급신용장은 본래 지정신용장이나 매입신용장의 경우에는 지정신용장으로 사용될 수도 있고 자유매입신용장으로도 사용될 수 있다.

(5) 신용장 기한의 연장

기한연장이란 수출자의 사정에 의하여 약정일까지 선적할 수 없을 때 I/L에서 허용하는 기일 내에 선적기일과 유효기일을 연장하는 것을 말한다. 보통 수출자의 요청에 의해 수입자가 개설은행에 연장신청을 하게 된다. 선적기일이 연장될 경우, 유효기일도 동일한 기간만큼 연장되나 유효기일(서류제시의 최종기일)이 연장되더라도 선적기일 연장에 대한 문언이 없으면 최종 선적기일은 연장되지 않는다. 그러나 최종 선적기일이 명시되지 않을 경우에는 유효기일까지를 선적기일로 간주하므로 유효기일의 연장은 자동적으로 선적기일의 연장으로 볼 수 있다.

(6) 환적 및 분할선적(partial shipment and transshipment)

신용장에는 환적이나 분할선적을 금지하였다가 직항로가 없든지 분할선적이 아니면 선적이 불가능할 경우에는 별 이의 없이 변경된다. 수입자가 분할선적을 꺼리는 것은 파손위험이나 보험료가 높아지고 도난의 위험도 수반되기 때문이다.

(7) 선적항 및 도착항 변경

수입승인변경신청서에서 승인하는 대로 변경할 수 있다. 그러나 선적항이나 도착항에 대해 포괄적으로 규정하는 경우는 변경승인서 없이도 가능하다. 나라가 바뀌면 I/L변경도 해야 하고, 선적항이 원산지증명의 첨부를 요하는 지역으로 변경될 경우에는 원산지증명서의 첨부를 요청하는 조건변경도 함께 해야 한다.

(8) 품목변경

수입승인 변경내용대로 품목을 변경한다.

(9) 기타사항

원 신용장에 규격이나 품목 등 정의가 불충분하다거나 기타 지시사항이 불충분하였다면 수정하기 보다는 추가사항으로 조건변경을 할 수 있으며 삭제할 사항은 삭제할 수도 있다.

(10) 신용장의 취소

개설의뢰인으로부터 신용장의 취소의뢰를 받은 개설은행은 취소불능신용장의 경우 반드시 통지은행을 경유하여 수익자의 동의를 받아야 한다. 이와 같은 요청을 받은 통지은행은 수익자의 취소동의를 받으면서 신용장 원본을 회수하여야 하며, 원본의 반송요청이 있으면 이에 따라야 한다.

3. 결제방법 등에 의한 수입

3.1 신용장 결제방법 등에 의한 수입

1) 취소불능화환신용장 결제방법에 의한 수입

화환신용장 결제방법에 의한 수입이란 취소불능화환신용장에 의하여 외화로 대금의 전액을 결제하는 조건으로 수입하는 거래를 말한다. 대외무역관리규정은 제3-1-7조에서 수입대금결제방법을 규정하면서 여기에 일정한 제한을 가하고 있고, 일람불수입신용장(at sight L/C) 결제방법에 의한 수입, 기한부수입신용장(usance L/C) 결제방법에 의한 수입, 분할영수 또는 지급신용장 결제방법에 의한 수입으로서 각각 대외무역관리규정상 수입요건에 합당할 것을 요구하고 있다. 이와 관련 외국환관리규정은 일람불수입신용장 결제방법에 의한 경우는 외국환은행장의 인증이 필요 없고 기한부수입신용장 결제방법에 의한 경우나 분할지급수입신용장 결제방법의 경우는 일정품목, 일정기간에 한해 외국환은행장의 인증사항으로 취급하고 있다.

2) 일람불수입신용장 결제방법에 의한 수입

일람불신용장이란 수입자의 요청에 의하여 수입자의 주거래외국환은행(신용장 개설은행)이 상대방 수출자를 수익자로 하고 그 수익자가 신용장조건과 일치하는 선적서류와 일람불 어음을 제시하면 그 수입화물의 대금을 즉시 지급하겠다는 개설은행의 확약을 의미한다. 신용장개설은행은 신용장의 수익자에게 대금지급을 확약하고 있으므로 수입자와 신용장 개설은행은 전반적인 사항을 규제하는 화환신용장 거래약정서에 의한 약정을 맺는다.

3) 기한부수입신용장 결제방법에 의한 수입

usance수입이란 광의적으로는 수입대금의 결제를 운송서류의 인수와 동시에 행하는 일람불환어음조건이 아니고 운송서류나 물품의 영수후 일정기간내에 대금을 지급하는 기한부환어음조건에 의한 수입을 총칭한다. 따라서 D/A 수입도 일종의 usance 수입에 해당된다. 그러나 일반적으로는 기한부환어음의 발행조건에 의한 수입에 대금지급만 연지급조건이 첨가된 형태가 usance 수입이라고 말할 수 있다.

usance 수입에 있어서 수출자는 자기가 발행한 일람후(또는 선적후나 어음발행 후) 정기출급환어음을 선적서류와 함께 매입은행에 매입을 의뢰하여 수출대금을 회수하고 수입자는 동 어음을 신용장개설은행에 제시하고 은행이 필요로 하는 채권보전조치를 취하게 한 후 관계선적서류를 인도받아 수입물품을 인수한 다음 국내판매 또는 수출용원자재로 사용한 후 동 판매 또는 수출대금으로 어음 만기일에 수입대금을 결제한다. 이것은 일종의 외상수입에 속하고 수입자에게 유리한 수입방식이라 할 수 있다. 따라서 usance 수입은 외환면에서 본다면 단기차입의 성격을 가지고 있다. 현행 외국환관리규정에서는 외국환 수요계획의 조절 및 외화자금의 효율적인 운용을 위하여 동 방식에 의한 수입한도, 대상품목, 수입기간 등에 대하여 일정한 규제를 가하고 있다.

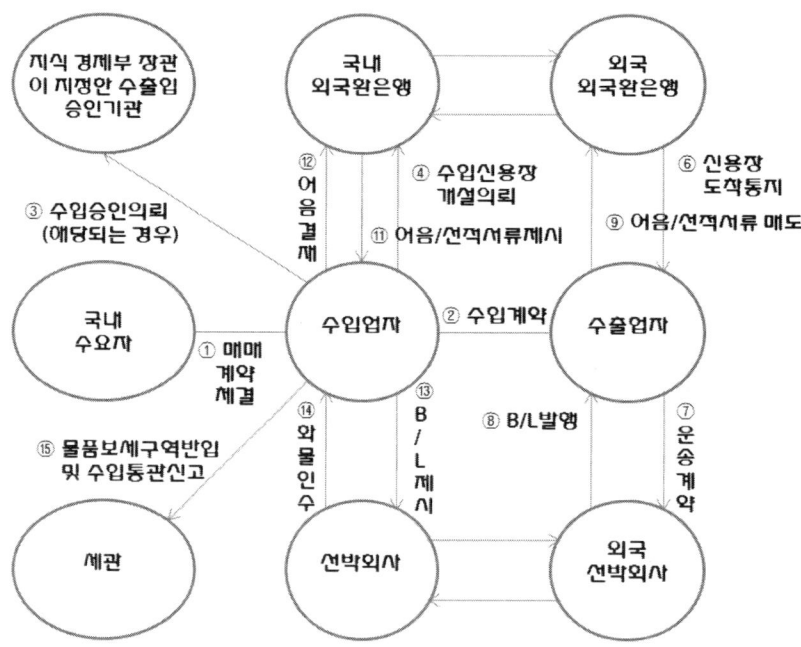

[그림 19.3] 취소불능화환수입신용장에 의한 수입절차

3.2 추심결제방식(D/P, D/A)에 의한 수입

추심결제방식에 의한 수입이란 수입자가 수입신용장을 개설하지 않고 다만 수출입업자 간의 수입계약서에 의거하여 선적서류와 상환으로 수입대금을 지급하는 거래이다. 수출자는 수출지의 은행을 통하여 자기가 발행한 화환어음의 추심을 의뢰하고 수입지은행은

수입대금에 대하여 지급보증을 하지 않고 수입대금의 추심업무만을 이행한다. 결제기간에 따라 D/P와 D/P수입으로 구분한다. D/P방식에 의한 수입은 별도의 외국환은행장의 인증이나 한국은행 총재의 허가가 없이 가능하다. D/A방식에 의한 수입은 신용장방식과 같이 연지급조건에 적합하여야 한다.

3.3 송금방식에 의한 수입

송금방식에 의한 수입은 취소불능화환수입신용장 또는 추심결제방법 이외의 대금지급방법에 의한 수입거래방식을 말한다. 이는 수입하기 전에 미리 수입대금을 외화로 지급하는 경우와 물품의 인도와 동시에 또는 인수 후에 수입대금을 외화로 지급하는 경우(COD 및 CAD)가 있다. 송금방식에 의한 수입은 외국환관리규정의 요건에 부합되어야 한다. 사전송금방식 수입은 수입대금의 전액을 수입승인을 받은 후 물품의 선적전에 외화수표 등 지정영수통화로 표시된 대외지급수단에 의하여 미리 지급하고 수입대금 지급일로부터 360일내에 이에 상응하는 물품을 수입하는 거래로서 동방식에 의한 수입은 견품, 시험용품 등 소액거래에 주로 활용된다.

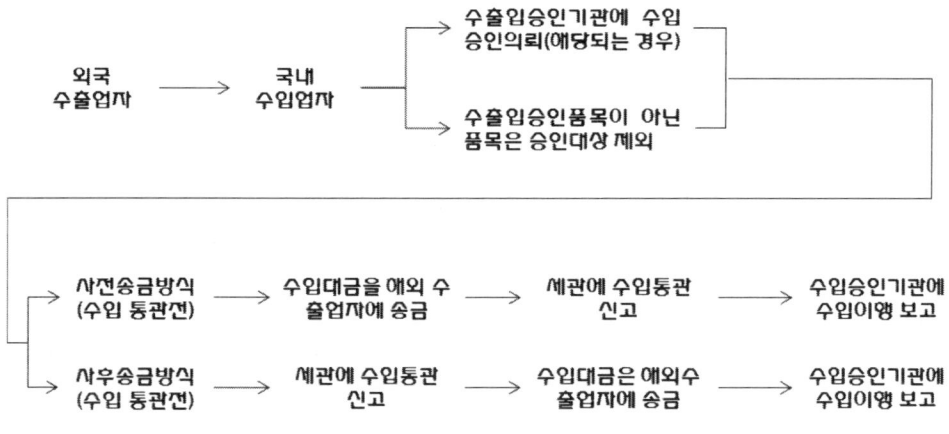

[그림 19.4] 단순송금방식에 의한 수입절차

Chapter 20

International Trade Practice

수입대금결제와 운송서류 인도

1. 수입대금결제방법에 따라 운송서류 인도

수입대금의 결제에는 신용장(L/C)에 의한 결제, 추심결제(D/P, D/A) 방식 즉 추심어음에 의한 결제, 송금환에 의한 결제 그리고 기타의 결제 등의 방법이 있다. 화환어음을 결제수단으로 이용하고 있는 경우 수입화물의 양륙 및 수입통관을 위해서는 수출지에 있는 은행으로부터 수입지은행에 내도한 화환어음에 첨부되어 있는 운송서류가 필요하다. 수입자가 운송서류를 입수하기 위해서는 수입지의 은행에 화환어음의 대금 즉 수입대금을 결제하여야 한다.

<표 20.1> 결제방식의 종류

결재방식	종류		내용
송금방식	사전송금방식 (CWO)		수출품이 가치가 있고 많은 수입자가 원할 때 수출자 입장에서 가장 유리한 무서류방식으로 먼저 공급대금을 받은 후 수출하는 방식
	사후 송금 방식	COD	상품인도결제방식으로 귀금속 등 소액거래에 해당하는 방식으로 많이 쓰이며, 수입자가 상품을 인도받으면서 대금을 결제하는 방식
		CAD	서류인도방식으로 수출자가 선적 후 서류를 수입자에게 인도하면서 대금을 결제하는 방식
추심방식	D/A(인수인도)		수출자가 물품을 선적 후 거래은행을 통해 추심지시서를 활용해 의뢰하면, 수입자는 해당 환어음을 인수받고 만기일에 대금을 지급하는 방식
	D/P(지급인도)		수출자가 선적 후 추심지시서를 통해 의뢰하면 수입자 거래은행이 수입자로부터 대금을 지급받고 서류를 인도하는 방식
신용장방식	At sight L/C		개설된 환어음을 즉시 결제하는 방식
	Usance L/C		개설된 환어음이 기한부 신용장으로 만기일에 지급하는 방식으로 예를 들어 usance일 경우 L/C상에는 00days after sight로 표시한다.

1.1 신용장에 의한 운송서류 인도

신용장 개설은행이 수입자에게 운송서류를 인도하는 과정을 보면 수출지에 있는 수익자(수출자)가 계약상품을 신용장 조건대로 선적한 후 운송서류를 준비한 다음 이 서류를 담보로 하여 화환어음을 개설하고 운송서류 및 신용장을 첨부하여 매입은행에 매도하고 매입은행은 수익자에게 어음대금(수출대금)을 지급한다. 이어서 매입은행은 운송서류, 어음 및 발송장 또는 어음추심의뢰서를 개설은행에 보낸다. 이것들을 접수한 개설은행은 자기가 개설한 신용장조건과 운송서류 등이 일치하는가를 심사하고 개설의뢰인에게 서류내도의 사실을 통지하고 운송서류를 인수하도록 한다. 이와 같이 개설은행이 운송서류와 신용장조건과의 일치여부를 심사하고 수입대금의 결제를 하고 수입자에게 운송서류를 인도하는 것을 신용장에 의한 서류의 인도라고 한다.

개설은행이 수입자(개설의뢰인)에게 운송서류를 인도하는 방법에는 거래의 내용에 따라 여러 가지가 있다.

ⅰ) 신용장조건과 일치하는 운송서류를 일람출급방식으로 단순하게 수입자에게 인도하는 방법

ⅱ) 신용장조건과 일치하지 않는 운송서류를 별도의 취급으로 인도하는 방법

ⅲ) 계약물품의 수입항(도착항)에 도착하였으나 운송서류의 원본이 개설은행에 내도하지 않아 수입자가 은행에 수입화물선취보증서(L/G)의 개설을 요구하여 이 L/G를 선박회사에 제출하고 물품을 인도 받는 방법

ⅳ) 수입자가 일람출급 신용장으로 상품을 수입하였으나 운송서류 인수를 위한 수입대금이 없는 경우 화물담보권을 갖고 있는 은행과 화물의 인수를 위한 수입화물대도(T/R) 계약을 맺고 운송서류를 인도 하는 방법 등이 있다.

1) 신용장조건일치 운송서류의 인도

운송서류가 내도하면 개설은행은 서류내도의 사실을 개설의뢰인에게 통보하고 운송서류수취증을 징수한다. 개설의뢰인(수입자)은 운송서류가 신용장조건과 일치하면 운송서류가 개설은행에 도착한 날로부터 7일 이내에 운송서류를 인수하여야 한다. 수입대금을 지급하거나 금융으로 대처하는 경우 시간적 여유가 필요하기 때문에 7일간의 유예일을 인정하고 있다.

2) 신용장조건불일치 운송서류의 처리와 인도

개설은행이 매입은행으로부터 송부받은 서류가 외관상(문면상) 신용장조건을 충족시키고 있지 않다는 이유로 개설은행이 서류를 거절하려는 경우 그 거절이 정당한 것이 되기 위해서는 i) 개설은행은 서류수취 후 은행영업일 내(7일)에 거절을 결정하고 이 거절의 통지를 지체 없이 매입은행, 수익자 등 서류 제시자에게 전신수단 또는 기타 신속한 수단으로 행하고 ii) 그 거절통지에는 신용장조건과의 불일치를 구체적으로 명시하고 서류제시자의 지시를 기다리면서 보관 중에 있거나 또는 제시자에 반송중에 있다는 것 등을 명확하게 해 둘 필요가 있다. 개설은행이 이러한 절차를 게을리 하였을 때에는 이미 서류를 거절할 수 없게 되므로 세심한 주의가 필요하다.

신용장거래의 실무에서는 개설은행이 서류점검에 의해 신용장조건과의 불일치가 있다는 것을 발견한 경우에는 즉시 수출지에 있는 매입은행에 지급거절의 통지를 발신하지 않고 개설의뢰인에게 서류의 인수여부를 확인하기 위하여 수입신용장조건불일치에 관한 조회를 보낸다. 조회 및 그 수락은 서면으로 해야 된다. 개설의뢰인이 신용장 조건불일치 서류의 인수를 수락하고 게다가 개설의뢰인의 신용상의 문제가 없으면 개설은행은 서류를 거절하지 않고 통상대로 결제처리하고 운송서류를 개설의뢰인에게 인도한다. 한편, 개설의뢰인이 이러한 서류를 거절한 경우에는 개설은행은 서류의 제시자에 대해 거절절차를 취한다.

1.2 무신용장 추심결제(D/P, D/A) 방식에 의한 운송서류인도

무신용장 추심결제(D/P, D/A)에서는 원칙적으로 어음의 매입을 의뢰할 수 없고 추심(collection)을 의뢰한다. 어음의 지급인은 수입자이고 이 결제에 사용되는 어음은 추심어음(bill for collection B/C)이라고 한다. 수출자는 수출지의 은행에 어음의 추심을 의뢰하고 이 은행은 수입지의 은행에 어음대금의 추심을 의뢰한다. D/P 어음은 어음대금을 지급하지 않으면 수입자는 은행으로부터 운송서류를 인도 받을 수 없다. 또한 D/A 어음은 수입자가 어음을 인수하면 운송서류를 인도 받을 수 있다. 수입자의 입장에서 보면 신용장에 의거하지 않는 결제는 신용장 개설수수료, 절차, 시간 등이 절약되는 장점이 있지만 운송서류가 도착되지 않으면 L/G에 의한 보증인도를 은행에 요청해야 하는 단점이 있다. 그러나 최근에 외국의 수입자가 D/P, D/A의 장점 때문에 이 거래방식을 요구하고 있다.

우리나라 기업도 해외도처에 지사 또는 현지법인을 설치하고 본/지사간 거래에는 신용장 거래를 할 필요가 없으므로 D/P, D/A 거래가 증가하고 있다.

1.3 송금결제에 의한 운송서류 인도

송금결제란 대금을 송금하는 방법이다. 신용장결제 및 추심결제의 방법처럼 복잡한 절차를 거쳐 송부되어온 운송서류를 입수할 필요가 없으므로 가장 간단한 방법이다. 종전에는 소액수입의 결제나 견본대금의 결제 등의 경우에는 이 송금결제방법이 자주 이용되었다. 그러나 최근에는 송금결제방법이 신용장 결제 및 추심결제보다 더 많이 이용되고 있다. 송금결제에는 화물은 인수하기 전에 먼저 수입대금을 송금하는 사전송금결제와 화물을 인수한 후 송금하는 사후송금결제 두가지가 있다.

2. 운송서류 도착전 화물인수와 운송서류의 대도

2.1 운송서류 도착전 화물인수(수입화물의 선취보증)

항공화물처럼 화물이 운송개시 후 1일 또는 2일 이내에 도착되는 경우나 일본이나 대만처럼 근거리에 있는 나라에서 선적한 화물의 경우 화물이 은행을 통한 운송서류보다 먼저 도착하는 경우가 흔히 있다. 이러한 경우 선하증권(B/L)과 상환하지 않고서는 화물은 수취할 수 없다면 수입자는 화물을 눈앞에 두고서도 이것을 인수하지 못하여 전매할 기회를 놓칠 우려가 있다. 선박회사는 원칙적으로는 선하증권과 상환하지 않고서는 화물을 인도하지 않지만 수입자가 선하증권 대신에 수입화물 선취보증서(L/G ; Letter of Guarantee)를 은행으로부터 발급받아 제출하면 화물을 인수할 수 있다. 수입자는 선하증권이 도착하면 지체없이 선박회사에 제출하고 선취보증서를 돌려받는다. L/G에 의하여 인도된 화물에 발생하는 모든 손해는 하주 및 보증은행이 책임진다. 운송서류의 하자에 따른 지불하지 않은(unpaid) 처리 등은 불가능하다. 선취보증서를 발급 받아 수입화물을 인도 받은 수입자는 선취보증서 발급일로부터 20일 이내에 수입대금을 외국환은행에 예치해야 한다.

2.2 운송서류의 대도

신용장에 의거하여 개설된 화환어음은 수입자가 그 어음의 대금을 지급하지 않고는 그 어음의 담보로 첨부되어 있는 운송서류를 입수할 수 없다. 무신용장의 D/P 어음도 그 어음의 대금을 지급하지 않고서는 운송서류를 입수할 수 없다. 또한 신용장의 유무와 관계없이 결제자금을 은행으로부터 차입하여 수입대금을 결제하는 경우에도 결제전까지는 운송서류는 은행의 담보물이다.

수입자는 운송서류가 없이는 수입통관신고를 할 수가 없고 또한 운송인으로부터 수입화물을 인도받을 수 없어 거래상 불편이 많다. 따라서 운송서류의 소유권은 담보물로서 그것을 보유하고 있는 은행에 있다는 것을 인정하고 그 운송서류를 차수(借受)하기 위하여 은행소정의 수입화물대도(T/R) 신청서에 필요사항을 기재하고 은행에 제출한다. 은행은 수입화물대도와 상환으로 운송서류를 수입자에게 대도한다. 즉 수입화물대도는 은행은 담보권을 확보한 채로 수입자에게 담보화물을 대도하고 수입자는 화물매각대금으로 대금결제 또는 차입금을 상환하는 제도이다. 일람출금 거래에서는 운송서류가 내도되면 수입대금을 지급하여야만 운송서류를 수령할 수 있으나 금융이 일어나는 경우 및 기한부 거래에 있어서는 수입대금을 일정기간 후에 지급하게 된다.

수입화물의 대도는 신용장 개설은행이 소위 자동결제기능에 따라 수입화물을 담보로 취급하게 되며, 은행은 소유권만 보유하고 수입자가 본래의 목적을 달성할 수 있도록 수입물품을 통관하여 제조, 가공, 판매할 수 있도록 하고 동 물품의 판매대금으로는 우선적으로 수입대금을 결제하도록 하는 대출행위이다.

2.3 수입화물대도의 유형

1) 수출용 원자재 수입에 따른 수입화물대도
   무역금융(원자재 수입자금)을 수혜하고 수입대금을 대응수출 이행시 상환토록 한다.

2) 인수금융에 따른 수입화물대도
   usance L/C 또는 D/A로 수입하고 연지급기간 만기일에 수입대금을 상환토록 한다 (내국수입 usance).

3) 할부지급에 따른 수입화물대도
   외화획득용 시설제 등을 분할지급 수입하고 분할결제방식에 의거 상환토록 한다.

4) 외화대출 및 차관자금에 의한 수입화물대도
   외화대출 또는 차관자금 공여시 당해 대출 또는 차관자금의 상환일정에 의거 상환토록 한다.

5) 수입화물대도에 의한 수입화물대도

◆ 대도(T/R : Trust Receipt)

기한부신용장(Usance L/C)에 의한 수입일 경우 수입상이 운송서류를 인도받아 화물을 처분하여 그 판매대금으로 만기일에 어음을 결제할 수 있으나, 일람불신용장(At sight L/C)일 경우 수입상이 어음대금을 결제하지 않으면 운송서류를 인도받을 수 없다. 따라서 수입상이 수입대금을 지불할 자금이 없는 경우, 어음대금을 결제하기 전이라도 수입화물을 처분(판매)할 수 있도록 하고 향후 그 처분한 대금으로 대금을 결제할 수 있도록 하는 제도

Chapter 21

International Trade Practice

수입통관

1. 수입통관

모든 수입품은 세관에 수입신고를 하고 세관에서 수입신고를 수리하여야 물품을 국내로 반출할 수 있다. 수입신고는 하주, 관세사의 명의로 하여야 한다. 수입신고는 출항전 신고, 입항전 신고, 보세구역 도착전 신고, 보세구역 장치후 신고가 있다. 수입통관은 수입신고, 심사, 물품검사, 수입신고수리, 수입신고필증 교부, 관세 등 제세 납부 등의 절차를 걸친다. 수입품에는 관세·부가가치세 등 내국소비세가 부과된다. 수입품에 대한 원산지 규정을 확인해야 한다.

수입하고자 하는 물품이 대외무역법 및 관계법령 등에 의해 수입승인대상인 경우에는 수입승인기관으로부터 수입승인을 받아야 한다. 모든 수입물품은 세관에 수입신고를 하고 세관에서 수입신고를 수리하여야 물품을 국내로 반출할 수 있다. 수입신고는 우리나라에 물품이 도착하기 전 즉 출항전 수입신고, 입항전 수입신고가 가능하다. 부산항으로 수입된 컨테이너 화물의 신속한 통관을 위하여 부두에서 바로 반출할 수 있도록 부두직통관제도를 실행하고 있다.

우리나라에 물품이 도착된 경우 이를 보세장치장에 장치하여야 하는데 수입신고는 보세장치장 반입전이나 반입후 어느 때라도 가능하다. 수입신고는 하주, 관세사 또는 관세사 법인의 명의로 하여야 한다. 하주가 직접 신고하는 경우에는 수입신고사항을 세관에 EDI로 전송하기 위해 PC 등을 갖춘 후 세관에서 ID를 부여받아 신고하는 방법과 영세무역업체의 경우 무역협회 등에 설치된 공용단말기를 통하여 신고하는 방법이 있다. 수입신고시에는 신고자가 과세가격, 관세율 및 품목분류번호, 과세환율을 신고하여야 한다. 수입신고는 수입신고서에 기재사항을 기재한 후 수입신고서에 선하증권 등 신고시 제출서류를 첨부하여 제출한다. 수입신고서를 접수한 세관에서는 대부분의 물품은 검사 없이 즉시 수리하지만 검사대상물품은 수입물품에 대한 검사 및 심사한 후 신고 수리한다. 심사결과 통관이 허용된 경우 관세 등을 납부하거나 담보를 제공하여야 신고수리가 되어 물품을 반출할 수 있다. 담보의 경우 신고수리 후 15일 이내에 관세를 납부하여야 한다. 관세는 원칙적으로 납부하여야 한다.

2. 수입신고

2.1 수입신고의 개념

물품을 수입하고자 하는 때에는 세관장에게 신고를 하여야 한다. 수입과 관련하여 신고하여야 하는 내용은 당해 물품의 품명·규격·수량·가격·포장의 종류와 번호 및 개수·목적지·원산지 및 선적지·원산지 표시대상물품인 경우는 표시유무와 방법 및 형태·상표·사업자등록번호·통관고유번호·해외공급자 부호 등이다. 이러한 신고내용은 수입신고서 서식에 구체적으로 명시되어 있다. 수입신고는 물품을 수입하고자 하는 의사를 세관장에게 표시하는 것으로 이러한 신고에 의해 적용법령, 과세물건의 확정과 같은 각종 법률효과가 발생한다.

2.2 수입신고서의 작성방법

1) 수입신고인

수입신고는 하주, 관세사 또는 관세사 법인의 명의로 하여야 한다. 여기서 하주는 수입신고할 물품을 수입한자(대행수입의 경우에는 수입위탁자)를 말한다.

2) 일반사항

수입신고서는 용도에 따라 보관용(세관보관용과 신고보관용), 신고필증 발급용의 두 가지가 있다. 그러나 그 내용은 동일하다. 수입신고서의 형식은 컴퓨터에 의하여 출력되는 데이터의 길이에 따라 신고 항목의 상하 출력위치가 가변적인 free form 형태의 서식을 사용한다. 수입신고서의 좌우 출력 위치는 고정적이다. 수입신고서 작성 시 유의해야 할 사항은 다음과 같다.

(1) 외국으로부터 보세공장 또는 자유무역지역으로 반입(수입)되어 사용하는 경우의 사용신고에도 수입신고서를 사용한다. 만일 신고가 수리되기 전에 반출신청(신고수리 전 반출)을 하여 승인될 경우에는 확정되지 아니한 사항이라도 선하증권(B/L), 송품장 등을 확인하여 수입신고서에 보완 기재 한 후 신고수리 전 반출승인 시점에서 전산 입력하여야 한다.

(2) 보세건설장 반입물품 중 신고가 수리되기 전에 사용 승인된 경우에는 확정되지 않은 사항이라도 선하증권(B/L), 송품장 등을 사용하여 수입신고서에 보완 기재한 후 신고수리 전 반출 승인 시점에서 전산 입력한다.

(3) 통계부호의 추가, 삭제, 변경사항이 있을 때는 이를 유의하여 오류가 발생되지 않도록 하여야 한다.

(4) 자동차·전자제품·기계류·섬유류 등 주요 품목에 부수하여 수입되는 품목으로 금액이 적고, 종류가 다양하며, 관세징수와 무역통계 작성에 지장이 없는 것으로 품목별로 각각 별도의 란을 구분하여 작성하는 것이 비능률적이라고 판단되는 경우에는 여러 가지 부수되는 품목 중에서 한 품목의 세 번 및 수량, 중량 등으로 일괄하여 하나의 란에 기재할 수 있다.

(5) 결제금액에 운임, 보험료가 포함된 경우에는 수입자(화주)가 운임, 보험료를 구분하여 신고하되 관세사 등 신고인은 그 적정성을 심사하여야 한다.

(6) 간이수입신고 대상물품은 수입신고서 기재항목 중 다음 항목은 기재하지 아니할 수 있다.

- 수입자 기재항목
- 납세의무자 기재항목 중 통관고유부호 항목
- 무역대리점 기재항목
- 통관계획 기재항목
- 원산지 증명서 유무항목

- 가격신고서 유무항목
- 환급물량 기재항목
- C/S 검사항목
- 검사방법 기재 항목
- 사후확인기관 항목
- 수입요건 확인 서류 수
- 관세사 기재란 기재항목

(7) 수입신고서는 선하증권(B/L) 단위로 작성한다. 만일 동일한 선하증권 (B/L)에 신고납부 물품과 부과고지 물품이 혼합되어 있을 경우에는 선하 증권(B/L)을 분할하여 신고납부와 부과고지를 분리하여 작성한다.

(8) 신고번호는 어떠한 경우에도 중복되지 않게 작성한다.

(9) 수입신고서 출력 시 출력내용이 첫 쪽을 초과하는 경우 다음 쪽에 이어 계속하여 출력하되 신고서의 (1)~(8)항목은 매 쪽별로 동일한 위치에 반복하여 출력한다.

3) 품명·규격 기재에 관한 사항

품명·규격이란 품명, 거래품명, 상품명, 모델, 규격, 성분 등 수입신고서상의 5개 항목을 총칭하는 것이다.

(1) 품명이란 당해 물품을 나타내는 관세율표상의 품명을 말한다. 다만, 관세 율표상에 당해 물품을 나타내는 품명이 없는 경우에는 이를 나타낼 수 있는 일반적인 상품명을 말한다.

(2) 거래품명이란 실제 상거래 시 송품장에 기재되는 품명을 말한다.

(3) 상표명이란 상품을 생산, 가공 또는 판매하는 것을 업으로 영위하는 자가 자기의 업무에 관련된 상품을 타인의 상품과 식별되도록 하기 위하여 사용하는 기호·문자·도형 또는 이들을 결합한 것과 기호·문자·도형에 색채를 결합한 것을 지칭하는 이름을 말한다.

(4) 모델이란 생산방식·방법·타입·양식 등으로서 관세법 별표 관세율표상의 품목분류·관세법 제226조의 규정에 의한 세관장 확인물품·관세 환급·관세 감면·과세가격 등의 심사에 영향을 미치는 것을 말한다.

(5) 규격이란 재질·가공 상태·용도·조립여부·사이즈·정격전압·처리 능력·생산년도 등으로서 관세율표상의 품목분류·관세법 제226호의 규정에 의한 세관 장 확인 물품·관세 환급·관세감면·과세가격 등의 심사에 영향을 미치는 사항을 말한다.

(6) 성분이란 당해 물품 구성성분의 종류 및 그 함량을 나타내는 것으로 관세율표상의 품목분류·관세법에 의한 세관장 확인 물품·관세환급·관세감면·과세가격 등의 심사에 영향을 미치는 사항을 말한다.

4) 수입신고서의 품명·규격 포기 원칙

(1) 품명·규격의 표기는 다음 사항을 빠짐없이 기재하여야 한다.

- 품목분류(HSK 10단위)에 필요한 사항
- 세율(관세, 내국세) 확인을 위하여 필요한 사항
- 관세법 제226조의 규정에 의한 세관장 확인에 필요한 사항
- 관세감면, 분할납 대상 확인에 필요한 사항

(2) 품목·규격에서 영어는 번역하여 기재하여야 한다.

(3) 품명·규격의 표기는 수입신고서상의 양식 순서에 따라 표기한다.

(4) 관세법 제82조(합의세율) 적용대상으로서 일괄하여 신고하는 경우 세율이 가장 높은 물품을 대표로 기재하고 그 이외 물품의 품명·규격은 모델·규격 및 성분항목에 모두 기재한다.

(5) 다수의 품목을 신고하는 경우로서 품목번호 또는 품명이 다르면 각각 란을 달리하여 기재하여야 한다. 다만, 동일한 품목번호로 분류되는 부분품, 부속품, 시약 등은 대표되는 품명을 기재하고 그 이외 물품의 품명·규격 은 모델·규격 및 성분항목에 차례대로 기재한다.

(6) 신고인은 수입요건 확인서류, 송품장 등에 기재한 품명·규격이 수입신고서 작성요령에서 정하는 표기원칙과 다르게 작성된 때에는 수입신고서 작성요령에서 정한 바에 따라 수정하여 표기하여야 한다.

2.3 수입신고의 시기

1) 원칙적인 신고 시기

수입신고는 물품을 수입하고자 하는 자가 세관장에게 행하는 수입의사의 표시이다. 수입신고에 따라 과세물건과 적용법령이 확정된다. 수입신고의 시기는 원칙적으로 당해 물품이 보세구역에 장치된 후 30일 이내이다. 관세청장이 따로 정한 보세구역에 장치한 물품을 만일 30일 이내에 수입신고를 하지 아니할 경우 세관장은 당해 물품 과세가격의 100분의 2에 상당하는 금액의 범위 안에서 가산세를 부과할 수 있다. 이 경우 가산세의 부과는 신고기한이 경과한 날부터 20일내에 신고를 한 때에는 당해물품 과세가격의 1천분의 5를, 50일 내에 신고를 한 때에는 1천분의 10을, 80일 내에 신고한 때에는 1천분의 15를, 그 이외의 경우에는 1천분의 20을 부과한다. 가산세의 총액은 500만원이 한도이다.

2) 예외적 신고 시기

수입신고는 원칙적으로 당해 물품을 적재한 선박 또는 항공기가 입항한 후에 이를 할 수 있다. 이러한 원칙적인 수입신고 시기와는 별도로 수입하고자 하는 물품의 신속한 통관이 필요한 때에는 당해 물품을 적재한 선박 또는 항공기가 입항하기 전에도 수입신고를 할 수 있다. 이를 입항전수입신고제도라고 한다. 현재 입항전수입신고제도는 다음 세 가지로 세분되어 있다.

(1) 출항전 신고

항공기로 수입되는 물품 또는 일본, 중국, 대만, 홍콩으로 부터 수입되는 물품이 그 대상이 된다. 당해 물품을 적재한 선박 또는 항공기가 상대국을 출항하기 전에 우리나라에서 수입신고를 할 수 있다.

(2) 입항전 신고

수입 물품을 적재한 선박 등이 상대국을 출항한 다음 우리나라에 입항하기 전에 수입신고를 하는 것이다. 출항전신고와 입항전 신고는 당해 물품을 적재한 선박 또는 항공기가 그 물품을 적재한 항구 또는 공항에서 출항하여 우리나라에 입항하기 5일전(항공기는 1일전)부터 수입신고를 할 수 있다.

(3) 보세구역 도착전 신고

수이 물품이 입항하여 당해 물품을 통관하기 위하여 반입하고자 하는 보세구역(부두밖 컨테이너 보세장치장 및 컨테이너 내륙 통관기지, 선상을 포함)에 도착하기 전에 수입신고를 하는 것이다.

<표 21.1> 수입신고시기에 따른 통관절차

구분	출항전 신고	입항전 신고	보세구역도착전 신고	보세구역장치후 신고
신고시기	수출국 출항전	수출국 출항 후 하선 신고전	입항후 보세구역 도착전	보세구역장치 후
신고대상물품	항공기로 수입되는 FCL 화물 및 일본, 중국, 대만, 홍콩에서 선박으로 수입되는 FCL 화물	FCL 화물	모든 수입물품	모든 수입물품
신고세관	입항예정지 세관	입항예정지세관	보세구역관할세관	보세구역 관할세관
검사대상 통보시기	출항후	수입신고시	수입신고시	수입신고시
검사생략 물품의 신고수리 시기	적하목록제출후	적하목록 제출후	보세구역 도착시	수입신고시

그러나 이러한 규정에도 불구하고 법령의 개정에 따라 새로운 수입 요건의 구비가 요구되거나 당해 물품이 우리나라에 도착하는 날부터 높은 세율이 적용되도록 입법 예고된 물품, 농·수·축산물 또는 그 가공물품으로서 수입신고하는 때와 입항하는 때의 물품의 관세율표 10단위가 변경되는 물품이나 과세단위(수량 또는 중량)가 변경되는 물품은 당해 물품을 적재한 선박 등이 우리나라에 입항한 후에 수입신고를 하여야 한다. 즉 출항전 신고 또는 입항전신고가 허용되지 아니하는 것이다.

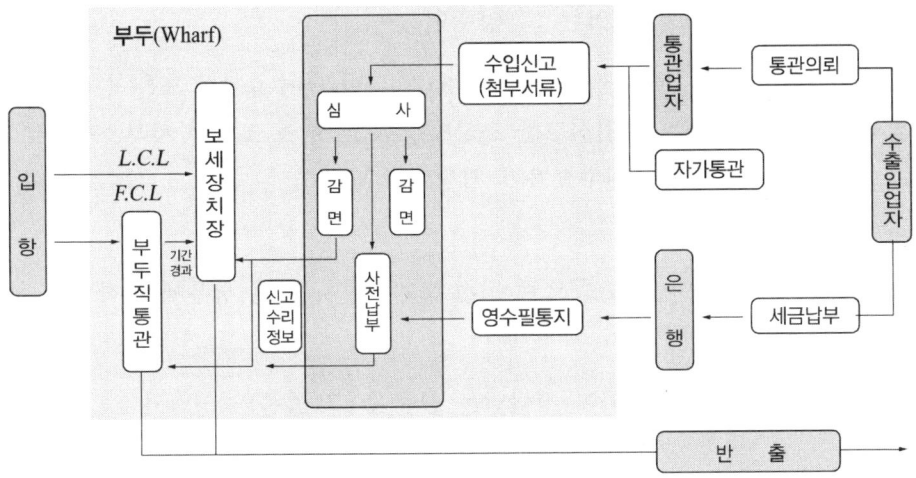

[그림 21.1] 수입통관절차 1

2.4 수입신고 세관

수입신고를 할 수 있는 세관은 당해 물품이 장치된 보세구역을 관할하는 세관이다. 다만, 출항전신고와 입항전 신고는 당해 물품을 적재한 선박 등의 입항예정지를 관할하는 세관장에게, 보세구역 도착전 신고는 당해 물품이 도착할 보세구역을 관할하는 세관장에게 하여야 한다.

2.5 수입신고인

수입신고는 화주가 직접 하거나 화주로부터 위탁을 받은 관세사·관세사법인·통관취급법인 명의로 하여야 한다. 여기에서 화주라 함은 수입신고한 물품에 대하여 그 물품을 수입한자로 납세의무자가 된다. 수입한 자가 불분명한 경우는 다음 각 호의 1에 해당하는 자를 화주로 간주한다.

- 물품의 수입을 위탁받아 수입자가 대행 수입한 물품인 때에는 그 물품의 수입을 위탁한 자
- 수입을 위탁받아 수입업체가 대행 수입한 물품이 아닌 때에는 송품장(송품장이 없을 때에는 선하증권 또는 항공화물운송장)에 기재된 수하인

- 수입신고 전에 양도한 때에는 그 양수인

- 조달물품은 실수요부처의 장 또는 실수요자. 다만, 실수요부처 또는 실수요자가 결정되지 아니한 때에는 수입신고한 조달청장 또는 현지 조달청 사무소장으로 하되 그 후 실수요부처 또는 실수요자가 결정되면 납세의 무자를 그 실수요부처 또는 실수요자로 변경한다.

- 송품장상의 수하인이 부도 등으로 직접 통관하기 곤란한 경우에는 적법한 절차를 거쳐 수입물품의 양수인이 된 은행

- 법원 임의경매절차에 의하여 경락받은 물품은 그 물품의 경락자

2.6 신고방법

수입신고의 단위는 선하증권(B/L) 1건에 대하여 수입신고 1건으로 한다. 다만, 다음 각 호의 1에 해당하는 경우에는 선하증권(B/L)을 분할하여 수입신고를 할 수 있으며 보세창고에 입고된 물품으로 세관장이 화물관리방법을 따로 정한 경우에는 여러 건의 선하증권(B/L)에 관련되는 물품을 1건으로 수입신고할 수 있다.

- B/L을 분할하여도 물품검사 및 과세가격 산출에 어려움이 없는 경우
- 신고물품 중 일부만 통관이 허용되고 일부는 통관이 보류되는 경우
- 검사·검역결과 일부는 합격되고 일부는 불합격된 경우 또는 일부만 검사·검역을 신청하여 통관하는 경우
- 일괄사후납부 적용·비적용 물품을 구분하여 신고하고자 하는 경우

수입신고는 EDI 수입통관시스템(CEDIM : Customs for EDI for imports)을 이용하여 행하여야 한다. 이 시스템을 이용하기 위해서는 전자문서중계사업자인 KTNET(한국무역정보통신)과 약정을 체결하고 관련 소프트웨어를 탑재하는 통관용 전산시스템을 갖추어야 한다. 현재 수입신고는 형식상 완전한 형태의 EDI방식 즉 모든 수입신고서류를 전자서류로 제출하는 방식인 P/L(Paperless) 신고와 수입신고서를 EDI로 전송한 다음 종이문서를 별도로 제출하는 서류신고의 두 가지로 구분 운영되고 있다. 그러나 점차 P/L방식의 신고비중이 늘어날 것으로 예상되고 있다.

2.7 신고내용과 제출서류

수입신고의 내용은 수입신고·납세신고·가격신고 사항 등이 포함된 수입신고서와 요건확인, 과세 등에 필요한 관련 자료를 제출하는 것으로 한다. 이때 제출하여야 하는 서류는 다음과 같다.

- 수입신고서
- 관세감면·분할납부·용도세율·합의에 의한 세율 적용신청서(해당물품)
- 가격신고서
- 요건확인서(법령에 의하여 허가·승인·추천·검사 등을 받아야 하는 물품으로서 세관장의 확인 품목인 경우)
- 송품장
- 선하증권(B/L) 또는 항공화물운송장(AWB) 부본
- 포장명세서(검사대상일 경우)
- 원산지증명서(특혜관세를 적용하고자 하는 경우)
- 지방세법의 규정에 의한 납세담보 확인서(담배수입의 경우).

3. 수입통관절차

3.1 출항(이항)전 신고

선박 또는 항공기가 출항하기전에 출항지에 있는 선박회사 또는 항공사(대리점 포함)는 출항지 세관장에게 적하목록을 제출하고 입항지에 있는 선박회사 또는 항공사(대리점 포함)에 적하목록을 송부한다. 수입물품을 적재한 선박이 우리나라 항구에 입항하기 24시간 전에 운항선사는 용선선사와 포워더로부터 적하목록과 혼재화물 적하목록을 취합하여 세관에 제출한다. 한 개의 컨테이너에 들어 있는 화물전부를 한 사람의 하주가 소유하고 있는 FCL 화물은 운항선사 또는 항공사가 적하목록을 작성하고 한 개의 컨테이너 화물을 2명 이상의 하주가 소유하고 있는 LCL화물은 화물운송주선업자가 작성한 것을 운항선사 또는 항공사가 취합하여 적하목록을 세관에 제출한다.

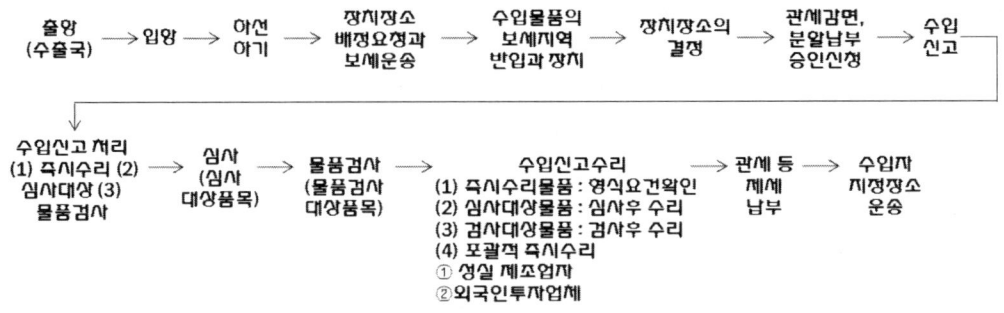

[그림 21.2] 수입통관절차 2

3.2 하선신고

본선에서 화물을 양륙하여 하선장소에 반입하는 것을 하선이라 한다. 운항선사가 화물을 하선하고자 하는 때에는 Master B/L 단위의 적하목록을 기준으로 하선장소를 기재한 하선신고서를 세관장에게 제출하여야 한다.

3.3 장치장소 배정요청과 보세운송

수입물품이 FCL(Full Container Load : 만적화물) 화물로서 입항전 수입신고, 출항전 수입신고, 부두통관 수입신고 또는 하선전 보세운송신고시에는 하선전에 수입자는 선박회사에 장치 장소를 배정 요청하여야 부두에서 통관하거나 차상반출을 할 수 있다. 컨테이너로 운송되는 수입화물을 내륙컨테이너 기지로 운송하기 위해서는 입항전에 선박회사에 배정을 요청해야 되며, 선박회사는 보세운송을 주선하여 하선과 동시에 차상반출 등을 통하여 내륙컨테이너기지로 운송하게 된다.

3.4 수입물품의 보세지역 반입과 장치

1) 통관세관의 선정

수입물품의 통관세관은 수입물품의 장치장소에 따라 입항지 세관 또는 하주의 주소지 (공장) 관할세관 중에서 원칙적으로 임의 선택할 수 있다. 하주의 주소지 관할세관과 입항지 세관이 다르고 주소지 관할세관에서 통관하고자 하는 때에는 수입통관이 보류된 상태에서 수입물품을 보세운송하여야 한다.

2) 수입물품의 장치장소

수입통관절차를 이행하기 위하여 물품을 일시 장치할 수 있는 장소에는 보세구역과 타소장치장이 있다. 보세구역은 수입물품을 보세상태에서 장치·보관·제조·판매·전시 또는 건설하는 곳으로 수입통관을 위한 일시장치(장치기간 3개월이내)에는 지정장치장과 보세장치장이 있다. 국가 또는 공공단체의 장치장이면 지정장치장이 되고 개인소유주이면 보세장치장이 된다. 기타 보세구역에서도 수입물품을 장치한 후 수입통관이 될 수 있다. 보세장치장은 용도에 따라 영업용과 자가용으로 구분된다.

3.5 장치장소의 결정

1) 하주의 결정

수입화물을 장치할 보세구역은 하주(하주가 위임한 자)가 보세구역 설영인과 협의하여 정한다.

2) 선사의 결정

하주가 수입물품의 장치장소를 정하지 않을 때에는 master B/L 화물은 선박회사(항공회사)가 결정하고 house B/L 화물은 운송주선인이 장치장소를 결정한다.

3.6 관세 등 감면 분할납부 승인신청

물품을 수입할 때 납부해야 할 특정한 경우에 전부 또는 일부를 면제하는 것을 관세감면이라 한다. 관세감면은 납세의무자의 신청이 있는 경우에만 승인한다. 관세감면 대상품목도 수입신고수리 전까지 신청하지 않으면 감면받을 수 없다. 관세감면신청서는 수입신고시에 제출하는 것이 원칙이다. 관세분할납부제도는 산업시설에 소요되는 자금부담을 완화하고 정부, 지방자치단체, 학교 등의 예산사정 등으로 인한 일시적 자금부담을 완화시키기 위하여 관세전액을 징수하지 않고 일정기간동안 분할하여 납부하는 제도이다. 관세의 분할납부신청서는 수입신고시에 제출하는 것이 원칙이다.

3.7 수입신고

수입신고는 외국으로부터 수입되는 물품에 대하여 수입하겠다는 의사표시를 세관장에게 하는 것으로 수입신고를 함으로써 적용법령 및 과세물건 그리고 납세의무자가 확정된다. 수입물품을 통관하고 있는 도중에 관세율의 변경, 환율의 변경 또는 감면세법 등 기타 관련 법령의 개정이 있을 수 있다. 이와 같은 때에는 원칙적으로 수입신고 당시의 법령에 의하여 관세를 부과한다.

3.8 심사대상

- 세관장 확인물품 및 확인방법 지정고시 중 수입신고수리 전에 요건을 구비했는지 여부에 대하여 증명이 필요한 물품
- 신고수리 전 세액심사(사전세액심사) 대상물품
- 통관시스템에 조회한 결과 심사 유의사항이 있는 물품
- 통관후 관세채권의 확보, 원상회복, 위법한 사실에 관한 증거확보가 곤란할 우려가 있어 심사대상으로 선별한 물품

3.9 물품검사

수입물품에 대한 신고를 하면 신고서의 형식적 요건과 신고시 제출서류 여부만 확인하고 즉시 신고수리하는 것이 원칙이다. 그러나 세관직원이 수입신고서와 제출서류만으로는 각종 표시, 용도, 기능 등을 확인할 수 없거나 신고된 물품 이외의 물품의 은닉 여부와 수입신고사항과 현품의 일치여부의 확인이 필요한 경우에는 수입물품을 직접 확인하며 이것을 물품검사라고 한다.

3.10 수입신고 수리

1) 신고서 수리방법

수입신고서 처리방법에 따라 즉시수리물품은 형식요건을 확인한 후 즉시 수리하고 심사대상물품은 심사 후 수리하고 검사대상물품은 검사 후 수리한다.

2) 수입신고필증 교부

수입신고를 수리한 때에는 수입신고수리인에 신고서 처리담당자의 인장을 날인한 신고필증을 교부한다. 전자서류에 의한 수입신고건이 신고수리된 때에는 관세사가 신고수리 여부를 전산조회한 후 신고필증을 발급한다.

3.11 관세 등 제세납부

수입통관절차는 수입물품의 흐름과 통관절차를 분리하고 있어 수입통관 후 관세를 납부하는 것이 원칙이다. 다만 수입통관 후 관세의 납부는 담보를 제공하거나 세관장으로부터 성실업체로 인정되어 담보제공이 면제되는 업체에서만 이용할 수 있다. 입항전 신고, 출항전 신고 및 보세구역 도착전 신고는 수입물품의 도착과 동시에 화물을 인수하므로 수입통관 후 납부하는 업체에서만 이용할 수 있다. 수입물품의 관세 등에 해당하는 담보를 제공하지 않거나 담보면제업체로 지정되지 아니한 업체에서 수입하는 물품은 관세 등을 납부한 후에 수입신고가 수리된다. 수입신고와 동시에 납세신고를 한 자는 수입신고가 수리된 날로부터 15일 이내에 국고수납은행 또는 우체국에 납부한다. 수입통관 전에 관세를 납부하는 수입물품에 대하여는 수입신고를 하였더라도 원칙적으로 납부기한이 없다.

4. 수입의 처리

4.1 현품의 검사

수입신고인이 EDI 수입통관시스템(CEDIM)을 이용하여 전송한 수입신고서를 세관이 오류 없이 수신하면 세관은 사전에 등록된 기준에 의해 C/S(Cargo Selectivity)를 수행한다. C/S 수행결과로 검사대상 여부와 결과로 심사대상 여부가 결정되고 검사 및 심사담당자에게 자동으로 배부된다. 휴대품, 우편물, 이사화물, 수입신고 생략물품, 특송물품 등은 세관장이 정하는 바에 따라 자체검사 원칙을 적용한다.

수입물품에 대한 검사는 세관검사장이나 지정장치장에 있는 물품이 아닌 경우에는 당해 보세구역에 세관공무원이 출장하여 검사한다. 이를 파출검사라 한다. 이때 수출 또는 수입신고자는 검사수수료(이를 '파출검사수수료'라 한다)를 납부하여야 한다. 검사수수료는 당해 검사에 소요되는 시간당 2천원의 기본수수료에 세관과 검사장소와의 거리 등을 참작하여 관세청장이 정하는 실비 상당액을 가산한 금액이다. 다만, 수출물품에 대한 검사의 경우는 기본수수료가 면제된다. 여기에서 실비상당액이란 물품 검사에 따른 교통비, 숙박비, 식비로 계산한다.

수입화주와 검사의 시기 및 장소가 동일한 물품인 경우에는 여러 건의 수입 또는 수출신고건일지라도 이를 한건으로 하여 기본수수료를 계산한다. 세관의 검사담당자는 수입신고물품이 장치된 장소로 가서 수입화주·관세사·보세구역 운영인 또는 그 대리인의 입회하에 검사를 실시한다. 검사는 해당되는 수입신고물품 전부를 하는 경우도 있지만 수입신고물품이 많은 경우 그 가운데 일부 단위의 포장을 발췌하여 검사를 행하게 되는 것이다. 검사가 완료되면 검사자는 검사결과를 수입과장에게 보고하고 그 결과를 CEDIM에 등록한다. 한편, 신고물품이 물리적, 화학적 실험에 의하여 그 성분이나 특성이 파악될 수 있는 경우에는 세관의 분석실에 분석을 의뢰하거나 당해 물품에 관한 전문가의 의견을 들어 처리한다. 세관공무원이 분석을 의뢰한 경우에는 그 사실을 CEDIM에 등록한다. 분석의뢰는 신고수리 후에 함이 원칙이나 세관장이 관세채권 확보가 곤란할 것으로 예상하거나 물품의 특성상 수입제한품목일 가능성이 있는 경우 그리고 사전세액심사 대상물품으로 세액심사를 위하여 분석이 필요한 경우에는 수입신고를 수리하기 전에 분석을 행한다.

4.2 심사의 보완

신고내용의 적정여부 등을 세부적으로 확인하는 절차가 심사이다. 심사과정에서 신고인이 제출한 서류 및 자료에 의해 심사사실의 확인이 곤란한 경우에는 신고인에게 '보완요구서'로서 보완을 요구한다. 만일 신고서 기재사항 또는 신고 시 제출서류 등 중요사항이 미비하여 보완이 필요하거나 법령의 의무사항을 위반하거나 국민보건 등을 위해할 우려가 있는 경우, 범칙혐의로 조사 의뢰한 경우, 기타 심사결과 신고수리요건 구비에 장시일이 소요되는 경우 등에는 통관보류 조치를 한다.

5. 관세납부와 신고수리

5.1 관세납부

수입물품에 대한 관세의 납부는 매 수입신고 건별로 이루어지게 되나, 관세청장이 정하는 요건을 갖추어 지정된 경우에는 월말까지 일괄적으로 납부할 수 있다. 신고납부의 경우 수입신고 수리시점을 기준으로 사전납부와 사후납부로 구분된다. 사후납부의 경우에는 세관장에게 담보를 제공하여야 한다. 한편, 관세환급특례법에 의한 일괄납의 경우에도 관세법에 대한 특례로서 일괄납부기간 익월의 정산 후 그 차액을 일괄하여 납부하도록 하고 있다.

5.2 신고의 수리

수입신고의 수리절차는 다음과 같다.

1) 수입신고가 수리되기 전에 관세를 납부한 경우

국고수납기관이 관세를 수납하면 영수필 통지를 세관에 전송하고 세관의 CEDIM이 이를 자동검증한 다음 신고를 수리한다.

2) 세관결제 후 일정기한(신고일로부터 10일)이 경과하도록 관세를 미납한 경우

세관에서 15일간의 납기를 부여한 납세통지(통보)서를 신고인에게 교부한다.

3) 수입신고가 수리된 후 관세를 납부하는 경우

신고가 수리되기 전에 담보(개별담보, 포괄담보 또는 신용담보)를 제공하여야 한다. 이 때 포괄담보와 신용담보는 CEDIM에서 담보사용내역을 자동으로 관리한다.

4) 출항전 신고·입항전 신고·보세구역 도착전 신고물품

출항전 신고와 입 항전 신고물품은 당해 선박(항공기)이 입항한 후 적하목록이 제출된 때, 보세구역 도착전 신고물품은 보세운송 도착보고를 하는 때에 그 신고를 수리한다. 다만, 검사대상 또는 관리대상화물은 개당 물품에 대한 검사가 종료된 다음 신고를 수리한다.

5.3 수입신고필증의 교부와 물품의 반출

세관장이 수입신고를 수리한 때에는 수입신고필증을 교부한다. 전자서류에 의한 수입신고건이 수리된 때에는 신고인 등이 신고수리 여부를 조회한 후 자율적으로 신고필증을 교부 받을 수 있다. 수입신고가 수리되면 보세구역 등에 장치중인 물품을 반출할 수 있다. 세관의 화물관리시스템에서는 CEDIM이 제공한 정보 등으로 신고는 물품을 수입하고자 하는 자가 세관장에게 행하는 수입의사의 표시이다. 수입신고에 따라 과세물건과 적용법령이 확정된다. 수입신고의 시기는 원칙적으로 당해 물품이 보세구역에 장치된 후 30일 이내이다. 관세청장이 보세구역에 장치 중인 화물의 반출을 위한 세관처리절차가 완료된 물품에 대해 화물반출승인내역을 자동 생성한다. 화주는 수입신고필증을 보세구역 운영인에게 제시하고 화물을 반출할 수 있다. 보세구역운영인은 물품이 반출되면 반출신고서를 작성하여 세관에 전송한다.

5.4 신고의 취하 및 각하

수입신고, 수출신고 및 반송신고는 정당한 이유가 있을 때에 한하여 세관장의 승인을 얻어 취하할 수 있다. 그러나 수입 또는 반송신고 한 물품은 당해 물품이 운송수단, 관세통로, 하역통로 또는 관세법에서 규정된 보세창고 등 장치 장소에서 반출한 후에는 취하가 불가능하다. 한편, 신고를 하였으나 그 신고가 요건을 갖추지 못하였거나 부정한 방법으로 신고된 것일 때에는 세관장이 당해 수입, 수출 또는 반송신고를 취하할 수 있다.

신고각하의 대상은 다음과 같다.

- 수출·수입·반송의 신고가 형식적인 요건을 갖추지 못한 경우
- 신고된 물품에 대해 멸각·폐기·공매·경매낙찰·몰수확정 또는 국고귀속이 결정된 경우
- 입항전 수입신고를 하였으나 그 요건을 갖추지 못한 경우
- 사위 기타 부정한 방법으로 신고한 경우

6. 특수절차에 의한 수입통관

6.1 수입신고 수리전 반출제도

수입신고 수리전 반출제도는 세관장이 수입신고를 수리하기 전에 물품이 장치된 장소로부터 미리 반출할 수 있도록 허용하는 제도이다. 이 제도는 여러 건의 신고물품을 하나의 세 번으로 통합하여 통관함으로써 감면 또는 분할 납부제도를 적용 하고자 하거나 통관에 장시간이 소요될 경우 물품을 조기에 반출하여 사용, 소비하고자 할 때 활용될 수 있다.

수입 신고전 반출을 할 수 있는 대상은 수입통관에 곤란한 사유가 없는 물품으로서 다음 각 호의 1에 해당하는 경우이다.

- 완성품의 세 번으로 수입신고 수리 받고자 하는 물품이 미조립 상태로 분할선적 수입된 경우
- 조달사업에 관한 법률에 의한 비축물자로 신고된 물품으로서 실수요자가 결정되지 아니한 경우
- 사전세액심사 대상물품(부과고지물품을 포함)으로서 세액결정에 장시간이 소요되는 물품
- 품목분류 또는 세율결정에 자이간이 소요되는 경우

6.2 즉시반출제도

수입하고자 하는 물품을 수입신고 전에 운송수단, 관세통로, 하역통로 또는 관세법의 규정에 의한 장치장소로부터 즉시 반출하는 것을 수입 신고전 물품 반출제도 또는 즉시반출제도라고 한다. 이 제도를 이용하기 위해서는 세관장으로부터 지정을 받아야 한다. 즉시 반출 대상 업체는 대상물품에 대해 수입 신고전 물품반출신고서를 세관에 전송하고 선하(항공)증권 사본이나 송품장 사본을 첨부하여 세관장에게 제출함으로써 반출신고를 한다. 이러한 반출신고의 시기는 수입 물품에 대한 적하목록이 제출된 이후이다. 반출 신고한 물품에 대해서는 일반 수입 신고시와 같이 검사대상 여부를 선별하여 검사 대상으로 분류된 것에 대해서는 검사를 실시한다. 또한 검사와는 별개로 첨부서류(B/L 또는 AWB

사본과 송품장 사본)의 구비여부 및 신고내용이 첨부서류의 내용과 일치하는지 여부 등에 대해 심사하고 이상이 없는 경우 반출 신고를 수리한다. 즉시반출업체는 물품반출신고일로부터 10일 이내에 정식 수입신고를 하 여야 한다. 만일 즉시반출업체가 반출신고일로부터 10일 이내에 수입신고를 아니할 경우 세관자은 납부세액에 가산세를 추가하여 부과 고지한다.

6.3 수입신고를 생략한 통관

다음 각 호의 1에 해당하는 물품 중 관세가 면제되거나 무세인 물품은 수입신고가 생략된다.

- 외교행낭으로 반입되는 면세대상물품
- 우리나라에 내방하는 외국의 원수와 그 가족 및 수행원에 속하는 면세 대상물품
- 유해 및 유골
- 신문, 뉴스를 취재한 필름·녹음테이프로서 언론기관의 보도용품
- 재외공관 등에서 외교통상부로 발송 되는 자료
- 기록문서와 서류

수입신고가 생략되는 물품은 B/L만 제시하면 세관이 이를 확인한 다음 인수증을 제출받고 물품 보관장소에서 즉시 인도한다. 수입신고가 생략되는 물품의 검사는 무작위선별 방식에 의해 선별된 물품만 검사한다.

6.4 간이신고통관

다음 각 호의 1호에 해당하는 물품은 일체의 서류 첨부 없이 수입신고서에 해당하는 사항만 기재하여 신고한다.

- 당해 물품의 총 과세가격이 15만 원 이하의 국내거주자가 수취하는 면세 대상물품
- 당해 물품의 총 과세가격이 10만원 이하의 면세되는 상용견품
- 설계도 중 수입승인이 면제되는 것
- 금융기관이 외환업무를 영위하기 위하여 수입하는 지불수단

6.5 특송물품·우편물·휴대품의 통관

특송물품이란 특급탁송화물운송업체(특송업체)에 의해 수입되는 특급탁송물품을 말한다. 이러한 물품은 세관장이 지정한 특송물품 전용통관장소(통관장)에서 통관한다. 이와 같은 형태로 수입하는 물품의 규모는 정보통신기술과 물류기법의 발달에 따라 급속한 증가추세에 있다. 특송업체는 통관지세관장 또는 관할세관장에게 미리 등록하여야 한다. 특송업체로 등록한 자는 등록일로부터 1개월 이내에 통관장에 물품을 원색으로 정확히 판독할 수 있는 X-Ray기 및 X-Ray 판독요원을 배치하여 특송화물을 자체 검사한다. 세관장은 특송업체별로 통관장을 지정하고 통관장에 전담 세관공무원을 파출하여 근무하게 한다.

우편물은 체신관서를 통해 수출입이 이루어지는 물품이다. 이러한 우편물은 일반적인 수출입화물과는 달리 통관우체국에서 통관이 이루어진다. 통관우체국은 체신관서 중에서 관세청장이 지정하고 있으며 여기에는 세관공무원이 파견되어 있다. 휴대품은 여행자 또는 외국무역선(기)의 승무원이 직접 휴대하거나 별도 송부하는 것('별송품')으로 수출입하는 물품이다. 이와 같은 특송물품, 우편물, 휴대품의 통관은 일반적인 수출입물품의 통관과는 다소의 차이가 있다.

6.6 전자상거래물품 등의 특별통관

전자문서로 거래되는 물품에 대해서는 관세청장이 수출입 신고, 물품검사 등 통관절차에 대하여 따로 정하여 적용할 수 있다. 전자문서로 거래되는 물품은 무역서류 등이 따로 작성되지 않는 특징이 있기 때문에 전통적인 방법에 의한 수출입 통관절차와는 다른 절차를 이행하도록 할 필요가 있다. 현행 관세법에서는 이에 대하여 '특별통관절차'를 관세청장이 정할 수 있도록 하고 있다.

7. 수출입통관과 범칙의뢰

관세법 또는 관세법에 의한 명령(대통령령, 재정경제부장관령, 관세청장 또는 세관장의 명령)을 위배한 행위로서 관세법에 의해 처벌이 되는 것을 관세범이라 한다. 관세법에 대해서는 세관의 수사 담당부서에서 나름대로 정보를 수집하여 조사에 임하고 있다.

수출입통관과정에서 다음과 같은 사항이 세관공무원에게 인지되면 관세법 등의 위반혐의로 수사담당 부서에 조사가 의뢰되고 수사담당 부서에서는 조사를 한 다음 처벌여부를 결정한다.

- 수입신고에 있어 품명, 규격, 수량, 가격, 원산지 등 주요사항을 정당한 사유 없이 허위로 신고할 때
- 신고물품 이외의 물품이 수입되었을 때(다만, 범칙혐의가 있는 경우에 한 한다)
- 수입승인서, 송품장, 포장명세서, 원산지증명서 등 서류를 위조 또는 변조한 것으로 인정하였을 때
- 관세법상 수입금지품목이나 타 법령에서 수입을 제한하고 있는 품목이 불법 수입되었을 때(다만, 범칙혐의가 있는 경우에 한한다)
- 출항 전 또는 입항 전 수입신고를 하고 정당한 사유 없이 신고취하 신청을 하였을 때
- 관세사가 전자서류에 의한 신고와 관련 규정을 위반하여 수입신고필증을 교부한 때
- 전자서류에 의한 신고와 관련 규정 서류의 보관 및 제출의무를 이행하지 아니한 때
- 보세구역반입명령을 이행하지 아니한 때
- 기타 세관장이 범칙혐의가 있다고 인정한 때

8. 수입물품 원산지 표시제도

수입물품 원산지 표시제도란 공정한 무역거래질서를 확립하고 소비자보호를 위하여 수입하는 물품에 대해 원산지 표시를 의무화한 제도로서 원산지표시대상물품과 원산지 판정 및 확인으로 나누어져 있다.

8.1 원산지 표시대상물품

1) 원산지 표시

대외무역관리규정 제6-2-2조 제1항의 규정에 기재된 수입물품 및 그 부장품은 당해 물품에 원산지를 표시하여야 한다.

2) 원산지 표시의 요건

수입물품의 원산지 표시는 다음 각 호의 요건을 구비하여야 한다.

- 한글, 한문 또는 영문으로 표시할 것
- 최종구매자가 용이하게 판독할 수 있는 크기의 활자체로 표시할 것
- 식별하기 용이한 위치에 표시할 것
- 표시된 원산지는 쉽게 지워지지 않으며 물품(또는 용기포장)에서 쉽게 떨어지지 않아야 한다.

3) 원산지 표시대상물품 등

원산지표시 대상물품은 당해 물품에 원산지를 표시하여야 한다. 제1항의 규정에도 불구하고 원산지표시 대상물품이 다음 각 호의 1에 해당되는 경우에는 당해 물품에 원산지를 표시하지 않고 당해 물품의 포장, 용기 등에 수입물품의 원산지표시를 할 수 있다.

- 당해 물품에 원산지를 표시하는 것이 불가능한 경우
- 원산지표시로 인하여 당해 물품이 크게 훼손되는 경우(예 : 당구공, 콘택즈렌즈, 집적회로 등)
- 원산지표시로 인하여 당해 물품의 가치가 실질적으로 저하되는 경우
- 원산지표시의 비용이 당해 물품의 수입을 막을 정도로 과도한 경우(예 : 물품 보다 표시비용이 더 많이 드는 경우 등)
- 상거래 관행상 최종 구매자에게 포장, 용기에 봉인되어 판매되는 물품 또는 봉인되지는 않았으나 포장, 용기를 뜯지 않고 판매되는 물품(예 : 비누, 칫솔, VIDEO TAPE 등)
- 실질적 변형을 일으키는 제조공정에 투입되는 부품 및 원재료를 수입후 실수요자에게 직접 공급하는 경우

4) 물품 원산지표시의 일반원칙

(1) 수입물품의 원산지는 다음 각 호의 1에 해당되는 방식으로 한글, 한자 또는 영문으로 표시할 수 있다.

- 원산지 : 국명 또는 국명 산
- Made in 국명 또는 Product of 국명
- 물품 제조자의 회사명, 주소, 국명
- 수입물품의 크기가 작아 물품의 원산지를 표시할 수 없을 경우에는 국명만을 표시
- Brewed in 국명 또는 Distilled in 국명 등 기타 최종구매자가 원산지를 오인할 우려가 없는 방식으로 표시

(2) 수입물품의 원산지는 최종구매자가 당해 물품의 원산지를 용이하게 판독할 수 있는 크기의 활자체로 표시하여야 한다.

(3) 수입물품의 원산지는 최종구매자가 식별하기 용이한 곳에 표시하여야 한다. 식별하기 용이한 곳이라 함은 최종구매자가 정상적인 물품구매과정에서 표시된 원산지를 용이하게 발견할 수 있는 곳을 의미한다.

(4) 표시된 원산지는 쉽게 지워지지 않으며 물품(또는 포장 용기)에서 쉽게 떨어지지 않아야 한다. 고의적인 행위로 원산지표시를 제거하지 않는 한 물품의 정상적인 유통 보관 과정에서 표시된 원산지가 손상되지 아니하고 최종구매자에게 전달될 수 있으면 쉽게 떨어지지 않는 상태로 본다.

(5) 수입물품의 원산지는 제조단계에서 인쇄(printing), 등사(stenciling), 낙인(branding), 주조(molding), 식각(etching), 박음질(stitching) 또는 이와 유사한 방법으로 원산지를 표시하는 것을 원칙으로 한다. 다만, 물품의 특성상 위와 같은 방식으로 표시하는 것이 부적합하거나 물품을 훼손할 우려가 있는 경우에는 날인(stamping), 라벨(label), 스티커(sticker), 꼬리표(tag)를 사용하여 표시할 수 있다.

5) 원산지 표시의 면제

원산지 표시 대상물품 규정에 의한 원산지 표시 대상물품이 다음 각 호의 1에 해당하는 경우에는 원산지 표시를 면제할 수 있다.

- 수출용 원재료 및 시설기재로 수입된 물품
- 개인에게 무상 송부된 탁송품별송품 또는 여행자 휴대품
- 실수요자가 수입하는 제조용 물품(부품 등 원재료, 시설기계류 및 그 부품), 연구개발용품으로서 판매목적이 없는 물품. 이 경우 실수요자를 위하여 수입 대행하는 경우를 포함한다.
- 견본품(진열 및 판매용이 아닌 것에 한함) 및 수입된 물품의 하자보수용 물품 v) 수입 후 실질적 변형을 일으키는 제조공정에 투입되는 부품 및 원재료로서 실수요자가 직접 수입하는 경우(실수요자를 위하여 수입을 대행하는 경우를 포함)
- 우리나라로 수입되기 20년 전에 생산된 물품
- 보세운송환적 등에 의하여 우리나라를 단순히 경유하는 통과화물
- 재수출조건부 면세대상물품 등 일시 수입물품
- 우리나라에서 수출된 후 재수입되는 물품
- 외교관면세 대상물품
- 기타 관세청장이 지식경제부장관과 협의하여 타당하다고 인정하는 물품

8.2 원산지 확인대상물품

1) 원산지 확인대상

세관장은 수입신고한 물품이 대외무역법상 수출입공고, 통합공고 또는 별도공고의 규정에 의하여 특정국가로부터 수입이 제한되는 물품에 해당되는 때에는 당해 물품의 원산지를 확인한다.

2) 원산지 증명서 제출

원산지 확인대상물품이 수입신고시에는 세관에 필히 원산지증명서를 제출한다. 원산지증명서는 원산국의 세관, 기타 발급권한이 있는 관공서 또는 상공회의소가 발급한 것이어야 하며, 영어 또는 프랑스어로(한글로 표기된 것도 가능) 표기된 것이어야 한다.

3) 원산지증명서의 제출 면제

- 과세가격(종량세의 경우에는 이를 관세법 제9조의 규정에 준하여 산출한 가격)이 10만원이하인 물품
- 우편물(관세법 제152조 제2항에 해당하는 것을 제외한다)
- 개인에게 무상 송부된 탁송품·별송품 또는 여행자의 휴대품
- 재수출조건부 면세대상물품 등 일시수입물품
- 보세운송, 환적 등에 의해 우리나라를 단순히 경유하는 통과화물
- 물품의 종류, 성질, 형상 또는 그 상표, 생산국명, 제조자 등에 의하여 원산지가 인정되는 물품
- 기타 관세청장이 지식경제부장관과 협의하여 타당하다고 인정하는 물품 등이다.

8.3 원산지 기준

완전생산기준과 실질변경기준의 두 가지 기준에 의해 원산지 기준을 두고 있다.

1) 완전생산기준

당해물품의 전부를 생산한 국가를 원산지로 보는 것으로 주로 천연생산품 또는 천연생산품으로 물품의 전부를 제조한 상품에만 적용된다. 완전생산기준에 의해 원산지가 인정되는 물품은 다음과 같다.

- 한 나라의 영역에서 채굴된 광물성 생산품
- 한 나라에서 수확한 농산물과 식물성 생산품
- 한 나라의 영역에서 번식 또는 사육한 동물(살아 있는 것에 한함)과 이들(살아 있는 것에 한함)로부터 얻은 물품
- 한 나라의 영역에서의 수렵, 어로로 채포한 물품
- 한 나라의 선박에 의하여 채포된 어획물, 기타의 물품(한 나라의 선박 기타 구조물에 의해 공해에서 채포한 수산물, 광산물 등을 포함한다)
- 한 나라에서 제조가공의 공정중에 발생한 물품(한 나라에서 수집된 중고품으로 원료 또는 재료의 회수용에만 적합한 고철 등을 포함한다)
- 한 나라 또는 한 나라의 선박에서 상기 각호의 물품을 원재료로 하여 제조, 가공

된 물품 등이다. 현행 한미 공동어로사업방식에 의해 국내에 반입되는 수산물은 완전생산기준을 적용하지 아니한다(2개국 이상의 선박이 공동으로 수산물 채포 및 가공).

2) 실질적 변경기준

당해물품의 제조에 2개국 이상의 원료가 투입된 경우 당해국에서의 제조 또는 가공공정을 통하여 원재료의 세번과 상이한 세번(HS 6단위 기준)의 제품을 생산하는 경우 즉 2개국 이상의 국가에서 생산된 물품을 원재료 또는 구성품으로 하여 제조가공된 물품은 실질적인 변형이 최종적으로 이루어지는 국가를 원산지로 인정하는 기준이다.

3) 실질적 변경기준의 예외

(1) LIST A

부가가치기준과 가공공정기준으로 나누어 적용, 즉 부가가치기준 35% 이상 기여국을 원산지로 간주하되 부가가치 35% 이상 기여국이 2개 이상이거나 하나도 없을 경우에는 가공공정기준을 택해 주요부품을 생산하거나 주요공정이 이루어진 국가를 원산지로 인정한다.

(2) LIST B

세번변경이 이루어지더라도 세번의 변경만으로 실질적인 변화가 있었다고 인정하기 곤란한 경우에 해당되어 관세청장이 추가적인 요건을 정한 물품이다.

9. ATA 까르네

9.1 ATA 까르네란?

ATA는 불어의 Admission Temporaire와 영어의 Temporary Admission의 두문자를 합친 것이며, 까르네(carnet)는 불어로 표(증서)라는 뜻으로 물품의 무관세임시통관 증서이며, 1961년 관세협력이사회가 물품의 일시수입통관증서에 관한 관세협약에 따라 발급한 국제적 통관증서로서 ATA협약 가입국 간에 일시적으로 물품을 수입/수출 또는 보세운송하기 위하여 필요로 하는 복잡한 통관 서류나 담보금을 대신하는 증서로서 통관절차를 신속하고 편리하게 하는 제도이다. 따라서 ATA까르네를 이용하면 통관시 부가적인 통관 서류의 작성이 필요 없음은 물론 관세 및 부가세, 담보금 등을 수입국 세관에 납부할 필요가 없습니다. ATA까르네를 이용하시면 ATA협약가입국 어느 나라에서나 신속하고 원활한 통관을 하실 수가 있습니다.

9.2 ATA 까르네로 일시면세수출·수입할 수 있는 물품

- 상품견품, 광고용 재료
- 전시회, 박람회, 회의 기타 이와 유사한 행사에서의 사용될 물품
- 작업용구(A/S를 위한 기자재 등) : 방송장비, 촬영기구 등

9.3 ATA 까르네 유효기간

발급일로부터 최장 1년으로 유효기간을 연장할 수 없다. 유효기간에도 불구하고 수입국 세관이 재수출기간을 정한 경우에는 동 기간 내에 재수출 되어야 한다.

9.4 신청 및 사용절차

1) 서명등록업체 확인

신청업체는 서명등록을 필하여야 하며, 기 등록업체는 서명등록의 유효기간을 확인 후 신청하여야 한다.

2) 양식 수령

까르네 양식의 수령을 위해서는 해당 상공회의소를 방문하여 방문국, 사용목적 등에 관하여 상담 후 관련 양식을 수령한다.

3) 서류 접수

신청서 및 ATA Carnet 증서를 작성하여 상공회의소에 접수한다. 접수자는 서류상의 기재내용이 적정한지와 상품의 가격 등을 심사하여 담보금을 확정한다. 신청자는 담보금을 보증보험의 이행지급보증보험증권으로 납입 할 수 있으며 접수자에게 발급수수료를 납입 하면 서류의 접수가 끝난다. 보증보험료는 중국, 인도, 크로아티아는 물품 총액의 2.0%이고 그외의 나라는 0.8% 정도가 소요된다.

4) 발급서류 수령

접수된 서류는 근무일 기준(공휴일, 토요일, 일요일 제외)으로 3일 이내에 발급된다.

5) 발급서류의 사용

물품과 함께 까르네증서로 국내는 물론 외국세관에 수출입신고를 하여야 한다. 특히 수입시 까르네로 신고한 물품을 재수출신고없이 반출하여 불필요한 클레임을 당하지 않도록 주의하여 사용하여야 한다.

<표 21-2> ATA까르네 발급신청서

ATA까르네 발급신청서

무역관계증명서 발급규정에 의거하여 ATA까르네 발급을 신청하며 대한상공회의소 발급 규정에서 정한 제반 의무사항을 성실히 이행할 것을 서약합니다.

년 월 일

대 행 업 체 (* 서류발급을 대행하는 경우 기재)
 회사명 :
 담당자 :   (연락처 :   )

발급결재	담당	팀장

까르네 명의인 (한 글)	사업자 등록번호		주민등록번호 (「개인」에 한함)			
	회 사 명				대표자	(인)
	주 소					
연 락 처 (담 당 자)	성 명		소속 부서명			
	전화번호		휴대폰 번호			
	FAX번호		E-mail 주소			
까르네 사용자						
물품의 용도 해당되는 곳에 √표	□ 상품 견본 (Commercial Samples) □ 직업 용구 (Professional Equipments) □ 전람회 박람회 등 (Fairs/Exhibitions) o 명 칭 : o 일시 및 장소 :						
일 시 수 입 국	1. 2. 3. 4. 5. 6. 7. 8. 9. 10.						
보 세 운 송 국 (필요시 기재)	1. 2. 3. 4. 5.						
물품의 수출방법 해당되는 곳에 √표	□ 휴대 □ 운송사 □ 우편			수 출 예 정 일		
				년 월 일		
대 상 물 품	총 액 : ₩			재 수 입 예 정 일		
				년 월 일		

* 하기란은 기입하지 마시오.

발 급 일		CARNET 번호		유효기간	
담보의 종류	□ 보험 □ 현금	담 보 금 액	₩	수 수 료	₩

반환결재	담당	팀장

까르네반환일	년 월 일	담보해제일	년 월 일
담보금 반환에 따른 의견			

Chapter 22
International Trade Practice

무역분쟁(claim)과 상사중재

1. 무역분쟁 개요

1.1 무역분쟁이란

무역거래를 하다보면 예기치 못한 분쟁이 발생하는 경우가 있다. 분쟁이란 당사자간의 거래계약에 따라 이행하면서 그 계약의 일부 또는 전부의 불이행으로 말미암아 발생되는 손해를 상대방에게 청구할 수 있는 권리를 말한다.

1.2 분쟁의 원인

1) 직접적 원인

무역 계약의 체결과정에서 과실, 오해, 착오, 부주의 등에 의하여 무역클레임이 발생할 수 있으므로 계약체결시 계약서에는 당사자명, 품명, 품목, 품종, 규격, 수량, 단가, 금액, 포장조건, 선적시기, 결제조건, 신용장조건(개설일자 등), 보험조건, 면책조항, 클레임통지기한 등을 명확히 약정하고, 분쟁해결을 위한 중재조항 등을 삽입한 후 당사자가 기명날인하여 거래를 하여야 한다. 그러나 계약 이행과정에서 품질불량, 수량부족, 선적불이행, 불완전 보험계약체결, 대금 지불지연이나 지불거절, 신용장의 미개설 혹은 지연, 거래알선에 따른 수수료 미지급 등 많은 요인이 분쟁 야기시키는 직접적 요인이 되고 있다.

2) 간접적 원인

계약당사자 간의 의견차이, 언어의 상이, 각국의 법과 상관습의 상이, 신용조사의 불비, 운송중의 위험, 가격덤핑, 국가별 도량형, 상대국의 식품위생법, 독과점법 등 많은 요인들이 무역분쟁의 간접적 원인으로 작용하고 있다.

1.3 분쟁의 종류

분쟁의 종류는 크게 상품에 대한 분쟁, 포장에 관한 분쟁, 선적에 의한 분쟁, 마켓 분쟁, 운송에 관한 분쟁, 결제에 관한 분쟁 기타 분쟁 등 분쟁의 종류는 매우 다양하다.

1) 상품에 대한 분쟁

(1) 품질불량

계약상품과 다른 저질의 상품이 도착했을 경우 제기되는 분쟁이며, 운송 도중에 상품이 퇴색, 변질, 파손되는 경우에도 제기된다.

(2) 규격상위

계약시 체결한 상품의 규격과 상이한 규격의 상품이 도착했을 때 제기되는 분쟁이며, 특히 1차산품인 농산물의 경우 모든 수확물의 규격이 일정하지 못하기 때문에 발생하기 쉽다.

(3) 수량 과부족

계약된 상품의 수량과 실제 도착한 수량과의 차이로 야기되는 분쟁으로 운송서류에 상품의 수량이나 중량의 표시는 정확해야 한다. 계약서나 신용장의 수량 표시조건 (신용장 통일규칙 제39조) i) More or Less : ±5%, About 또는 Circa : ±10% ii) 별도의 명시가 없을 경우 : ±5%

(4) 내용상이

사실상의 계약내용과 다른 상품이 인도되었을 때 발생하는 분쟁이다.(예시 : 순이 나지 않은 감자, 양파 → 순이 난 감자, 양파)

2) 포장에 관한 분쟁

국제무역에서는 상품이 장거리 수송되고, 중간에 환적되거나 여러 형태의 운송수단이 이용되므로 상품이 손상되지 않도록 견고한 포장을 하여야 하며, 포장에 관한 분쟁으로는 불량포장, 부정포장, 포장결함 등이 있다.

3) 선적에 의한 분쟁

(1) 선적지연

계약상이나 신용장상에 명시된 선적기일내에 선적을 하지 못하고 지연되어 명시된 선적일이 경과한 후에 선적된 것에 대한 분쟁을 말한다.

(2) 선적불이행

선적 불이행은 대개 계약 당시보다 상품의 시세가 올랐거나 원자재의 가격이 폭등하여 채산이 맞지 않을 경우에 선적을 이행하지 않아 야기되는 븐쟁을 말한다.

4) 마켓(market) 분쟁

매수인이 계약 당시에 비해서 당해 상품 국제가격의 폭락으로 상품을 팔 수 없을 때 여러 가지 이유를 들어 계약상품의 인수를 거부함으로써 야기되는 분쟁을 말한다.

5) 운송에 관한 분쟁

상품의 운송 도중에 풍랑, 기온변화, 투하, 굴곡 등으로 인해 발생하는 하자에 대한 클레임이다.

6) 결제에 관한 분쟁

무역거래상의 상품은 제대로 도착하였으나 그 상품에 대한 서류상의 잘못으로 인하여 대금지불을 거절하는 것 등을 말한다.

7) 기타 분쟁

이 외에도 수입국의 사소한 법규나 소속절차 등을 잘못 처리 하였거나 또는 과거의 특정 사고와 관련시켜 분쟁을 제기할 수도 있으며, 한 계약건을 기회로 이제까지의 모든 계류(pending)건의 해결을 요구하는 등 거래상에 있을 수 있는 모든 것이 분쟁의 대상이 된다.

1.4 분쟁 청구내용

분쟁의 청구내용은 피해자가 가해자에게 금전의 청구를 내용으로 하는 것과 금전 이외의 청구를 내용으로 하는 분쟁 청구가 있다.

1) 금전의 청구를 내용으로 하는 분쟁

(1) 손해배상청구

저질품 인도, 선적불이행, 부당한 계약해제, 신용장 개설지연 또는 불개설, 선박지정 지연 또는 지정치 않을 경우, 선B/L 발급시, 대금결제지연, 화물의 부당한 인수거절, 계약물품의 상이 등과 같은 사유로 발생한 손해를 금전으로 계산하여 청구하는 것을 손해배상청구라 한다.

(2) 대금지급거절

D/A거래 등에서 추심기간이 긴 경우 물품이 서류보다 먼저 도착하므로 도착물품이 계약물품과 상이할 때, 혹은 신용장조건과 서류가 불일치할 때 대금지급을 거절할 수 있다.

(3) 대금감액요청

도착물품의 품질불량, 포장불량, 화인이나 상표불량 등 계약내용과 일치되지 않는 상품이 도착했을 때 상품가액을 감액하여 인수코자 할 때, 대금감액 요청을 할 수 있다.

2) 금전 이외의 청구를 내용으로 하는 분쟁

(1) 화물의 인수거절

화물이 도착한 후 매수인이 그 상품의 품질상의 흠, 손상 등을 발견하였을 때 그 화물의 일부 또는 전부를 인수 거절할 수 있다. 이 경우 매매계약에 인수거절에 대한 특별약정이 있는 경우와 없는 경우로 나눌 수 있다. 전자의 경우 그 약정에 위배될 때에는 매수인은 물품인수를 거절할 수 있다. 그러나 후자의 경우에는 계약에 현저하게 위반한 때 예를 들면 1등급이라 약정하고 2등급을 공급할 때, 면책비율 이상의 잡물이 혼합된 때, 칫수나 상표가 상이할 때, 포장상태가 상이할 때, 상품이 많이 파손된 때, 매수인은 물건의 인수를 거절할 수가 있다.

(2) 계약이행청구

매도인이 매수인에게 하는 계약이행 청구는 신용장 개설요청, 매매약정 물량의 이행요청 등이 있고 매수인이 매도인에게는 화물의 선적이행 등을 요청하나 만약 상호간에 원만히 해결되지 않으면 그 계약의 불이행에 따라 손해배상을 청구할 수 밖에 없다.

(3) 잔여계약분의 해제요청

1차 도착한 상품의 품질이 불량하다든가 규격이 상의하여 판매가 곤란할 때 나머지 계약분의 계약을 해제 요청하는 클레임 등이다.

1.5 분쟁의 제기

1) 물품의 검사와 통지의무

수입물품을 인도받은 매수인은 이를 수령함에 있어 최우선적으로 그 물품이 계약목적에 합치되는지를 외견상으로 검사하여 만약 하자를 발견하였거나 수량이 부족하면 지체없이 매도인에게 통지하여야 한다. 이러한 검사와 통지는 매수인의 필수적인 권리이며 의무이다. 이를 해태하면 법률적 청구권을 상실한다.

2) 무역분쟁의 제기기간

분쟁의 제기기간에 관한 약정은 클레임의 포기조항을 수반하고 있으므로 일종의 면책조항이라고 할 수 있다. 분쟁 제기기간의 설정은 그 물품의 성질상 합리적으로 요구되는 하자발견 및 통지기간보다 너무 짧게 규정되어 있으면 그 효력을 부인당하는 경우도 있으므로 그 기간을 설정하는데도 주의하여야 한다. 분쟁 제기기간은 i) 당사자간에 제기기간에 대한 약정이 있으면 그 기간안에 제기 ii) 약정이 없는 경우는 나라마다 그 기간을 달리 보고 있다.(한국 : 즉시 통지, 즉시 발견할 수 없는 하자에 대해서는 6개월의 기간 연장, 일본 : 즉시 검사하고 곧 통지, 미국 : Within Reasonable Time, Warsaw Oxford Rule for CIF Contract(1932) : 합리적인 검사, 검사완료후 3일 이내에 통보, 국제물품계약에 관한 UN협약 : 단기간내 검사, 합리적인 기간내 통지, 어떠한 경우도 제척기간은 2년)

3) 분쟁 제기

무역분쟁을 제기하고자 할 경우에는 반드시 다음의 구비서류를 작성하여 상대방에게 제출하여야 한다.

- 분쟁 사실 진술서(법적문서로서 간단·명료·구체적으로 기술하며 언제, 어디서, 누가, 무엇을, 왜, 어떻게의 6하 원칙으로 기재)
- 청구액에 대한 손해명세서(손해액과 제비용(운송료, 관세, 검사료 등))
- 검사보고서(품질불량, 색상상이, 성능미달, 수량부족 등일 때 반드시 첨부)
- 기타(거래사실을 입증할 수 있는 계약서, B/L, L/C 등)

4) 분쟁을 받은 경우 유의사항

- 계약조건의 미비에 의한 것이 아닌가?
- 납품후 합리적 기간내 청구된 것인가?
- 하자를 입증하는 증빙서류가 있는가?
- 물품검사는 공인 검사기관에서 합리적인 기간내에 되었는가?
- 하자의 정도가 계약상, 거래관례상 허용비율을 초과하였는가?
- 손해청구액은 합리적 산출에 의해 타당성이 있는가?
- 당해 계약에서의 특성이 충분히 감안 되었는가?

1.6 분쟁 해결방법

무역분쟁 해결방법으로는 당사자간의 해결방법과 제3자가 개입하여 분쟁을 해결하는 방법이 있다.

1) 당사자간의 해결

당사자간의 해결방법은 당사자간에 직접 교섭하여 우의적으로 해결하는 방법을 말한다. 무역클레임은 당사자간에 해결함이 가장 바람직스럽다. 왜냐하면 무역클레임 내용을 잘 알고 발생원인과 상황을 누구보다 잘 알며 또한 당사자간의 해결에 있어서는 상대방과의 장래의 거래관계를 충분히 고려하기 때문에 비록 양당사자가 각각 자기의 입장에서 충분한 이유가 있다고 생각하더라도 서로 타협하거나 또한 장래 거래를 위하여 양보로써 해결할 수가 있다. 당사자간의 해결방법으로는 다음의 두 가지가 있다.

(1) 청구권의 포기(waiver of claim)

피해자가 상대방에게 청구권을 행사하지 않는 경우로서, 이는 대체적으로 상대방이 사전 또는 즉각적으로 손해배상 제의를 통해 해결될 경우에 이루어짐. 청구권의 포기는 분쟁해결을 위한 가장 바람직한 방법으로 향후 양당사자간에 지속적이고 안정적인 거래를 보장받을 수 있다.

(2) 화해(amicable settlement)

당사자간의 자주적인 교섭과 양보로 분쟁을 해결하는 방법으로서, 당사자가 직접적인 협의를 통하여 상호평등의 원칙하에 납득할 수 있는 타협점을 찾는 것이다. 이 경우 대체적으로 화해계약을 체결한다. 화해는 당사자가 서로 양보할 것, 분쟁을 종결할 것, 그 뜻을 약정할 것 등 3가지 요건을 필요로 한다.

2) 제3자의 개입에 의한 해결

당사자간에 원만하게 해결할 수 없을 때 즉, 쌍방의 주장이 대립될 때, 쌍방 혹은 일방의 감정이 악화되어 제3자의 냉정한 판단이 필요할 때, 상대방의 무성의로 타협이나 양보가 힘들 때, 학식이나 경험이 많은 제3자를 개입하여 분쟁을 해결하는 방법인데 이러한 방법의 해결로서는 알선, 조정, 중재, 소송 등이 있다.

(1) 알선(intercession, recommendation)

알선이란 공정한 제3자(예: 상사중재원)가 당사자의 일방 또는 쌍방의 요청에 의하여 사건에 개입, 원만한 타협이 이루어지도록 협조하는 방법으로 당사자간에 비밀이 보장되고 거래관계가 지속을 유지할 수 있는 장점이 있다. 알선은 쌍방의 협력이 없으면 실패로 돌아가고 강제력은 없으나, 알선수임기관의 역량에 따라 그 실효성이 나타나 대한상사중재원에 의뢰된 건 중 90% 이상이 알선단계에서 처리되고 있다.

(2) 조정(conciliation, mediation)

조정은 양당사자가 공정한 제3자를 조정인으로 선임하고 조정인이 제시하는 해결안(조정안)에 양당사자가 합의함으로써 분쟁을 해결하는 방법이다. 조정은 우리나라 중재규칙상 중재 신청후 당사자 쌍방의 요청이 있을 때 중재원 사무국이 조정인을 선정, 조정을 시도할 수 있고, 조정이 성립되면 화해에 의한 판정방식으로 처리, 중재판정과 동일한 효력이 있으나, 이에 실패하면 30일내에 조정절차는 폐기되며 중재규칙에 의한 중재인을 선정, 중재절차가 진행된다. 그러나 위 30일 기간은 당사자의 약정에 의하여 기간을 연장할 수 있다.

(3) 중재(arbitration)

중재란 당사자간의 합의(중재합의)로 사법상의 법률관계를 법원의 소송절차에 의하지 아니하고 제3자인 중재인(arbitrator)을 선임하여 그 분쟁을 중재인에게 맡겨 중재인의 판단에 양당사자가 절대 복종함으로써 최종적으로 해결하는 방법이다. 조정은 당사자 일방의 요청이 있을 때에도 가능한데 반하여, 중재는 당사자간 중재합의가 있어야 한다. 조정은 양당사자의 자유의사에 따른 해결이나, 중재는 중재인의 판정에 절대 복종하여야 하며 그 결과는 강제성을 가질 뿐만 아니라 그 효력도 당사자간에는 법원의 확정판결과 동일하다. 또한 중재에 관한 뉴욕협약에 가입한 외국에서도 집행을 보장해주고 승인해 주므로 소송보다도 더 큰 효력이 있다.

(4) 소송(litigation)

소송은 국가공권력(사법재판)에 의한 분쟁해결 방법이며, 외국과의 사법협정이 체결되어 있지 않기 때문에 그 판결은 외국에서 승인 및 집행이 보장되지 않는다. 따라서 소송에 의하여 클레임을 해결하려는 경우에는 피제기자가 거주하는 국가에서 현지 변호사를 법정대리인으로 선임하여 소송절차를 진행하여야 한다.

1.7 무역 분쟁액의 대외송금

무역분쟁이 제기되어 그 해결결과 위약금, 손해배상금, 보상금, 해약금 및 대리점 수수료, 대행지급금, 기타 중개수수료 등을 거래선에 지급하고자 할 경우에는 외국환 관리법령에 따라 외국환은행장에게 신고 또는 한국은행 총재의 허가를 받아 지급하면 된다.]

2. 중재제도

2.1 중재제도란

중재란 계약당사자간에 자발적 중재합의에 의하여 당사자간에 현존하는 분쟁 또는 장차 발생 가능한 분쟁을 법원의 소송절차에 의하지 않고 민간인인 제3자를 중재인으로 하여 그에게 분쟁의 공정한 해결을 부탁하기로 하는 합의가 있는 경우에만 중재인에게 제한적인 관할권을 줌으로써 그 위임된 분쟁에 한하여 중재인은 당사자들의 주장과 증거에 입각하여 최종적인 결정을 내리면서 당사자는 이에 구속을 받는 자주적 분쟁 해결 방안이다.

중재합의(중재계약)의 형식은 사전에 계약서에 중재조항(Arbitration Clause)을 삽입하는 방식과 실제로 분쟁이 발생한 후에 당사자간에 분쟁의 해결을 중재에 부탁한다고 합의하여 부탁계약(Submission to Arbitration)을 체결하는 방식이 있다. 대부분의 경우 분쟁이 발생된 후에는 불리하다고 판단하는 쪽에서 중재부탁 계약의 체결에 동의하지 않거나,

동의하는데 장기간을 지체하는 것이 보통이므로 당초의 계약 체결시 중재조항에 의하여 합의하여 두는 게 좋다.

중재합의는 특정 분쟁에 대한 법원의 재판 관할권을 배제하고 중재인에게 제한적인 관할권을 줌으로써 중재인이 당사자들의 주장과 증거에 입각하여 최종적인 결정을 내리는 자주적 분쟁해결방식인 바, 중재합의가 있는 경우에는 일반적으로 그 분쟁에 대하여는 법원에의 직소가 금지된다. 당사자간의 계약서상에 아래와 같은 중재조항을 삽입하면 사후 분쟁예방과 해결에 신속을 기할 수 있다.

<표 22.1> 표준중재조항

[표준중재조항](국문예)
「이 계약으로부터 또는 이 계약과 관련하여 또는 이 계약의 불이행으로 말미암아 당사자간에 발생하는 모든 분쟁, 논쟁 또는 의견차이는 대한민국 서울특별시에서 대한상사중재원의 상사중재규칙 및 대한민국법에 따라 중재인에 의하여 최종적으로 해결한다. 중재인(들)에 의하여 내려지는 판정은 최종적인 것으로 당사자 쌍방에 대하여 구속력을 가진다.」
[Standard Arbitration Clause](영문예)
"All disputes, controversies, or differences which may arise between the parties, out of or in relation to or in connection with this contract, or for the breach thereof, shall be finally settled by arbitration in Seoul, Korea in accordance with the Commercial Arbitration Rules of the Korean Commercial Arbitration Board and under the Laws of Korea. The award rendered by the arbitrator(s) shall be final and binding upon both parties concerned."

2.2 소송과 중재의 비교

소송은 당사간에 합의가 없더라도 당사자가 능력만 있으면 절차의 진행이 가능하나 중재는 반드시 성문화된 합의(계약)가 있는 경우에만 절차가 유효하게 법적 보호를 받을 수 있다. 따라서 기본적인 분쟁의 해결방식은 소송이며, 중재는 이를 대체한 새로운 해결수단이라 할 수 있다. 그러나 중재는 소송에 비하여 다음과 같은 유리한 장점을 지니고 있다.

1) 분쟁의 신속해결

소송은 인간의 모든 사항에 대한 분쟁을 결정하므로 때로는 신체의 생사여부에 관한 형사적 문제도 심리판단하게 된다. 때문에 소송에 매우 신중한 절차를 요하게 되어 3심제를 운영하고 있다. 그러나 중재는 몇 나라의 예외를 제외하고는 단심제로 운영되고 있어서 법원에 비하여 매우 짧은 단계를 거쳐 최종판정에 도달하게 된다. 우리나라의 중재는 단심제이다. 당사자들은 그들 자신의 합의로써 판정기간을 정할 수 있기 때문에 당사자들의 긴급성에 따라서 그 기간을 명시하여 단축시킬 수 있다. 우리나라의 경우에는 이러한 기간은 당사자들이 정하기 않은 때에는 중재가 개시된 날로부터 3개월 이내에 중재판정을 하도록 되어 있다(중재법 제11조 5항). 이 법의 취지를 받들어 대한상사중재원 상사중재규칙은 당사자간의 중재시 고의로 지연작전을 쓰지 못하게 하는 예방조치로서 여러 가지 규정을 두고 있다.

2) 비용의 경감

신속한 분쟁의 해결은 그만큼 비용을 절약할 수 있다. 법원의 소송에 의할 경우 변호사의 보수를 비롯하여 매심급마다 인지대가 배가되기 때문에 중재 보다 비용이 많이 들게 된다. 또한 상사에 관한 전문적인 지식과 경험을 지닌 중재인에 의한 심문은 새로운 설명이나 지식의 보완이 필요치 않음으로써 분쟁해결을 위한 중인심문들의 진술서 작성 등 시간이나 경비가 저렴하게 된다.

3) 적합한 중재인의 선정

국제무역에서 발생되는 분쟁의 경우에는 매매조건, 상품의 시장성, 가격의 변동, 무역관습 등 거래상의 전문화, 기술화, 분업화, 세분화, 산업화의 전문지식을 요하기 때문에 중재인을 선정하는 데는 그 분야에 맞는 중재인을 선정하여야 한다. 이러한 목적을 위하여 대한상사중재원은 중재인단 명부를 매년 1회 정비유지하고 있는데, 이는 법조계, 실업계, 각종 업종별 단체의 대표자, 학계 공공단체 조사기관 대표, 개업중인 공인회계사, 변리사, 주한외국인 등을 엄선하여 구성되어 있다.

4) 절차의 비공개

법원의 소송절차는 공개주의에 입각하여 진행되므로 자체회사의 조업방식, 운영비용, 손익에 관한 것 등 거래비밀이 자연히 대외적으로 알려지게 마련이며, 이러한 것들이 대외적으로 알려질 경우에는 회사의 신용하락은 물론 국제경쟁력이 악화되어 예측할 수 없는 손실이 발생하게 된다. 특히 거래과정에서 클레임이 발생된 사실 자체가 알려지면 회사의 명예에 악영향을 끼칠 우려가 크기 때문에 더욱 비밀을 요하는 사항이 아닐 수 없다. 중재는 바로 이러한 점을 감안하여 절차를 공개하지 않기 때문에 모든 사업상의 비밀이나 회사의 명성을 그대로 유지할 수 있게 한다. 우리나라의 경우에도 상사중재규칙 제35조에 절차의 비공개주의를 택하고 있다.

5) 판정의 효력

재판권은 국가주권의 일부이며 국가가 행한 재판은 다른 국가에 효력이 미치지 않는다. 그러나 중재는 당사자간의 합의에 의한 것이므로 사법상의 유효한 계약으로 보기 때문에 외국에서도 그 이행에 주권침해와 같은 문제가 발생치 않는다. 중재판정의 국내적 효력은 당사자간에는 법원 확정판결의 효력과 동일하며(중재법 제12조) 국제적 효력으로 뉴욕에서 채택된 외국중재판정의 승인 및 집행에 관한 국제연합협약에 우리나라가 1973년도 가입함으로써 외국에서도 그 집행을 보장받을 수 있어 소송보다도 더 큰 효력이 있다.

TIP 대한 상사중재원 중재판정사례

① 대한상사중재원(http://www.kcab.or.kr)홈페이지에 접속한다.
② 카테고리 맨 상단 [자료실] 메뉴을 클릭해서 [중재판정사례]메뉴를 선택하면 사례를 참고할 수 있다.

2.3 중재절차

<표 22.2> 중재절차

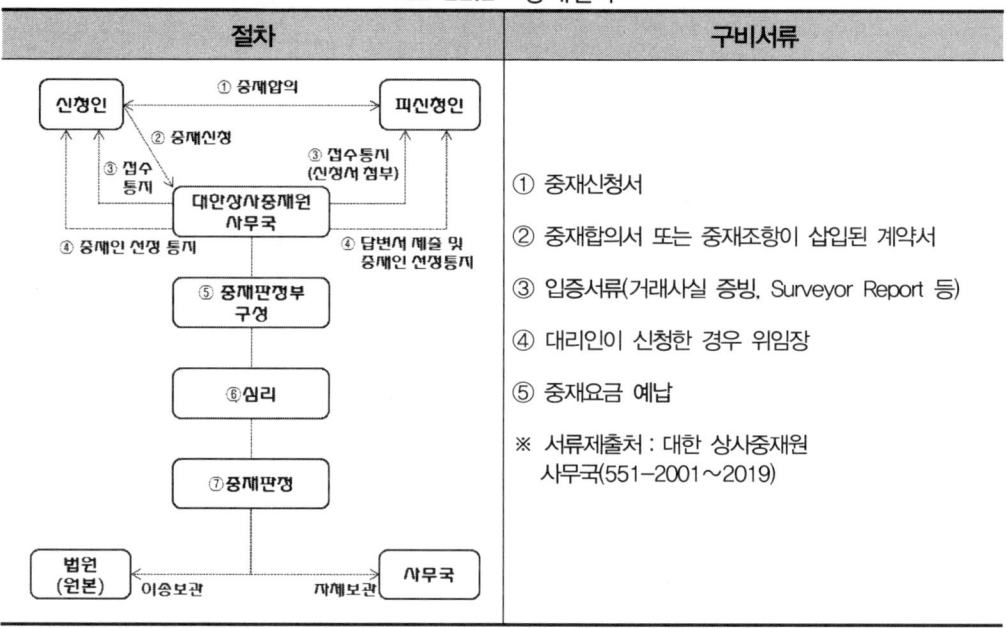

① 중재합의 : 분쟁을 중재에 의해 해결하기로 하는 중재합의가 있어야만 중재신청이 가능하다.

② 중재신청 : 중재계약에서 정하는 중재기관(예 : 대한상사중재원)에 중재신청

③ 접수통지 : 사무국(대한상사중재원)은 중재의 신청을 접수하면 신청이 적합 한지 여부를 확인하고 적합한 경우에는 쌍방당사자에게 이를 수리하였음을 통지

④ 조정 : 양당사자가 합의할 경우 중재절차 개시 이전에 조정을 시도하며, 조 정에 실패하면 30일 이내에 자동적으로 중재절차 진행

⑤ 중재인 선정 : 사무국은 접수, 수리통지와 함께 중재인단 명부에서 중재인 후보자 10명을 선정하여 양당사자에게 보내면, 양당사자는 의장 중재인과 기타 중재인에 대하여 선호순위를 표시하여, 송부일로부터 국내중재의 경우 15일, 국제 중재의 경우 30일 이내에 사무국에 제출(피신청인에게 중재 신청서등 송부)

⑥ 답변서 제출 및 반대신청 : 사무국은 양당사자로부터 중재인후보자 선정명단 과 피신고인으로부터 답변서를 접수(신고인에게 답변서 송부)

⑦ 심문 : 사무국은 양당사자의 희망순위에 따라 선정된 중재인에게 수락서를 받아「중재판정부」를 구성하고, 제1차 심문기일을 결정

→ 사무국은 양당사자에게 중재인 선정통지 및 제1차 심문기일 통지

→ 심문개시 및 진행

→ 중재판정부는 사건내용에 따라 당사자가 주장 및 입증을 다하였다고 인정할 때까지 수차에 걸쳐 심문을 진행한 후에 심문종결선언

⑧ 중재 판정 : 중재재판부는 심문종결일로부터 30일 이내에 중재판정 사무국이 중재요금 및 비용예납에 대해 판정부담비율에 따라 작성된 중재 판정문 정본을 양당사자에게 발송함으로써 중재절차 종료

T/P 대한상사중재원 중재신청서 작성방법

① 대한상사중재원(http://www.kcab.or.kr) 홈페이지에 접속한다.
② 카테고리 맨상단에 [중재] 메뉴에서 [중재신청] 메뉴를 선택한다.
③ 하단에 있는 [중재신청서 다운받기]를 클릭한다.

중 재 신 청 서

I. 당사자의 성명 및 주소

  (가) 신 청 인

법 인	법인명칭		법인주소 전화번호	
	대표자 성 명		대 표 자 주 소	
개 인	성 명		주 소 전화번호	
대리인	성 명		주 소 전화번호	

  (나) 피신청인

법 인	법인명칭		법인주소 전화번호	
	대표자 성 명		대 표 자 주 소	
개 인	성 명		주 소 전화번호	

II. 중재신청의 취지

III. 중재신청의 이유 및 입증방법:

20 년 월 일

위 신청인_____ 인

(구비서류)
    가. 중재신청서   5부.
    나. 중재합의를 인증하는 서면의 원본 또는 사본   5부.
    다. 중재신청에 주장하는 청구의 근거를 증명하는 서증의 원본 또는 사본   5부.
    라. 법인등기등본(개인인 경우 주민등록등본)   1부.
    마. 대리인 신청시는 위임장   1부.
    바. 소정의 중재비용

사단법인 **대 한 상 사 중 재 원** 귀중

INDEX

A ~ O

ATA 까르네	288
Containerization	165
D/A 거래절차	127
D/P 거래절차	128
e무역상사	49
FTA	31
HS 부호	142
OEM방식 무역	22

ㄱ

가격조건	96
가공무역	21
간이신고통관	280
간이정액환급방법	212
간접무역	19
개별환급방법	215
개설신청인	116
개설은행	117
개품운송계약	147
거래제의	80
견본매매	92
결제조건	98
과부족 인용조건	95
관세납부	277
관세법	27
관세율 쿼터	30
관세환급	64, 192
구상무역	23

구약관	176
국제운송	146
기명식 선하증권	168
기초원재료납세증명서	205
기한부수입신용장	253
기한부신용장	112

ㄴ

내국신용장	112
녹다운방식 무역	22

ㄷ

단월조건	97
단일운송책임	147
대외무역법	26
대응구매	24

ㅁ

매입은행	118
면책위험	179
명세서 매매	93
무사고 선하증권	168
무상수출	207
무역관리	25
무역업 창업	50
무역업고유번호	52
무역자동화 촉진에 관한 법률	48

무역클레임	291
무역협회	57
무화환신용장	110
물물교환	23
물적 손해	180
미확인신용장	112

ㅂ

병행수입	239
보세공장	210
보세판매장	211
보험사고	183
보험조건	98
보험증권	247
복합운송	147, 165
복합운송선하증권	169
부정기선	158
분손	180
분할선적	252
분할운송	97
불가항력	99

ㅅ

사고 선하증권	168
사전송금방식	131
사후송금방식	131
상업송장	247
상품무역	18

상환은행	118
서류상환방식	132
서비스무역	18
선복요청서	151
선불	98
선적선하증권	167
선취보증서	259
선하증권	166, 247
소송	299
소요량계산서	196
송금결제방법	129
송금방식	255
송금수표	130
수량조건	94
수입계약서	227
수입대금결제방법	256, 262
수입대행	238
수입승인	222
수입승인신청서	235
수입신고	263
수입신고인	263, 269
수입신고필증	278
수입신용장	223, 241
수입절차	220
수입쿼터	30
수입통관	224, 262
수입통관절차	271
수출검사	189
수출계약체결	60
수출승인	61, 134
수출승인 기관	135
수출승인서	138

수출신고	187
수출신고수리	189
수출신용장	61
수출입 별도 공고	28
수출입공고	27, 134
수출입관리	134
수출자율규제	30
수출자쿼터	30
수출절차	56
수출통관	63, 185
수취 선하증권	167
수탁가공무역	22
수탁판매수입	23
스위치무역	21
신고수리	277
신약관	177
신용장	98, 106
신용조사	60
쌍무쿼터	29

ㅇ

알선	298
약식선하증권	169
양도가능신용장	111
양도불능신용장	111
양도세액	203
연계무역	23
연월조건	97
외국환거래법	26
용선계약	148

우편송금	130
운송서류	247
운송조건	96
원산지 표시제도	282
위탁가공무역	21
위탁판매수출	23
유상수출	206
육상운송	146
인수은행	118
인수인도(D/A : Documents against Acceptance)조건	126
일관선하증권발행	147
일관운임징수	147
일람불수입신용장	253
일람불신용장	112
일방적 국별 쿼터	30

ㅈ

자동환급제도	215
자유무역지역	211
적하보험	63
전손	180
전신송금	130
전자거래기본법	47
전자무역	41
전자무역중개기관	48
전자상거래 모델법	46
전자서명 모델법	47
전자서명법	47
전자자금이체 모델법	47

정기선	155
정액환급율표	214
제3자 선하증권	169
제품환매	24
조정	298
종합보세구역	211
준거법	100
중개무역	19
중계무역	20
중재	298
중재절차	303
중재제도	299
중재조항	100
즉시반출제도	279
지급은행	117
지급인도(D/P : Documents against Payment)조건	127
지시식 선하증권	168
직접무역	19
진부선하증권	169
집단선하증권	170

ㅊ

총량쿼터	30
추심결제방법	126
추심결제방식	254
취소가능신용장	111
취소불능신용장	111
취소불능화환신용장	253

ㅋ

컨테이너	150
쿼터제도	29
클레임	99

ㅌ

통과무역	20
통과선하증권	169
통지은행	117
통합공고	28

ㅍ

평균세액증명서	201
평균세액증명제도	199
포장명세서	247
포장조건	99
표준품 매매	93
품질조건	92

ㅎ

하선신고	272
항공운송	147, 160
해상운송	146
해상적하보험	174
해외시장조사	65
해외시장조사의 방법	69

현물상환방식	132
혼재화물 선하증권	170
화인	99
화환신용장	110
확인신용장	112
환급대상	206
환급특례법	193
환어음	98
환적	252
환적선하증권	170
환적운송	97
후불	98

■ 저자소개

- **안 동 규**
  - ㈜스카이미디어 감사
  - 한국디지털정책학회 이사
  - 스마트펙토리 수준확인 심사위원
  - 전자상거래관리사, 컴퓨터활용능력 출제위원

- **최 정 웅**
  - ㈜쓰리엠테크 기획실장
  - ㈜자우미디어 대표이사
  - 경민대학교 교수
  - 전자상거래, 기술창업 저서

4차산업시대의 알기쉬운

무 역 실 무

초판 인쇄	2025년 01월 31일
초판 발행	2025년 02월 05일
지 은 이	안동규, 최정웅
발 행 처	도서출판 글로벌 필통
발 행 인	신현훈
주 소	서울특별시 중구 충무로 54-10 (을지로 3가)
전 화	02-2269-4913 팩 스 02-2275-1882
출판등록	제2-2545호
홈 페 이 지	http://www.gbbook.com
I S B N	978-89-5502-980-2
가 격	20,000원

이 책은 저작권법에 따라 보호받는 저작물이므로 무단전제와 무단복제를 금지하며, 이 책 내용의 전부 또는 일부를 이용하려면 저작권자의 동의를 받아야 합니다.

잘못 만들어진 책은 구입하신 서점에서 교환해 드립니다.